中国农村工业发展及其区域效应

杨晓光 著

商务印书馆
2011年·北京

图书在版编目(CIP)数据

中国农村工业发展及其区域效应/杨晓光著. —北京:商务印书馆,2011
 ISBN 978-7-100-08769-8

Ⅰ.①中… Ⅱ.①杨… Ⅲ.①农村工业经济—经济发展—研究—中国 Ⅳ.①F326.5

中国版本图书馆 CIP 数据核字(2011)第 234104 号

所有权利保留。
未经许可,不得以任何方式使用。

中国农村工业发展及其区域效应
杨晓光 著

商 务 印 书 馆 出 版
(北京王府井大街36号 邮政编码100710)
商 务 印 书 馆 发 行
北 京 艺 辉 印 刷 厂 印 刷
ISBN 978-7-100-08769-8

2011年12月第1版　　　开本 880×1230 1/32
2011年12月北京第1次印刷　印张 $11\frac{1}{8}$
定价:42.00元

目 录

第一章 引言 ………………………………………………… 1
第二章 工业化与中国农村工业发展 …………………… 12
 第一节 中国的工业化 ………………………………… 12
 第二节 对中国农村工业发展的基本认识 …………… 31
 第三节 对中国农村工业产业结构和布局的审视 …… 42
 第四节 对中国农村工业发展地区差异的认识 ……… 47
第三章 农村工业的发展历程 …………………………… 52
 第一节 解放前的农村工业发展 ……………………… 52
 第二节 改革开放前的农村工业发展 ………………… 56
 第三节 农村工业的快速成长 ………………………… 62
 第四节 20世纪90年代中后期农村工业发展的新变化
    （1997～2000年）………………………………… 74
第四章 农村工业发展的竞争力分析 …………………… 94
 第一节 竞争力与地区竞争力评价 …………………… 96
 第二节 影响农村工业竞争力的主要因素 …………… 108
 第三节 农村工业竞争力的重塑 ……………………… 121
 第四节 中国地区农村工业竞争力的评价 …………… 128

第五章　农村工业与农村地区经济发展……………………142
　　第一节　农村工业的改制……………………………143
　　第二节　农村工业的发展变化………………………150
　　第三节　乡镇财政收入和支出的变化………………170
　　第四节　劳动力市场与职工迁移……………………182
　　第五节　企业职工行为和态度的实证分析…………208

第六章　农村工业发展与企业区位的变化及其对土地利用
　　　　　的影响……………………………………………236
　　第一节　农村工业企业的区位变化…………………236
　　第二节　农村工业发展对土地利用的影响…………261
　　第三节　农村工业化与城市化………………………292

第七章　农村工业与中国区域经济格局…………………303
　　第一节　农村工业不同尺度的空间分异格局………303
　　第二节　农村工业对中国20世纪90年代经济格局的
　　　　　　影响………………………………………………314

参考文献……………………………………………………336
附件一　调查单位名录和资料清单………………………348
附件二　乡镇企业职工调查问卷…………………………355

第一章 引　　言

　　开始于1978年的改革开放给中国社会带来了深刻的变化。中国通过改革开放,逐渐走出传统循环的周期律,正在建设一个民主的、现代化的社会主义强国。1978年GDP总量仅3 624亿元,2007年已达到246 619亿元,年均增长9.7%,中国经济总量跃居世界第四位;人民生活从温饱不足发展到总体小康,农村贫困人口从两亿五千多万减少到两千多万。30年前的改革开放,结束了闭关锁国的半封闭状态而走向现代文明。中国已重新逐步融入世界文明。改革开放本质上是改体制,改革的市场化取向,重新确立了社会主义市场经济体制的基本框架。而30年前改革的发端正是开始于我国农村地区的改革,从土地的家庭承包到全国各地如火如荼的乡镇企业的发展,农村的改革为我国各个领域的全面改革奠定了基础。在农村改革中逐步发展壮大的农村工业既是改革的产物,又深刻地影响着这场改革的进程。审视30年来,特别是20世纪90年代关键10年的农村工业发展历程及其对我国地区社会变革的影响,将有助于我们更好地理解这段发生在中国农村的历史。

2　中国农村工业发展及其区域效应

一、20世纪90年代的农村工业与乡镇企业

(一) 农村工业与乡镇企业

我国农村工业的存在有较长的历史,早在20世纪初,江南地区农村就存在着小规模的以丝绸、织布和农副产品加工为主的工业生产,尽管对这种从家庭作坊发展起来的小型加工业是不是工业生产形式,学术界还有较大的争论,但这可以看作是我国农村工业发展的开端。在此基础上,中华人民共和国成立后为支农而建立的社队工业和改革开放后逐步发展壮大的乡镇工业,推进了农村工业大发展的进程。在我国,农村工业的概念一直与乡镇企业的概念交织在一起,不同学者对农村工业的概念有着不同的界定。《农业大辞典》中将农村工业定义为:"中国农村中乡镇办、村办、组办、联合办,以及农民家庭办工业和建筑业的总称。"经济地理学者庞效民认为"农村工业,即乡镇企业中的工业部分,是乡镇企业的主体,也是乡镇企业发展问题的焦点"。而作为对某一类企业特殊的称谓,《中国大百科全书·社会学》给乡镇企业下的定义是"在中国农村和小城镇兴办的、非全民所有制、从事商品生产或经营活动的经济实体"。《中华人民共和国乡镇企业法》中所称乡镇企业,"是指农村集体经济组织或者农民投资为主,在乡镇(包括所辖村)举办的承担支援农业义务的各类企业。"从该定义可以看出,乡镇企业具有如下特征:第一,投资主体是农村集体组织或农民个人,这是相对于国家、城市集体经济组织和城市居民、外商等投资主体而言的。第二,空间布局必须是在农村,包括乡镇和所辖村,这是相对于城市企业

而言的。第三,必须承担支援农业的义务,而其他类型的企业是没有这一义务的。乡镇企业之所以具有"三农"性质,其根本原因是土地的集体所有制和传统的户籍制度及其形成的城市与农村相分离的二元经济社会结构。可见,乡镇企业具有狭义和广义之分,狭义的乡镇企业是指乡镇和村办的集体性质的企业。广义的乡镇企业包括乡、镇办的集体所有制企业;村办企业;组办或联户办企业,通常是两户或多户农民合作兴办的企业;私营企业,规模较小的称作个体企业(户),规模较大的称作私营企业;农村地区股份制和股份合作制企业。

本书研究的农村工业是指布局在中国农村地区、以非国有投资(农村集体、农民或城镇居民等)为主体的工业企业。而书中所指农村地区是指县城以下各级农村区域,主要包括县城、建制镇、乡和村。可见,广义的乡镇工业企业与本书中农村工业企业的内涵和外延基本上是一致的。20世纪90年代末期,乡镇企业的概念进一步模糊,特别是随着乡镇集体企业的转制,狭义的乡镇企业在很多地区实际上已经不复存在,私营和个体经济成为乡镇企业的主体,而在一些地区,乡镇企业的概念已经被农村中小企业所取代。

(二) 20世纪90年代

20世纪90年代是我国改革开放进程中波澜壮阔的10年,对于我国农村工业的发展更是具有重要意义的10年。90年代初邓小平同志的"南巡"讲话掀起了改革开放的又一轮高潮,改革开放事业在各个领域全面推进,市场化的经济体制改革和对外开放得到更大的发展,建立社会主义市场经济体制的基本框架,加入以主流文明为基础的 WTO,彻底结束短缺经济成为这一阶段改革开放的主要任务。1997 年后,我国已结束了过去长期存在的短缺经济时期,而进入过剩经济时期,绝大多数产品供过于求,仓库积压,销售困难,市场竞争空前激烈。消费市场已不仅考虑量的多少,而且对质的优劣也提出了更高的要求。而 90 年代末期的亚洲金融危机,尽管也给我国经济造成了一定的影响,但在国家沉着应对下,我国的社会经济发展进入新的历史阶段,经济的外向性进一步增强,对世界经济的影响也进一步增强。

对于农村工业发展来说,20 世纪 90 年代更是不同寻常的年代,开始于 80 年代末期的乡镇企业发展的困局直接引发了对我国乡镇企业发展模式和体制机制的思考,特别是关于以苏南为代表的集体经济模式和以温州为代表的私营经济发展模式的争论成为整个 90 年代农村工业发展的焦点,最终的结果是温州模式占据上风。农村工业从 90 年代初开始全面进入改制阶段,大多数集体所有制的乡镇工业改为股份制、股份合作制、私人所有制等形式,改制发展到后期,私营经济模式成为改制的主要方向,乡镇集体经济全面萎缩。而发生在 20 世纪末的亚洲金融危机,更是加速了乡镇集体经济改制的进程,20 世纪末,在我国已经很难看到农村集体所有制的工业存在。经过改制后的农村工业重新焕发了活力,获得了较快的发展,特别是东南沿海地区的农村工业获得了更快的发展,成为我国重要的工业力量,而中西部改制后的企业发展却没有大的起色,农村工业发展的地区差异进一步加大,从而对我国区域经济格局产生较大的影响。

本书的研究时间界定在20世纪90年代中后期,通过对20世纪90年代农村工业发展的跟踪研究,基本上可以把握我国农村工业发展的脉络,特别是通过对90年代初期和90年代末期农村工业发展状况的分析,可以清楚地了解农村工业的变化趋势,以及这种变化对区域经济格局产生的影响,从而为准确把握我国区域格局可能的发展趋势提供参考。

二、农村工业发展的区域意义

中国是一个农村居民人口占绝大多数的国家,农民、农村和农业问题是长期困扰中国社会的难题之一。改革开放30多年来,农村地区成为我国体制改革见效面广、经济结构变化较深刻的区域。其中,农村工业的兴起是农村变革的主要特征之一,也是我国工业化进程的主要推动力。农村工业的发展推动了农村地区的社会经济发展,深刻地改变了农村地区的社会经济结构。同时,农村工业的发展,也对我国的地区经济发展和区域发展格局产生重大影响,农村工业已经成为推动我国区域格局演变的重要力量。

(一)农村工业发展影响了农村地区的收入水平

农村工业发展推动了农村地区经济的发展。中国是一个农村居民人口占绝大多数的国家,农民、农村和农业问题是长期困扰中国社会的难题之一,无论是革命前辈孙中山、新中国的缔造者毛泽东,还是改革开放的总设计师邓小平,都把解决"三农"问题放到了突出地位。20世纪90年代末,中国农村工业提供了全国近1/3的国内生产总值和1/5的税收、2/3的农村社会总产值和 1/2 强的工业总产值、1/3 的出口交货值。可以说农村工业的发展,极大地推动了农村地区经济的繁荣。与此同时,农村工业的发展还极大地提高了农村居民的收入,1980 年我国农民人均纯收入仅有 191.3 元,而 2000 年农民人均纯收入达到 2 253 元,20 年间增长了 10 多倍。在 2000 年我国农村居民的收入构成中,务工收入已经占到 33.7%,而在东部地区这个比例更高,可以说农村工业已经成为农村居民致富的主要来源。

(二) 农村工业发展推动了人口的流动,影响了我国城市化进程

农村工业的发展使得农村工业发展较好的沿海地区与内地、工业较发达的乡镇与农业地区的工资和生活水平的差距越来越大,从而促进了农村地区的人口向小城镇流动和迁移,推动了中西部农村居民向东部流动。在 20 世纪 90 年代,随着农村工业的发展,大量农村人口从传统的农业中分离出来,进入工业生产部门,这部分劳动力占农村劳动力的比重越来越大。2000 年,在乡镇企业工作的职工人数达到 12 000 多万人,占农村劳动力总数的近 30%。农村工业的发展,特别是县城和建制镇农村工业的集聚,吸引大量农村人口从农村地区向小城镇集聚,我国小城镇获得较快的发展。1978 年年底,我国建制镇仅有 2 173 个,到 1998 年年底,我国建制镇已经发展到 19 060 个,增长了近 7.8 倍。另外,还有乡政府驻地为主体的集镇 25 000 多个。近 20 年来小城镇与农村工业相结合,形成了 1.7 亿小城镇人口,农村工业的发展极大地推动了人口从农村向小城镇迁移,推进了我国的城市化进程。同时,我国东部发达地区农村工的发展,还吸引了大批中西部农村居民向东部地区流动,1995年我国跨地区流动的农村劳动力为2 400万人,1996年为2 500万人,1997年达到3 000万人。这些人口有一些流向大中城市,但更多地是流向珠三角和长三角的中小城市,导致我国沿海发达地区城市化进程出现新的特点。这些城市的城市人口,特别是小城市的城市人口中,外来人口的比重很高,而这部分外来人口除了生产外,并没有享受更多的城市设施和生活,导致这些小城镇城市化质量很差。

(三) 农村工业发展影响了农村地区的社会格局

农村工业发展深刻地影响了农村地区的社会关系。农村工业的发展,改变了不同的农村居民的经济地位,特别是在农村工业发达的地区这种情况尤其显著。在农村地区,阶层的分化成为新的社会现象,新的分化是向市场经济过渡中与此相关的获利机会、不断增长着的社会劳动分工、社会分配,以及收入差距和私有经济发展的机遇等形成的结果。在农村地区,非农产业的收入不断提高,从而导致收入差距的扩大及生活水平差距的扩大。阶层化的不断加剧,不仅带来经济后果,而且也产生了社会、政治和认识等方面的后果。阶层化的过程和不断分异的进程,为形成新的精英和精英的发展奠定了基础。精英拥有必要的权利,能够将发展付诸实施或是阻止发展的进程。在中国的农村地区,有3类群体可以被称作是精英:政治精英,即县及之下的乡镇与村的领导干部;经济精英,大型企业的经理以及不断上升的私营企业主;知识精英,家族的族长以及知识分子。农村新的精英主要是由卓有成效的工业或农业企业家组成的,他们也是先致富的群体。这些企业家,主要来源于过去的农村干部、过去下放的城市知识青年、"文化大革命"以前的精英、私营企业主以及过去的军人。与精英相对的是传统农民、大量农村企业职工、外来农民工和个体经营者,他们的地位逐步降低,在农村地区发展中的话语权越来越小。

(四)农村工业发展影响了我国区域发展的空间格局

20世纪90年代中后期以来,我国区域经济格局发生了一些新的变化,这种变化既是国内、国际环境综合影响的结果,也是各地不同发展策略的必然选择。农村工业作为我国国民经济的主要组成部分,其发展格局也必然会对我国区域经济格局产生重大影响,未来我国农村工业发展的格局及走向也将进一步影响我国经济格局的空间演进。20世纪90年代我国农村工业在各个空间层面的分异格局都发生了较大的变化。从全国的空间格局上来看,东西部之间的差异仍然是我国农村工业发展的主要差异,这种差异也是形成我国经济空间格局的主要原因之一;南北差异在90年代中后期有所扩大,我国农村工业发展的中心南移明显。在省区范围内,农村工业向发展条件好的地区集聚的趋势比较明显,而在县市范围内,这种集中的趋势不明显,典型调研的乡镇农村工业出现向区位条件好的区域集中的趋势。总体而言,农村工业的空间格局与我国区域经济的空间格局的演化存在一定的相关性,未来农村工业发展的空间演进,必然会与其他影响我国经济空间格局的因素一起对我国的空间经济格局的演进产生深远的影响。未来,三大地带的差异仍将长期存在,但是由于各种要素在空间上,特别是在城市群的集聚,将使我国经济格局呈现更复杂的局面,叠加在三大地带差异基础上的"核心—边缘区"的差异在未来我国空间格局的演化中将发挥越来越大的作用。"多重核心—边缘"模式可能成为我国区域经济格局的主要方面。

三、本书的安排

本书共有七章,第一章为引言,是对全书写作的简要介绍。在第二章,作者通过对工业化一般理论的阐述,希望能够为读者更好地理解我国工业化道路的独特性和农村工业化的必要性提供必要的参考;通过对农村工业发展中涉及的方方面面问题的梳理,加深读者对农村工业产生的历史根源、需要不需要在农村地区大力发展工业、发展什么样的农村工业,以及农村工业在什么地方发展等问题的认识;通过分析其他学者对农村工业发展模式、农村工业产权改革和制度创新等方面问题的认识,总结农村工业发展对经济增长的贡献,农村工业发展与地区经济差异的关系,农村工业化在我国未来城市化中和农村剩余劳动力转移中起什么样的作用等方面的成果,使读者对我国农村工业发展的巨大历史意义有更全面的理解。

第三章主要分析我国农村工业的发展历程。从我国20世纪初农村工业的萌芽开始,详细地论述了不同历史时期我国农村工业发展的历程,特别是改革开放以来我国农村工业的发展历程。希望通过仔细地梳理清楚我国农村工业的发展脉络,使读者能够更好地把握我国农村工业的发展特点,特别是近几年来我国农村工业在产权结构变化、产业结构变化和地区差异等方面表现出的新特点,同时为读者指明目前农村工业存在的主要问题以及影响农村工业持续发展的关键所在,为下面章节所进行的分析提供基础。

第四章对我国农村工业发展的可持续竞争能力进行了研究。在对近10年来影响农村工业竞争能力因素分析的基础上,初步建立了农村工业增长的一般约束模型,通过对其中主要变量如规模经济、技术进步、管理改善、劳动力素质提高、政策优势、区位优势等的具体分析,找出影响我国农村工业持续发展的一般性因素,提出重塑我国农村工业竞争能力的措施。同时,还利用我国农村工业的截面数据,对我国各省区农村工业竞争能力的地区差异进行了评价。

在前三章对理论、历史和全国宏观层面农村工业发展研究的基础上,第五章和第六章作为本书的核心内容,主要利用第一手的调查资料,探讨农村工业发展的地区效应。第五章主要利用调研的第一手资料,通过跟踪研究,探讨20世纪90年代中国农村工业企业发展的地区效应的变化。本章第一节实际上是对本书第三章研究内容的实证分析,运用大量的第一手材料分析了7个建制镇农村工业企业竞争能力的形成和差异,并探讨了农村工业发展的区位变化和环境污染的治理等实际问题;第二节分析了改制前后乡镇财政收入和支出的变化,探讨了农村工业发展水平变化对乡镇财政收入的影响,并对困扰农村基层的财政问题提出了建设性意见;第三节利用大量的问卷数据,对比分析了20世纪90年代初期与中后期,中国农村工业企业对区域劳动力市场的影响。

第六章进一步对农村工业的土地利用进行了分析。主要通过对苏南宜兴地区的一个乡镇的实例研究,探讨该农村地区在20多年来经济快速发展时期的土地利用问题,土地利用变化的特点,通过采用调查问卷、实地访谈和统计数据分析这些方法,分析研究当地土地利用变化的特点和人文驱动因素。将土地利用变化的人文因素作为研究的重点,分析经济、政策、文化等因素的影响力以及影响方式和过程。

第七章主要研究我国农村工业地区分异的特点及成因,以及对中国区域经济格局的进一步影响。本章继续回到宏观层面进行研究,通过在宏观区域层面上对整个研究进行展开,在前两章的基础上,分析了在我国不同区域层面上农村工业区域分异的特点及其形成原因,并以此为基础,进一步分析这种差异与全国经济格局形成之间的关系,展望了我国未来区域经济格局演化的方向。

第二章 工业化与中国农村工业发展

20世纪最后20年,发生在中国的深刻社会经济变革不仅改变了中国的发展道路,也对全球社会经济发展产生了重大影响。始于中国农村地区的这场变革一直是国内外学者研究的热点问题,其中以乡镇企业发展为核心的中国农村地区的工业化进程更是备受瞩目。

第一节 中国的工业化

一、工业化的基本概念

工业是一个既古老又年轻的产业,近现代工业的前身——手工业早在数千年前就已形成为一个独立的产业,而现代工业的产生则只有两百多年的历史。现代人通常所指的工业本质上是指近现代工业,即采用以机器为中心的近现代生产技术和工厂制造的生产方式对各种物质和材料进行加工生产的物质生产部门。本书中所考察的工业同样不是广义范畴上的工业,而是指以机器生产为生产手段的近现代工业。

工业化的定义有许多种，大致可以分为两类：一类是较窄的定义，认为工业化是指工业（特别是制造业）的发展。这一定义可见之于许多有关工业化和经济发展的文献。巴格奇（A. K. Bagchi）为《新帕尔格雷夫经济学大辞典》撰写的辞条"工业化"就采用了类似的定义："工业化是一种过程。下面是一种明确的工业化过程的一些基本特征。一方面，一般说来，国民收入（或地区收入）中制造业活动和第二产业所占比例提高了，或许因经济周期造成的中断除外。另一方面，在制造业和第二产业就业的劳动人口的比例一般也有增加的趋势。在这两种比例增加的同时，除了暂时的中断以外，整个人口的人均收入增加了。"

另一类定义较为宽泛，中国经济学家张培刚先生即持此种观点。张培刚先生把"工业化"定义为"国民经济中一系列基要的生产函数（或生产要素组合方式）连续发生由低级到高级的突破性变化（或变革）的过程"。张培刚先生主编的《新发展经济学》一书进一步将工业化的基本特征概括为以下几点：

第一，工业化首要的和最本质的特征，就是以机器（包括之后的电脑等日益先进的工具形式）生产代替手工劳动，即通常所说的机械化过程，是一场生产技术的革命，从而也是社会生产力的突破性变革；同时，它还包含着生产组织和国民经济结构多层次的相应调整和变动。

第二，它包含了整个国民经济的进步和发展。不仅包括工业本身的机械化和现代化，而且也包括农业的机械化和现代化。

第三，工业化必然促成农业生产技术的革新和农业生产量的增多，但一般说来，农业在国民经济中所占的相对比重，不论就国民生产总值来衡量,还是就劳动人口来衡量,都有逐渐降低的趋势。

显然,宽派的定义不仅包括了窄派的定义:工业的发展,而且还包括了"工业化的农业"的发展。但宽派和窄派的基本观点是一致的,他们都认为工业化是一个长期的、不断变化的过程,工业化意味着经济结构的变化,一般说来,这种变化表现为落后的农业部门的改造和先进工业部门的产生和发展。从一般意义上来说,工业化是近现代工业通过自身的改造逐步在国民经济中占主要地位,并通过自身的发展促进整个经济和社会发生深刻变化逐步走向现代化的过程。因此,工业化的概念包括三个层面的内涵:第一,工业化首先是工业自身的发展进步过程。通过工业革命和工业进步使工业获得迅猛发展,从而使工业在国民经济和就业中的地位逐步上升并最终取代农业占据主导地位。第二,工业化又是工业通过自身的产品、生产方式和组织制度来影响国民经济的过程。第三,工业化工业以自己的产品和方式改造整个社会的过程。随着工业化进程的进行,传统的农业社会将被现代工业社会所取代,人类文明也将发生深刻变化。

二、发展经济学关于工业化理论的研究

(一)刘易斯的二元经济理论

工业化是传统经济向现代经济转变的必由之路,是发展中国家经济发展的主要目标。关于工业化理论的研究,也是发展经济学研究的核心问题之一。在发展经济学众多的工业化理论中,最为著名的是由刘易斯(W. A. Lewis)提出,并由拉尼斯(G.

Ranis)和费景汉(J.Fei)进行修正和扩展的二元经济理论。

1954年,刘易斯在《曼彻斯特学报》上发表的"劳动力无限供给条件下的经济增长"一文,率先提出二元经济问题,并对此进行了详细的分析。在文章的开头,刘易斯指出:"本文是按古典学派的传统写成的,做出古典学派的假设,并提出古典学派的问题。"古典学派假定,支付维持生活的最低工资就可以获得无限的劳动力供给。他们在这一假定下研究经济增长问题。这些经济学家认为,经济增长的源泉是资本积累。资本积累的源泉是什么呢?税收是一个来源,但国内私人储蓄是更重要的源泉。经济增长问题因而转化成这样一个问题:国内私人储蓄是如何增加的?刘易斯从经济史的分析中得出,在欧洲,储蓄的增加来自国民收入中利润份额的提高。那么,是什么使利润份额提高呢?新古典主义无法回答这个问题。在刘易斯看来,在那些相对于资本和自然资源来说人口如此众多的国家里,劳动的边际生产率很小或等于零,甚至为负数的部门,劳动力的无限供给是存在的。比如,农业部门中存在着隐蔽性失业,如果部分家庭成员离开土地,剩余人手仍然足以产出同样数目的产量;许多临时性职业的存在,如码头上、车站里见人就抱行李的热情人,过多的小商小贩,等等。劳动力无限供给的其他来源是妇女、人口的自然增长和效率提高所引起的失业者。

刘易斯假定一国经济是由传统的农业部门和现代的工业部门构成,由于现代工业部门的工资水平明显高于农业部门,在不受外部干涉的情况下,农业劳动力存在着向工业部门流动的自然倾向。剩余劳动力从边际生产率低的农业部门向边际生产率高的工业部门的转移,可以推动工业利润和资本的增长,从而促使工业部门的扩大和对农业劳动力的进一步需求。只要农业部门存在着剩余劳动力,这种转移过程就不会停止,直至农业部门的剩余劳动力全部转化到工业部门,这样二元经济结构就转变成一元经济结构。

在刘易斯的二元经济模型中一个最重要的假设就是传统的农业部门存在大量的边际生产率接近于零的剩余劳动力,这是因为在传统农业的资源配置中,劳动力具有较强的供给弹性,而土地和资金则刚性较强,这就决定了农业生产者的理性选择是最大限度地利用劳动力投入来替代土地和资金,直至劳动力的边际成本等于零为止。如图 2—1 所示,农业生产者在 L_1 点达到生产均衡时,边际产量等于平均产量,农户达到了效益的最大化,实现了要素的最佳组合。但是农业生产者追求的不是效益

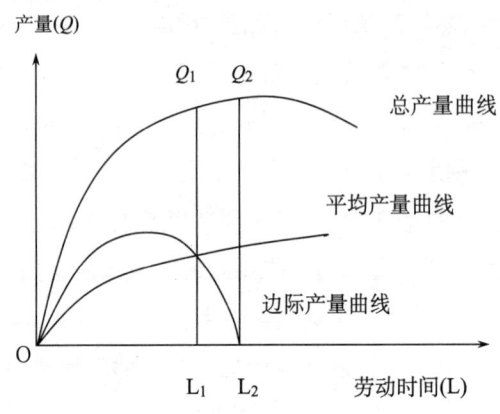

图 2—1　农业剩余劳动力产生的图解

的最大化,而是产出的最大化,这样生产者将加大劳动力的投入直到 L_2,此时生产总量达到最大而边际效率趋于零。

对刘易斯的理论可以通过图 2—2 做进一步的解释。如图 OS 为农业部门的平均工资,而 OW 为工业部门的平均工资,WN_1Q_1 为最初阶段的剩余,一部分剩余用于再投资,所以固定资本量增加,边际劳动生产率也提高,达到 N_2Q_2 水平,劳动力供给也增加到 OH,此时剩余劳动力中边际生产率为零的部分已经全部转移到工业部门,但由于工业部门的平均工资仍高于农业部门,劳动力的转移仍然存在,直到 N_3Q_3 时,农业部门的平均工资等于工业部门提供的工资,转移才停止。

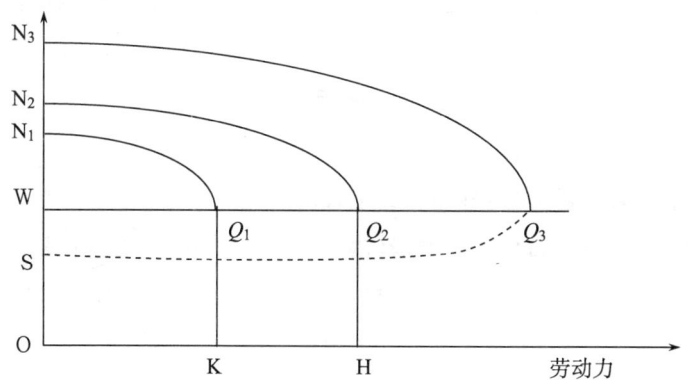

图 2—2 二元结构下的劳动力转移

刘易斯敏锐地抓住工业化过程中农村剩余劳动力转移这一问题,并且摒弃了纯静态的分析方法,为我们提供了一个一般的分析框架。但是刘易斯的理论也存在一些不足之处。第一,模型假设资本积累率和劳动力转移率成正比,但是事实上,如果资本过多地投资于资本和技术密集型的行业,就业就不会得到显著的增长,这已为前苏联和我国的重工业化道路所证实。第二,模型假定农村有充分的剩余劳动力而城市中有充分的就业机会,这个假定也是不完全现实的。第三,模型假设存在一个完全竞争的劳动力市场,而实际上城乡劳动力市场是不完全竞争的。第四,劳动力的转移过程可能因要素分配份额的变化而突然中止。例如,在经济进入转折点之前实际工资就可能已经上升而不是保持不变。这可能是最低工资法、政府干预或工会活动造成的,也可能是由生产部门生产率提高造成的。第五,剩余劳动力不仅仅存在于农业部门,城镇工业和城市也可能存在剩余劳动力。城市的剩余劳动力只能由工业部门吸收,这可能会对农业劳动力向工业的转移产生不利影响。

针对刘易斯的不足,拉尼斯和费景汉于1964年发表了《劳动剩余经济的发展:理论和政策》,对二元经济理论进行了修正。按照费景汉—拉尼斯模型,经济发展过程可分为三个阶段。第一阶段与刘易斯模型没有区别。在这一阶段,经济中存在着隐蔽性失业,即相当一部分劳动的边际生产力为零或接近于零,因而劳动力是无限供给的。当隐蔽性失业的劳动力向工业部门转移时,农业的总产量不受任何影响,这样就会出现农业剩余,它正可以满足转移到工业部门的劳动力对粮食的需求。因此,农业部门的人均收入没有改变,工业部门的工资也保持不变。当这部分劳动力转移完毕,经济发展就进入了第二阶段。

第二阶段,工业部门所吸收的劳动力是一些劳动的边际生产力低于农业部门平均产量的剩余劳动力。由于这部分劳动力的边际生产力大于零，当他们转移出去以后，农业总产量就会下降，而剩下的农业劳动力仍和以前同样消费，所以，提供给工业部门的农产品就不足以按平均消费水平来供应工业部门的劳动力。这样，经济中开始出现农产品特别是粮食的短缺，工农业之间的贸易条件变得有利于农业部门，工业部门的工资水平开始上升。

第三阶段，当农业中全部的剩余劳动力都被吸收到工业部门就业以后，经济就进入了第三阶段。在这一阶段，经济已进入商业化过程，农业已开始资本化，农业和工业中的工资水平都由其劳动力的边际生产力来决定，当农业部门劳动力的边际产量与工业部门相等时，经济就进入了新古典世界。

在这个过程中，关键的问题是如何把隐蔽性失业人口全部转移到工业中去。困难在于第二阶段，随着劳动力的转移，农业总产量下降，粮食短缺，工资上涨，工业贸易条件恶化，工业劳动供给曲线逐渐陡峭，劳动力的转移受到阻碍，工业部门的扩张有可能在全部剩余劳动力被吸收完毕之前就停止。要解决这一问题，必须在工业部门扩张的同时，努力提高农业劳动生产率，使农业发展与工业发展同步进行，这样才能在劳动力转移的同时，不减少农业中的剩余产品，从而使工资水平保持不变，经济发展从第二阶段顺利地过渡到第三阶段。费景汉—拉尼斯模型的意义在于它强调了农业对工业的贡献不仅仅在于它提供工业部门所需要的劳动力，而且它还为工业部门提供农业剩余。如果农业剩余不能满足工业部门扩张后新增工业劳动力对农产品的需求，劳动力的转移就会受到阻碍。

费景汉—拉尼斯模型也有其不足之处。首先,这一模型未能对不发达经济停滞的本质和原因做出说明,而这对清楚地认识农业落后的原因有重要的政策含义。其次,和刘易斯模型一样,费景汉—拉尼斯模型假定在经济发展的初始阶段,农业部门劳动的边际生产力为零,这与许多实证研究的结果不一致。最后,费景汉和拉尼斯未能对雇佣劳动和家庭劳动做出区分,模型在很大程度上是封闭的,贸易条件变化所起的作用未得到说明,货币和价格的作用也被忽略了。

(二)发展经济学关于工业化阶段的判定——结构转换

在"刘—拉—费"理论之后,发展经济学家库兹涅茨和H.钱纳里对结构转化和工业化问题做了进一步的实证研究。

工业化的一个显著特征是产业结构的变化,其演进阶段也可以通过产业结构的变动过程体现出来。库兹涅茨根据实证研究得出工业化的一般模式,从三次产业的产值结构变化来看(表2—1),在工业化的初始阶段,第一产业比重较高,第二产业比重较低,而在欧洲国家由于工业化开始时市场化已经有较大发展,以商业、服务业为基础的第三产业比重也高于第二产业。随着工业化进程的推进,第一产业比重持续下降,第二产业比重迅速上升,而第三产业比重上升缓慢,当第一产业比重降低到20%以下、第二产业比重高于第三产业比重时,工业化进入中期阶段。当第一产业比重下降到10%左右、第二产业比重上升到最高水平时,工业化过程达到顶点(此后社会发展进入后工业化阶段,服务业比重持续上升并超过工业而在国民经济中占主导地位)。

表 2—1　根据 1958 年 57 国人均 GDP 计算的生产部门在 GDP 中的份额

项目	人均GDP(美元)	第一组 51.8	第二组 82.6	第三组 138	第四组 221	第五组 360	第六组 540	第七组 864	第八组 1 382
主要部门份额	第一产业(%)	53.6	44.6	37.9	32.3	22.5	17.4	11.8	9.2
	第二产业(%)	18.5	22.4	24.6	29.4	35.2	39.5	52.9	50.2
	第三产业(%)	27.9	33.0	37.5	38.3	42.3	43.1	35.3	40.6

资料来源：胡健生："对江苏工业化程度和所处阶段的判断"，《江苏经济探讨》，1997 年第 10 期。

与产值结构变动相联系，就业结构的变动也体现出相应趋势(表 2—2)。在工业化初期就业人口大量从第一产业向第二、第三产业转移。随着工业化进程的不断深入，第二产业人口迅速增加，并在工业化后期所占比重达到最大，其变动趋势大致与产值结构变动一致，但就业人口的变动在时间上一般滞后于产值结构的变动。

表 2—2　根据 1958 年人均 GDP 计算的劳动力的生产部门份额

项目	人均GDP(美元)	第一组 70	第二组 150	第三组 300	第四组 500	第五组 1 000
主要	第一产业(%)	80.5	63.3	46.1	31.4	17.0

续表

项目	人均 GDP（美元）	第一组 70	第二组 150	第三组 300	第四组 500	第五组 1 000
部门份额	第二产业（%）	9.6	17.0	26.8	36.0	45.6
	第三产业（%）	9.9	19.7	27.1	32.6	37.4

资料来源：胡健生："对江苏工业化程度和所处阶段的判断"，《江苏经济探讨》，1997年第10期。

其后，著名的发展经济学家 H. 钱纳里等人沿袭了库兹涅茨将横截面和时间序列综合起来的经济计量方法，并进行了卓有成效的理论检验和扩展。1975年 H. 钱纳里出版了新书《发展的型式：1950～1970》，该书揭示了部门的产出结构和就业结构的关系。他运用有关结构的数据说明了一个基本规律：通常当一个国家在经济发展水平较低时，经济活动以农业为主，人口主要集中在农村；随着经济的发展，产业向制造业和服务业转移，人口也由农村向城市转移。1986年 H. 钱纳里又出版了《工业化和经济增长的比较研究》，书中考察了"二战"后发展中国家的工业化进程，分析了结构转变同经济增长的一般关系，剖析了不同发展阶段影响工业化和经济增长的一般因素。

H. 钱纳里将工业化看作是经济重心由农业向制造业转移的过程，他将经济增长理解为经济结构的全面转变，并将经济结构随人均收入增长而转变的过程划分为三个阶段：第一阶段，初级品的生产；第二阶段，工业化阶段；第三阶段，发达经济阶段。

根据人均收入的多少又将三个阶段细分为六个时期。其中第二至第五个时期为工业化时期。也就是说,工业化按人均收入水平可以分为四个阶段。根据 H. 钱纳里等人的研究,准工业国家的人均 GDP 的水平一般处于第一至第三个阶段(表2—3)。以1970年的美元来衡量,进入准工业国家的人均收入,一般模式(又称标准模式,是对所有国家的抽象综合)是350美元,大国模式(大国是指1970年人口超过2 000万的国家,其出口专门化程度比小国低)是300美元,初级产品出口导向型国家(是指人口小于2 000万的小国,并以出口矿产资源等初级产品为主)是500美元。换算为1996年货币制,进入准工业国家的一般大国的人均 GDP 水平是1 860美元。

表2—3 人均 GDP 变动所反映的工业化阶段

工业化阶段	人均 GDP(美元)			
	1964年	1970年	1982年	1996年
1	200～400	280～560	728～1 456	1 240～2 480
2	400～800	560～1 120	1 456～2 912	2 480～4 960
3	800～1 500	1 120～2 100	2 912～5 460	4 960～9 300
4	1 500～2 400	2 100～3 360	5 460～8 736	9 300～14 880

资料来源:郭克莎:"中国工业化的进程、问题和出路",《中国社会科学》,2000年第3期。

三、中国工业化的独特性

(一) 我国工业化的结构转换

由于国情的特殊性,中国工业化过程中的结构转换模式与

H. 钱纳里的"一般模式"相去甚远,特别是在以下几个方面存在明显差异:一是就业结构的转换严重滞后于产值结构的转化,表2—4、表2—5表明,在1978年,我国的第二产业产值比重就占到GDP的48.2%,而同期第二产业的就业人数仅占总就业人口的17.3%,在整个20世纪80年代和90年代,这种状况没有得到根本的改变;二是城市化水平明显低于工业化水平(郭克莎等,2000)。从图2—3可看出,从1952年到2001年,我国的城市化水平一直滞后于工业化的水平,这是我国走以重工业(原材料工业和重型制造业)为主体的特殊工业化道路的必然结果。这种城市化滞后工业化的状况,在20世纪90年代中后期有所改善,我国城市化水平目前处于加速发展时期,有望在近期改变城市化滞后的状况。

表2—4 我国历年GDP及其构成

年份	GDP（亿元）	第一产业比重(%)	第二产业比重(%)	第三产业比重(%)
1952	679	50.5	20.9	28.6
1962	1 149.3	39.4	31.3	29.3
1978	3 624.1	28.1	48.2	23.7
1985	8 989.1	28.3	50.0	21.7
1990	18 598.4	27.0	41.6	31.4
1995	57 494.9	20.8	49.6	29.6
1998	78 017.8	18.7	49.6	31.7

表 2—5 我国历年就业人口及其构成

年份	就业人口（万人）	第一产业比重(%)	第二产业比重(%)	第三产业比重(%)
1952	20 729	83.5	7.4	9.1
1962	25 910	82.1	8.0	9.9
1978	40 154	70.5	17.3	12.2
1985	49 873	62.4	20.8	16.8
1990	63 909	60.1	21.4	18.5
1995	67 947	52.2	23.0	24.8
1998	69 957	49.8	23.5	26.7

(二) 工业化与城市化

所谓城市化，通常是指居住在城镇的人口占总人口的比例增长的过程，更确切地说是农业人口向非农业人口转化并在城市集中的过程。城市化水平（城市化率）通常以城市人口占总人口的比重来计算，即工业化与城市化是互相促进的关系。一方面，城市化是工业化的结果。工业化本身要求资本、人口和劳动力等资源集中到一定程度，这种集中过程就表现为通常所说的城市化。另一方面，城市化又推动了工业化。这是由城市化本身所具有的功能所决定的。城市的主要特征是集中，集中能产生聚集经济效益。首先，人口集中会减少雇佣劳动力，特别是减少技术工人和工程技术人员的成本；其次，基础设施可以集中建设并广为分享利用；第三，每个厂商可以从同在一个城市的其他厂商那里获得许多好处，容易获得许多必要的投入和服务，减少运输费用;最后,人口集中也意味着较大的市场。

(三) 我国工业化与城市化进程

1. 我国非农就业变化与城市化进程的比较

城乡结构变化的前提是产业结构的变化,而工业化是产业结构演进最剧烈的一个发展阶段,对就业结构的转变产生了重要的作用,有力地促进了城市化水平的提高。不同的产业发展阶段具有不同的产业结构和城乡结构特点。我国非农产业结构、就业结构变化与城市化关系的演变基本上分成两个阶段。

1978 年以前,非农产值比重、非农就业比重和城市化水平年均分别提高 0.86、0.49 和 0.35 个百分点。非农产值比重一直在高位运行,而城市化水平却始终处于低位水平。到 1978 年,非农产值比重已经高出非农就业比重 42.4 个百分点,高出城市化水平 52.2 个百分点。由于该阶段产业结构与就业结构的转变相脱节,工业发展对就业的贡献偏低,从而影响了城市化水平的提高。

改革开放以后,三者之间的增长速度发生了很大的变化。非农产值比重、非农就业比重和城市化水平年均分别提高 0.69、0.93 和 0.83 个百分点。也就是说,改革前非农化每提高 1 个百分点,城市化提高 0.71 个百分点;改革后非农化每提高 1 个百分点,城市化提高 0.9 个百分点,而且 20 世纪 80 年代到 90 年代呈显著提升的态势(表 2—6)。可见,该阶段就业结构转变速度远远超过产值结构,有力地促进了城市化水平的提高,城市化与就业的非农化之间的关系趋于密切。

表 2—6 改革开放前后城市化与非农化发展速度比较

时间段	非农产值	非农就业	城市化	三者速度之比
改革开放前	0.86	0.49	0.35	1.76∶1∶0.71
改革开放后	0.53	0.93	0.83	0.57∶1∶0.9
1980~1990	0.3	0.85	0.65	0.35∶1∶0.76
1990~2000	1.07	1	0.98	1.07∶1∶0.98

资料来源:国家统计局:《新中国五十年统计资料汇编》,中国统计出版社,1999年;《中国统计年鉴2001》,中国统计出版社,2001年;国务院人口普查办公室:《中国2000年人口普查资料》[1],中国统计出版社,2001年。

2. 城市化与非农化的偏差分析

从非农产业占 GDP 的比重来看,1980 年我国已达到 69.9%,与 1884 年的美国相近,城市化水平却有 11.6 个百分点的差距;1990 年我国非农产业水平为 72.9%,与 1949 年的日本、1900 年的美国基本一致,但城市化水平却远远落后于当时的这些国家。尽管经过 20 多年结构调整和社会经济发展,2000 年非农产值比重与 1959 年的日本接近,但城市化却落后 27.3 个百分点(表 2—7)。根据钱纳里世界城市化的一般模式,当非农产业的比重在 84.4% 的时候,城市化水平为 60.1%;我国 2000 年非农产值比重是 84.1%,但城市化水平

---

[1] 2000 年第五次全国人口普查数据是本文采用的主要基础数据。改革开放以来我国进行的三次人口普查,城镇人口统计口径都不一样。第五次全国人口普查对城镇人口的界定加入了人口密度的限制,贯彻了是否实际参加城镇经济活动和享受城镇服务这一标准,把统计建立在不同空间尺度相互衔接的城镇地域概念上,基本反映了各地区城市化的实质。

仅为36.2%。我国城市化水平严重滞后于产值结构是显而易见的。

表2—7 中国工业化与城市化关系的变动趋势

国家	年份(年)	非农产业(%)	非农就业(%)	城市化水平	UN比
中国	1980	69.9	31.3	19.4	0.62
	1990	72.9	39.9	26.4	0.66
	2000	84.1	50	36.2	0.72
日本	1949	72.6	52	37.5	0.72
	1959	84.5	63.5	63.5	1
美国	1884	68	46.5	31	0.67
	1900	73.3	62.4	39.7	0.64
一般模式的相关指标	1 000 $	67.3	44.3	36.2	0.82
	4 000 $	84.4	70	60.1	0.86

资料来源：钱纳里等：《发展型式，1950～1970》，经济科学出版社，1988年；《1848～1960主要资本主义国家经济统计集》，世界知识出版社，1962年；《2001中国统计年鉴》，中国统计出版社，2001年。

以就业结构来衡量，根据钱纳里模型，非农产业产值比重在84.4%的时候，非农就业比重应当达到70%，而我国2000年非农就业比重仅为50%，就业结构落后于产值结构20个百分点（图2—3）。根据一般模式，人均GDP达到1 000美元，城市化水平达到36%左右，而非农产业就业比重是45%左右，这与我国2000年的情况基本吻合。可见，以经济发展水平和就业结构进行综合衡量，我国城市化水平滞后的现象并不明显，仍然符合城市化进程的一般规律。

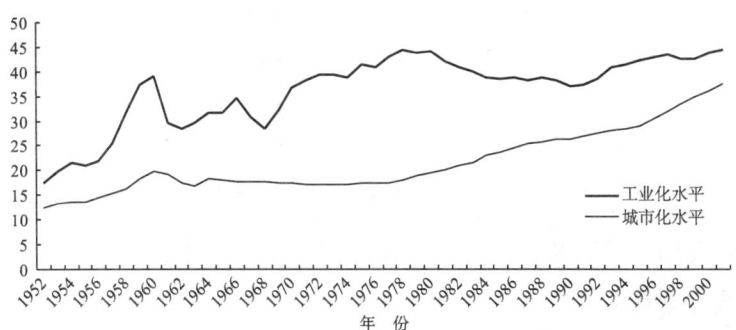

图 2—3　建国以来我国工业化和城市化的进程比较(%)

(四) 我国的农村工业化

在我国,改革开放以来在广大农村地区发生的工业化进程,深刻改变了我国农村工业化的进程和方式。农民在农村地区参与工业化,形成了工业化的城乡二元格局,城市工业和农村工业截然不同的特点和发展轨迹,也使得中国的工业化进程的结构、转变方式和特点明显不同于其他工业化国家,这便是中国工业化的独特经验。大量农村居民在小城镇与村庄参与工业化进程,这种参与形式并没有很明确地显示在城市化和就业结构的变化上,而是更多地显示在产值结构的变化和土地利用的转变上。中国农村工业自发兴起的原动力在于广大农民寻找就业机会、提高收入水平的愿望;而中国作为农村劳动力数量庞大的农业大国,要实现社会稳定及发展,必须解决农民致富问题,也就是说,国家在社会经济发展过程中实现城乡公平的压力十分突出。但同时,工业化与城市化的分离,必然伴随社会经济发展的效率损失。工业生产与农业生产分别以点区位和面区位为主要区位特征,工业生产的空间集聚规律以规模经济和外部经济等经济学原理为基础,广大农村地区一般来说资金、技术等生产要素供给水平低,交通运输等基础设施条件差,远离市场和信息;大规模的工业生产分散布局于这种区位从总体上说将损失非农产业的空间集聚效益,包括已形成集聚部分经济活动的效益发挥。农村工业的出现,是中国工业化战略中区域均衡与非均衡发展的两难选择,表现为"城—乡"工业关系的新内容。

作为工业化的特殊形式,所谓农村工业化乃是在二元经济结构长期存在的情况下,在农村社区范围内建立和发展工业,并以此为契机,改造包括传统农业在内的落后的农村经济乃至整个农村社会的过程。很明显,农村工业具有三方面的内容:其一是农村工业的建立和发展;其二是工业产品和生产方式(包括企业制度)对落后的农村经济(包括传统农业)的改造;其三是工业产品和文化对整个农村社会的改造。在农村工业化的过程中,农村工业和实行工厂制的农村企业在整个农村经济中的份额将会趋于上升,农业产品的绝对值也将越来越大,但在农村经济中的份额却将越来越小,与此相适应,农村居民在农村工业和其他非农产业中的就业份额将会越来越大,并将最终解决因劳动生产率提高而带来的农业剩余劳动力问题。在这一过程中,农村居民来自农村工业和其他非农产业的收入将会越来越多(图2—4)。

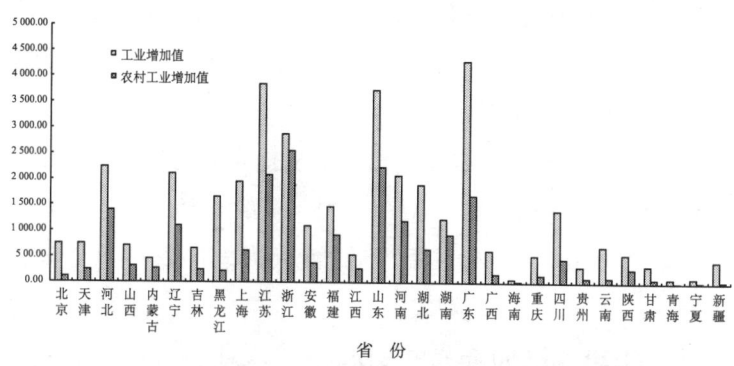

图2—4 我国各省份农村工业增加值与工业增加值的比较(亿元)

第二节 对中国农村工业发展的基本认识

一、要不要鼓励中国农村地区大力发展工业

要不要在农村地区发展工业,这一问题的提出由来已久。早在20世纪80年代中后期一些学者就已经开始关注这一问题,90年代中后期特别是1995年农村工业增长持续减缓后人们对这一问题的讨论更趋激烈。

(一) 20世纪80年代末和90年代初的主要观点

在20世纪80年代末和90年代初,大多数学者是赞成在农村地区大力发展工业的(国务院农村发展研究中心发展研究所,1987;周其仁等,1987;张毅,1990;费孝通,1993)。这些学者的主要依据是:当时中国经济基础薄弱,资金技术缺乏,特别是在中国农村地区存在大量剩余劳动力,城乡之间相互隔离,要想在中国发展经济,改变中国农村的面貌,就必须在农村地区大力发展工业,实现中国的现代化。

但也有部分学者(孙文广,1988)从提高劳动生产率和农村工业经济效益等角度出发,认为农村工业的规模一般都比较小,分布较为分散,不易形成集聚效益,大力发展农村工业弊大于利。

(二) 20 世纪 90 年代中后期的主要观点

20 世纪 90 年代中后期,特别是在农村工业发展速度减慢后,要不要大力发展农村工业这一问题变得更为复杂,它与我国选择什么样的城市化道路、如何转移农村剩余劳动力等问题紧密交织在一起。

对于这一问题大体上有两种观点:一种观点是不主张在农村地区大力发展工业,主张通过发展城市工业来实现工业化和农村剩余劳动力的转移;另一种观点是主张通过大力发展农村工业来推动农村小城镇建设,通过农村地区的工业化和城市化吸引农村剩余劳动力。

1. 限制在农村地区过多地发展工业

主张限制在农村地区发展工业,将工业和人口向大城市集中的(樊刚等,2000;黄益平,2000;方齐云等,1997)学者认为:

第一,中国农村工业发展是特定历史条件下的产物,是我国经济发展初期的必然选择,而在目前阶段,我国社会经济环境已经发生了深刻变化,继续在我国农村地区大力发展工业将导致公共基础设施的利用效率低,非农产业效率难以提高,城市化程度低,人口和产业集聚程度低,工业和其他各种非农产业的发展所必须支付的基础设施成本过高等一系列弊端(樊刚,2000)。

第二,当前农村劳动力资源配置错位的潜力在部分地区已经得到了释放,在一些乡村非农产业发展较充分的地区,特别是东部沿海地区,依靠进一步转移农村剩余劳动力来推动经济高速增长的潜力已经有限;劳动密集并且低技术含量的消费品市场相对于有效需求而言已经饱和,不再有超常发展的空间,而高技术含量的生产领域虽然广阔,却需要企业进行重大结构调整,不可能再以低技术和粗放经营的方式跨进结构升级这道门坎;许多欠发达地区更缺乏必需的公共基础设施,缺乏技术和管理人才,远离人口集中的市场,远离城市集中地带,难以再走"离土不离乡"的道路,同时,随着市场化程度提高,特别是要素市场逐步开放,产业布局合理化和规模经营的可能性逐步显现,"离土不离乡"不再是唯一的选择,而且在一些情况下不再是合理的选择(王小鲁,2000)。在市场比较开放的情况下,市场导向造成了资源自发向城市流动的现象,发展得好的乡镇企业最终将发展为城市企业,但乡、镇中依然会存在着一些服务于当地的小型企业(黄益平,2000)。

第三,从经济效益方面来说,较大规模的城市有明显的净规模收益(方齐云,1997),而且明显优于小城市;尽管净收益的大小依分析方法而变,不同方法得到的最佳城市规模大致在50~400万人范围,其峰值的位置基本上在100~200万人;在达到最佳规模之前相对净收益随城市规模扩大而递增,超过这一规模之后随城市规模扩大而递减(王小鲁,2000)。

2. 主张加快农村工业发展

与此相反,另外一些学者(韩俊,1996;黄勇等,2000;费孝通,1993、1998;陈池波,1999;吴楚材等,1997;辜胜阻,1995;温铁军等,2000)从解决中国农村剩余劳动力转移和中国农村"三农"问题的复杂性和艰巨性出发,得出以下结论:

第一,中国农村工业化和城镇化相结合是未来中国农村剩余劳动力转移的主要途径,城镇化和工业化要协调发展。农村工业今后必须改变分散布局的状态,促使农村工业向条件好的县城和建制镇集中,以工业化推动城市化,以城市化促进工业化,实现我国农村剩余劳动力转移的目标(费孝通,1993;韩俊,1994;辜胜阻等,1995)。

第二,在中国人口压力大而资源严重短缺的基本国情制约下,考虑到其他发展中国家城市化的教训,中国应该率先在县市以下开通城乡,促进农村工业和人口向包括城关镇在内的中心城镇集聚,以"城镇化"推进城市化。但是,农村城镇化的主要目的并不在于建设一批现代化的城镇,而是通过城镇发展过程中资本的集聚和人口的集中,逐步解决农民、农村、农业这"三农"问题。即如何在市场经济条件下,进一步改革农村社区和乡镇企业产权制度;通过培育城镇积累功能和自我发展机制,使已经非农就业的、过剩的农村人口进入城镇,从而减轻有限农地上已经超载的农业人口负担,以保证中国农业可持续发展的必要条件(温铁军,2001)。

二、对中国农村工业发展模式的审视

(一) 我国农村工业发展的主要模式

我国由于地域范围广大,地理条件和经济发展基础的地域差异也较大,因而各地在农村工业发展中探索出了不同的发展模式。一般较为公认的发展模式主要有以下六种。①苏南模式,以苏州、无锡、常州三角地带集体乡镇工业为代表。"苏南模式"这一概念,最初是由费孝通教授于1983年年底提出:"我感到苏南这个地区在农村经济发展上自成一格,可以称为一个'模式'"。后来,他在《对中国城乡关系问题的新认识——四年思路回顾》中做了进一步阐述:"我所说的'模式'是指在一定地区一定历史条件下具有特色的经济发展过程。"也就是在改革开放以后,在江苏南部地区兴起的以乡、村两级集体所有制企业为支柱,以中心城市为依托,通过乡镇企业的兴起和发展来带动农村经济的一种社会经济发展的道路。关于"苏南模式"的特征,比较权威的论述是:"三为主、两协调、一共同"。"三为主"——在所有制结构上,以公有制、集体经济为主;在产业结构上,以乡镇工业为主;在经济运行机制上,以市场调节为主。"两协调"——实现地区性经济和社会协调发展,物质文明建设和精神文明建设协调发展。"一共同"——坚持按劳分配、多劳多得的分配方式和原则,兼顾国家、集体、个人三者利益,走逐步实现社区内农民共同富裕的道路。②温州模式,以浙江温州一带个体私营的家庭工业为代表。如果仅仅把个体私营经济发展作为"浙江模式"的特点或强项是不全面的。"浙江模式"如果成立,其本质的东西是因为这种可以称之为模式的经济发展方式适应了浙江的资源结构和产业发展水平。浙江企业家资源相对较多,经营人才较多是浙江的资源优势。在浙江现实的经济发展水平上,发挥这些资源优势,发展个体私营企业是较好的方式。③珠三角模式,以珠江三角洲一带外向型乡镇工业为代表。珠三角模式与海外密切的亲缘和地缘联系,原有社区集体经济力量较强,权力精英有较强的改革开放意识。其特点是产业结构以劳动密集的轻型加工工业为主,如电子电器、纺织服装、金属制品等,企业的专业化水平较高,规模比较大,技术水平比较先进;与海外生产要素和市场联系紧密,有较高的外贸依存度。企业投资中海外资金占有一定的比重,一些关键设备、管理技术人员和特殊的原材料也来自海外,企业的市场结构中海外市场占有较高的份额。由于外资、外贸的作用,企业的全要素生产率比较高,模仿竞争、投资竞争和创新竞争有机结合,在国内外市场上有较强的竞争能力。企业的产品和技术开发大体遵循引进—模仿—吸收—创新的过程。④阜阳模式,安徽阜阳地区以农副产品加工为主的农村工业。⑤平定模式,山西中部平定地区以矿产资源开采活动为主的乡镇企业。⑥宝鸡模式,陕西省宝鸡市军工企业特别发达,常以技术合作、技术服务的形式支援乡镇企业的发展。

对中国农村工业发展模式的研究也是近年来学术界的热点问题之一,特别是最近几年对苏南模式和温州模式的比较研究已成为此研究的重要方面。目前在这一领域进行研究的学者主要有:陈吉元(1989)、费孝通(1931,1993)、万解秋(1992),Herrmann-Pillath(1997)、齐文辉(1998)、新望(2000)、宋学宝

(2001)、冯兴元(2001)、陈建军(2000)、赵伟(1999)、何梦笔(2000)、邱成利(2000)等。

(二) 对苏南模式和温州模式的重新审视

苏南模式和温州模式有许多共同点，其中最重要的一点是这两种模式都具有内生发展模式的特点，即推动地域经济发展的要素主要来自地域内部或国内。这些要素，不仅包括劳动力和资本，而且包括最重要的经济发展资源——企业家资源。苏南模式和温州模式形成的基础都是由于区域内部拥有较多的企业家资源。但是，将这些企业家资源转化为经济发展的动力和市场化改革的动力的过程，两地区是有所不同的。这主要表现在：苏南地区由于拥有较好的工业基础和工业发展条件，民间的企业家资源的"出道"相对较早，在改革初期已经有了相当的发展；而浙南地区的民间企业家资源的"出道"相对较迟，基本上是伴随着改革开放的步伐发展起来的。

我们必须认识到，第一，以苏南模式和温州模式为代表的农村工业发展模式的产生有其深刻的社会、经济和文化背景，是特定历史和特定发展环境的产物，对于不同的地区而言，全盘照搬这些发展模式很难取得成功。模式的意义不是让人们去照搬一切，而是提供可以借鉴的一般发展规律，对其他地区的发展起一定的引导作用。目前，众多的发展模式中仍具有生命力的是苏南模式、温州模式和珠三角模式，而这些模式本身也面临着巨大的挑战(陈建军，2000)。

第二，苏南模式和温州模式是具有中国特色的农村工业内生发展模式，是对我国农村工业发展影响最大的两种发展模式，它们无论从外在表征还是内在本质上都具有较大的差异。从表征上来看,两者的不同在于:苏南模式的企业类型多是集体企业,温州模式的企业类型多为民营企业;浙江的农村工业发展速度快于江苏,特别是浙江民营工业的发展大大超过江苏;浙江农村工业企业的劳动生产率在1997年后一直高于江苏,温州模式更为适应市场经济的环境(宋学宝,2001)。从更深的层面上看,温州模式本质上是一种市场解决模式、自发的发展模式和自组织模式(self-organizing)。其中,政府的作用是促进性的、辅助性的和调节性的,而不是对经济的管理作用。这种作用主要体现为维持一种公平、公开和公正的市场经济秩序,并在市场失灵时进行必要的调整。温州模式又被一些学者称为"中国式新古典工业化模式"或"哈耶克扩展秩序模式"(赵伟,1999;冯兴元,2000);而苏南模式本质上是一种政府超强干预模式、地方政府公司主义模式、干部经济模式、政绩经济模式、干部资本主义模式和准地方政府的地方产权制度模式。这种地方政府对农村工业企业的地方产权制度安排雷同于中央对国有企业的制度安排,都有着政企不分的问题,同时也产生低激励和负激励效应(Herrmann-Pillath,1997;新望,2001;冯兴元,2000;何梦笔,1996)。

第三,苏南模式和温州模式都在继续进行演化。苏南农村工业的兴起与"缝隙经济"(niche economy)的发展有关,但是随着市场经济的日益规范,经济缝隙的数量、形式和分布都发生了变化,缝隙经济中拥挤着较多的企业,必然会有一部分因效益较差而被挤掉,苏南农村工业面临新的选择。但是,1998年苏南将集体企业改为集体控股的股份制或股份合作制的企业改制并没有取得预期效果,政企不分的问题仍未能得以真正解决。目前苏南地区正在进行以政企分开、打破乡镇村的地方产权制度、确立生产者的市场地位为主要内容的二次改制,其关键是能否重新让苏南地区的市场内生发展力量发挥作用。浙江的改制工作在全国是最彻底的,但是浙江工业企业经济结构的调整和资源的整合是一个长期的过程,企业必须通过购并重组来扩大规模。苏南模式和温州模式演变的最终结果是进一步的趋同。

三、农村工业发展:产权经济学的解释

近几年,乡镇企业的产权制度改革一直被各级政府和民众看作是乡镇企业寻求新的发展的基础性举措。改制是指对产权制度的改革和经营管理体制的改善。改制的历程大概可以从1994年、1995年算起,然而真正意义上的改制则始于1997年亚洲金融危机以后。此阶段,改制的实质内容是农村地区集体经济全面从乡镇企业的退出和私营经济在乡镇主导地位的确立。尽管农村地区集体经济的退出,在表面上有股份制和股份合作制的改造、租赁、承包、兼并、拍卖、转让等多种形式,但是实质上在1998年发展成为"拍卖转私"的一种形式(秦晖,1998)。

关于乡镇企业的改制研究是1998年以来乡镇企业研究的热点,如张军等(2000)对集体所有制企业改制的过程分析框架;邹宜民、姜长云等人(1999,2000)对改制的全面描述和各方主体利益的讨论;韩俊(1997)、张晓山、苑鹏(1998)等对股份制问题的探讨;谭秋成(1999)对经营者地位问题的关注;秦晖(1997,

1998)对乡镇企业转制问题详细而有深度的报告；陈剑波(2000)从中国乡镇企业财产的形成和控制入手，探讨了乡镇企业的产权制度非正规性及其变迁；支兆华(2001)对乡镇企业改制则有另一种解释。从以上学者的研究中我们可以得出以下主要观点：

(一) 乡镇企业产权的界定

产权问题是对农村工业企业改制进行认识的基础，农村集体企业是我国经济转型时期的特殊企业产权形式，集体土地所有制是我国集体性质农村工业产生的制度根源。集体企业的财产权属社区农民所有，但在很多地区农民实际上对企业的合约控制权几乎等于零，他们仅仅能够参与部分剩余权的分配，农村社区政府因为对土地的所有权而代替了农民掌握着企业的控制权和收益权，成为企业的实际所有者，而经营者享有大部分剩余权的控制和决策权利(陈剑波，2000)。在很多时候，农村社区政府往往大权独揽，它任命企业的经营者，做出重要的生产决策，决定企业的利润分配。社区内农民、政府和经营者之间的契约关系的非正规性导致了企业产权的模糊性(谭秋成，1999)，也就是说，长期以来看似清晰的我国农村工业的产权性质实际上是不清晰的。

(二) 农村集体企业改制的原因

很长一段时间，我们更多地认为是产权不清晰导致了农村企业的改制，但经过20世纪90年代学者的深入研究，理论界现在基本上同意产权不清并不是企业改制的根本原因，因为产权不清一直就存在并创造了乡镇企业的辉煌。目前较为一致的观点是,政府的财政压力是造成乡镇企业产权制度变迁的根本原因。20世纪90年代以来,面对市场环境的变化及乡镇企业资金紧张、资金来源萎缩,甚至债务危机凸现的形势,乡村政府要尽快切断其与乡镇企业的债务链,以规避乡镇企业经营的市场风险(姜长云,1999;秦晖,1998)。支兆华进一步运用数学模型分析得出,集体企业改制的深层原因是政府选择在集体经济和私营经济两个部门配置自己资源的结果,当市场化日渐深入,由于私营经济的竞争,政府从支持集体企业中获得的收益逐步减少,从集体企业中退出是它进行利益最大化选择的结果,改制不可避免(支兆华,2001;张军,2000)。

(三) 改制不是一切

股份合作制作为改制初期的一种主要形式是不成功的,因为它既要解决经营者的激励和监督问题,又要解决企业资本缺乏的问题,但是由于政府不愿意出让大部分股权,加上股份合作制本身的制度缺陷,以股份合作制为主的改制收效甚微。目前,各地进行的新一轮改制基本上都放弃了对股份合作制的尝试,对小型企业基本上是采用拍卖的形式将其转为私营企业,而对大的企业则采取股份制形式组建公司。总体来说乡镇企业的改制是对我国产权制度的一次有益尝试,对于提高企业效率是有好处的,但是也不能排除不利于提高效率的案例出现(韩俊,1997;张晓山,1998)。

第三节 对中国农村工业产业结构和布局的审视

对农村工业产业结构和布局研究是目前中国农村工业研究中的一个热点问题,主要涉及农村工业结构形成的历史背景、农村工业结构的优化、农业产业化的方向、农村工业和城市工业的协调发展、农村工业分散布局的历史根源和布局优化分析等方面。主要从事这一领域研究的学者有:韩俊(1989),Byrd et al.(1990),庞效民(1992),李小建(1993),苗长虹(1994,1997),施虹(1998),牛若峰(1997),范纯增(1997),韩俊(1999),迟兴臣(1999),苑鹏(2000),赵连阁(2000),Brad Christerson et al.(1997),曾尊固(1999)等。

一、农村工业结构的形成是特定历史阶段的产物

大多数学者都认为,中国农村工业结构是在特定的历史条件下形成的,有其历史的合理性。中国农村工业在其发展的初始阶段由于受资金少、技术层次低、制度不健全、职工素质差等客观因素的限制,只能进入那些初始门槛相对较低的劳动密集型产业,这样就不可避免地造成了农村工业规模小、生产工艺简单和技术水平落后的局面。但是,20世纪80年代初到90年代初,由于我国总体上处于短缺经济时代,处于"填平补齐"位置的农村工业便获得了快速的发展,并成为国民经济中的主要力量。

随着20世纪90年代后期,我国经济由"短缺经济"时代进

入"相对过剩经济"时代,农村工业在各方面的问题也越来越明显的暴露出来,特别是农村工业的一些结构性矛盾更加突出。目前农村工业规模小、技术水平低、传统产业和产品所占比重极高,产品档次低、质量差,这些都是不争的事实(韩俊等,1989)。农村工业整体上给人们的低层次印象也没有从根本上获得改变,特别是在广大中西部地区,农村工业的主体依然是技术层次较低的小加工企业。农村工业和城市工业在产业结构上也存在着较大的雷同。农村工业一是与城市工业主导产业群存在相当高的重合性,一般来说城市周围的农村工业多受城市工业的影响,很多农村工业企业是城市企业衍生活动的结果,这样很容易造成农村工业和城市工业在产业结构上的同构性;二是与城市工业内部结构的相似性系数相当高(苑鹏等,2000),而与之相反的是,农村工业与农业以及农业产品的联系不是十分紧密。

二、结构优化是农村工业必然的选择

结构优化是我国农村工业发展目前面临的重大问题之一,各地工业结构的优化不能搞"一刀切",不能盲目地提高工业的资金和技术含量,而应该根据各地的实际情况和比较优势,发展不同的工业行业。

目前,加强农村工业和农业的联系,走农业产业化道路和发展农产品加工业是结构优化的一个重要方向(迟兴臣,1999)。农村工业与农业产业化相结合,加强农村工业和农业的联系,也是改变农村工业与城市工业同构化的重要途径;加强农村工业和农业的联系,发展农副产品的加工,可以使农村工业的优势得到充分的发挥,增强农村工业的竞争能力。

一些地区,特别是农村工业发展水平不高的中西部地区,不应该过早地抛弃劳动密集型工业而盲目发展资金、技术密集型工业,发展劳动密集型工业仍然是这一地区一条切实可行的道路。尽管目前的产业结构升级在农村工业中提得比较多,也有一些企业通过技术升级获得了较好的收益,但是各地区要因地制宜,立足于本地区现有的基础和优势,切忌不顾实际的产业升级。中西部地区由于农村工业的基础较为薄弱,目前在一些地区利用丰富的劳动力资源和自然资源发展劳动密集型加工业仍然是一个重要的方向。

当然,在发展条件较好的沿海地区,发展资金、技术密集型的大企业和具有外向型特点的中小企业是产业结构优化的主要途径(Brad and Constance,1998)。在沿海农村工业发展条件较好的省区,企业已经认识到技术进步的重要性,地方政府也纷纷出台各种政策,引导企业壮大规模、改进技术,通过规模经济和技术进步提升农村工业的水平。

三、农村工业布局由极度分散走向相对集中

(一) 农村工业布局的基本特点

中国农村工业在经过 20 年的快速发展之后,其空间布局结构仍然是高度分散化的散乱状态。一方面,目前小城镇的各种制度、体制还在诸多方面限制着农村工业的聚集。据有关调查,1995 年在我国乡镇企业中,只有约 1％的企业分布在县级镇,12％的企业分布在乡级(镇),7％的企业分布在行政村,而 80％

的企业分布在自然村落中。另一方面,我国乡镇企业的规模小。1995年,我国乡镇企业平均拥有职工4.9人,固定资产2.8万元,平均年产值仅12.5万元。规模较大的农村工业企业平均固定资产规模也只有41.7万元,仅相当于城市工业的7.5%。可见,中国农村工业的发展实际上走的是分散化、低水平、数量型扩张的发展模式。这种发展模式的主要缺陷是:不能获得聚集经济效益,分散化的资源配置格局对农村城镇化的推进不利,也不利于农村工业的技术进步和现代化、科学化管理,不利于污染防治。

(二) 影响农村工业布局的因素

农村工业在农村地区的分散分布有极其复杂的社会、经济和制度因素。农村工业的分散布局从根本上来说是由农村工业的生产力水平所造成的,特别是在农村工业发展的初始阶段更是如此。

从农村工业的经济环境来看,农村工业在发展的初期由于受资金的限制,不可能投入大量资本征用土地建设厂房,也就不可能将工厂建在条件较好的城镇地区,大量企业利用自家的住房或集体的房屋做厂房,这样就形成了农村工业分散布局的特点。

从农村工业的制度环境来看,农村工业的主要微观制度特征是其社区属性和模糊不清的产权结构;其宏观制度环境主要体现在国家计划的歧视和城乡发展的隔离。农村工业的社区属性限制了农村工业的空间流动,农村工业的产权制度制约了农村工业的空间结构转换,而城乡发展的隔离又阻碍了农村工业向城市的流动(赵连阁,2000)。这种产权制度环境将农村工业企业固定在特定的社区位置,不利于农村工业企业的进一步集中。

(三) 农村工业布局的基本趋势

很多学者也意识到,目前农村工业分散布局的状况阻碍了农村工业的进一步发展,也不利于推进农村城市化和剩余劳动力的转移(陈吉元,1993;胡必亮等,1996),未来农村工业向条件较好的小城镇和城市地区转移是必然的趋势。并且,这种集聚目前在许多地区已经发生,有更多的地方制定了一系列的优惠政策,鼓励农村工业企业向城镇工业区集中。目前,很多城镇都建立了工业小区。但是,大部分工业小区中农村工业的集聚效果并不理想,特别是在农村工业发达的省份,集中化的趋势尽管已经开始出现,但集中的程度不高,集中带来的效益不是十分明显。乡镇企业的集中并不是简单地迁入城镇,而是向城镇集中与各个产业合理选择区位,二者最大限度地统一。在一定的农村经济区域中,一方面我们假设给定的多个城镇为各具特点的产业区位:其中有的区位对不易转移的投入品供给情况良好;有的区位对不易转移的产出品需求的收入弹性较大;有的靠近可转移投入品来源地和有的接近可转移产出品销售市场等。另一方面,乡镇企业的不同产业对区位条件有着不同的要求:有的对区位上不易转移的投入品供给条件要求较高(如对供水、场地的需求);有的则依赖区位本身的需求而生存(如服务业);有的需要靠近原料来源地,而有的则需要接近销售市场(如运输费用占生产成本较大份额的制造业)。乡镇企业的空间集聚必须是不同产业对各具特色的产业区位——城镇的对应进入。还必须指出的是,以上对乡镇企业空间集聚的强调,是就乡镇企业中的大多数产业而言的。事实上,乡镇企业中的有些产业并无这种要求,或者说,在空间上必须分散。

第四节 对中国农村工业发展地区差异的认识

中国农村工业发展的地区分异研究,中国农村工业发展对地区经济作用的研究是经济地理学者和区域经济学者较为关注的研究方向。从事这一领域研究的学者主要有:樊杰(1996,1998)对农村工业与地区经济互动关系及农村工业发展的省际差异的研究;苗长虹(1994,1998)对河南农村工业发展与区域经济关系的全面分析,对我国不同地区农村工业发展型式的划分;吴天然(1997)对我国农村工业化发展的地区差异、农村工业发展地区经济发展贡献的研究;沈小平(1998)对1989~1994年中国农村工业发展空间不均衡性的分析;香港中文大学的Yusheng Peng (1995)运用1 900多个县的基本数据对20世纪80年代农村工业发展与农业积累、农村劳动力和农村人力资源存量之间关系,以及对农村工业发展的地域差异的考察。

一、农村工业发展存在较大的地区差异

农村工业在中国的发展存在着巨大的地区差异。一般来说,我国农村工业大部分集中在沿海省区和一些大都市周围,广

大中西部地区的农村工业发展水平则较低(樊杰,1996;沈小平等,1998)。农村工业发展也存在着一定程度上的南北差异,但是,其东西差异比南北差异更为显著。尽管形成这种差异的原因是多方面的,但原有的经济基础、制度环境和区位条件则是差异形成的重要原因。近年来,这种差异由于农村工业发展竞争力的不同而有所扩大,并从量的差异转变为结构、技术水平和发展能力等更深层次的差异。

在农村工业发展水平较高的省区内部也存在着较大的地区差异。例如:江苏的苏南和苏北的差异,苏北农村工业发展无论从总量上还是从技术层面上都远远落后于苏南地区;浙江温州、台州、绍兴、杭州之间的农村工业发展也存在明显差异,温州和台州的农村工业的"集群经济"特征明显,存在较多规模较小的家庭式企业,企业之间联系紧密,而杭州和绍兴的农村工业受城市经济影响较为明显,企业的规模较大,技术水平先进。这种地区发展差异的形成是历史积累和地区社会、经济和文化影响的结果,形成原因较为复杂(Yusheng Peng,1995;苗长虹等,1997)。

二、农村工业发展促进了农村经济的繁荣

农村工业的发展除了受制度环境和社会文化的影响外,还与农业的发展水平、农村剩余劳动力状况、农村人力资本存量、农村工业原有的经济基础有很强的正相关性(樊杰,1998)。

同时,农村工业的发展增加了农民的收入,繁荣了农村集体经济,促进了地区经济的发展,为地区经济的增长做出了巨大的

贡献(吴天然等,1997)。农村工业发展已成为农村居民致富的重要途径,农村人口的富裕程度同当地农村工业的发展水平密切相关,乡村工业企业职工平均工资高的省区,其农民人均纯收入就高;农村工业的发展极大地繁荣了农村集体经济,农村工业企业为地方政府提供了大量的财政收入,一般来说,农村工业发展较好的乡镇,其财政收入水平相应的也较高,而那些农村工业发展较差的地区,财政也相应困难。

三、农村工业发展对生态环境的影响较大

农村工业在发展的初期由于规模小、技术水平低,不可避免的给农村地区的生态环境带来一定程度的破坏,目前对这一方面的研究主要集中在农村工业的污染问题、农村工业发展与土地利用及农村工业的可持续发展等方面。主要研究者有李周、尹晓青(1999),钱兴福、屠世亮(1999),陈烈、郑天祥(1998),曲格平(1998)等。其主要观点如下:

第一,乡镇企业的前身是社队企业,计划经济体制下限定农村发展的"五小工业"多为重污染型产业,使其具有先天不足。改革之初,农户有了经营非农产业的权利,但价格扭曲尚未消除,形成了谁拥有资源加工权,谁就获得政策性利润的局面,造成乡镇企业一哄而起、遍地开花。这种后天失调,又使乡镇企业具有数量多、规模小、零星分布在农村中的特征,也造成了乡镇企业污染点多、线长、面广,难以治理等一系列问题(钱兴福等,1999)。

第二,乡镇工业对环境的冲击集中在造纸、食品、印染、电

镀、化学、建材和土法炼磺、土法炼焦等少数产业里。在有污染的产业中，乡镇企业的污染强度要明显高于城市企业，如造纸的单位产值废水排放量为城市企业的2.55倍。乡镇工业的污染治理水平较低，它的废水处理率为40.1%，废气净化处理率为27.9%，固体废物综合利用率为30.9%，分别比城市企业低36个、42.9个和12个百分点。乡镇工业的环境管理较差，乡镇工业交纳的排污费约占全国排污费征收总额的1/10，低于它的污染份额。从地区结构上看，东部地区乡镇工业的污染较轻，产值份额居前10名的产业中有6个属于轻污染产业，但由于总量很大，其污染源工业产值的绝对量仍很大。中部地区在总量上大大低于东部，但产值份额位于前10名的产业大多是污染产业，所以污染状况仍比较严重。西部地区的乡镇工业以资源采集和初加工为主，属偏重污染型产业结构，乡镇工业的总规模还比较小，其污染物排放总量不大（陈烈等，1998）。

第三，扭转乡镇企业环境污染局面，必须解决资源无价和低价导致的资源浪费，必须培育市场，使价格真正反映资源的稀缺程度；设置乡镇企业发展区，以提高非农产业发展的空间集聚度，加速工业化、城市化进程，以便污染物的集中治理和土地资源的集约使用；环境问题的显现和依靠市场机制解决环境问题都具有滞后性，为了减少它们叠加在一起造成的环境代价延期支付，政府必须强化环境管理职能（曲格平等，1998）。

第四，乡镇工业对农村环境影响的变化趋势将会具有如下特征：乡镇工业单位产值污染排放量的下降不足以抵消快速增长造成的"三废"排放总量的增长，农村"废水、废气、废物"的排放总量的增长对环境施加的负面影响会越来越大;污染排放结构将会出现较大变化,技术创新相对较快的产业和企业的污染份额会趋于下降,相对较慢和没有进展的产业和企业的污染份额会趋于上升;环境管理严格的地区污染份额趋于下降,环境管理不力的地区的污染份额会趋于上升;现有城市将会因为实施一系列更为严格的环境监控政策,出现环境状况的相对好转,农村则会因为乡镇企业的继续快速增长和现有城市及国外污染源产业或企业转移,环境状况难以实现好转;从地域上看,将出现中西部地区的污染增长率高于东部的趋势(李周,1999)。

第三章 农村工业的发展历程

尽管我国利用机械生产的工业可以追溯到19世纪的"洋务运动"时期，但在解放前我国基本上是外国工业品的倾销地和原料供应地，自身的工业基础极其薄弱。1949年，中国工业总产值140亿元，钢产量16万吨，原煤产量3 200万吨，原油产量仅为12万吨。可以说，解放后的新中国工业发展是在一个十分落后的基础上进行的。

解放后中国的工业发展在很大程度上是一个自上而下的工业化过程，政府在工业发展中的作用较大，国有工业发展迅速，相比而言，农村地区自下而上的工业化进程在开始的很长一段时间内发展缓慢，直到20世纪80年代改革开放后的近20年里才较为迅猛地发展。始于20世纪90年代的国有企业改革和近几年乡镇企业的改制工作，使得政府在工业发展中的直接干预减少，中国工业化进程进一步加快。

第一节 解放前的农村工业发展

1840年鸦片战争后到1949年前，中国农村工业化的发展，是在中华民族面临亡国灭种的危急时刻，不甘任人宰割的民族英雄们探求的一条民族振兴之路。第二次"鸦片战争"后,洋纱倾销中国市场。爱国实业家张謇就清醒地意识到,"通州之设纱厂,为通州民生计,亦即为中国利源计"。到19世纪晚期,东南沿海的一部分地区,发动了中国农村工业化的第二次"浪潮",为中国农村工业化发展的第一阶段,此阶段曾发展较快,且具有爱国主义的特质。但20世纪30年代以后,由于受外敌入侵影响,开始走向衰退。

一、民营经济开创了中国农村工业化的先河

1873年,中国近代民族工业的先行者、南洋华侨陈启源先生,在广东南海县的简村,办起了"继昌隆"缫丝厂。这是中国第一家近代民营工业,也是中国农村工业化的真正起点。此后,机器缫丝便在南海、顺德一带农村发展起来。1879年,广东佛山县出现了第一家中国人自己开办的巧明火柴厂。到了第一次世界大战期间,西方帝国主义忙于战争,输入中国的商品,包括火柴数量都大为减少,加上"五四"运动爆发,中国人民奋起抵制日本货,提倡国货,全国各地又兴起了办火柴厂的热潮,在短短几年中,全国的火柴厂就增加到100多家。

二、20世纪初得到较快发展

1899年张謇在江苏南通创建的"大生"纱厂投入生产,1907年在江苏启东县建成"大生"二厂。到1911年,两厂总投资近200万两白银。此后又在苏北沿海兴办垦殖公司,主要用于植棉;并相继创办企业20多家,形成一个以纺纱公司为核心企业

的民族资本集团。产棉之农、售货之商、运货之工之间已经形成了较为稳定的利益协调关系,现代产业化模式基本形成。1906年周学熙筹建"启新洋灰公司"。由于产品质量好,销路大开。启新水泥很快被全国重大的建筑工程所采用,津浦铁路上的淮河铁路桥、黄河大桥,京汉铁路上的洛河铁桥,北宁铁路上的渭水铁桥,以及青岛、烟台、厦门、威海等地的海坝、码头,用的都是启新生产的马牌水泥;北京图书馆、辅仁大学、燕京大学、大陆银行、交通银行、河北体育馆、上海邮政总局等当时的有名建筑,也都是用马牌水泥建造的。经过几十年的风风雨雨,这些建筑大部分仍然完好无损,与现代化的高楼大厦并肩挺立。

三、产品以出口为主

1882~1883年,广州口岸出口的"厂丝"为1 254担,1886~1887年上升至7 158担,1891~1892年为12 146担,1896~1897年为22 100担,到1900~1901年达到出口31 038担的水平。以每担"厂丝"240块银元计,1900~1901年度珠江三角洲机器缫丝业年产值约750万银元。清末,江苏华野镇的布料主要出口"南洋"各国,并在巴拿马国际博览会上获得一等奖。

四、外敌入侵造成解放前中国民族工业的衰亡

从华北的情况看,一些主要的农村工业在20世纪30年代开始走向衰退,似乎证实了此路不通。事实上,近代华北农村工业的衰退虽然原因各有不同,但总的说来,却主要是受日本侵华战争的影响。如棉纺织业,华北棉布的主要市场是东北,日本侵

占东北后，日货占领了东北市场，日军又在华北通往东北的各个关口设卡征收重税，从而造成了华北棉布产量缩减。河北白洋淀的苇席业也以东北为主要市场，而抗日战争时期，东北人民遭受日寇蹂躏，购买力下降；东北华北之间的商业和交通运输业因受战争的影响而萧条不振，加之日军对白洋淀芦苇资源的大肆掠夺和破坏，种种因素导致苇席业大受摧残。山东柞丝绸业原来依靠山东半岛和辽东半岛的柞蚕养殖业提供原料，日本侵占东北后，掠夺辽东半岛的柞蚕和柞蚕丝直接运往日本加工，并在欧美市场上与中国柞丝绸业展开竞争，使山东柞丝绸业内失原料，外失市场，因而走向衰落。

近代中国的农村工业在农民家庭经济中起着日益重要的作用，在一些新兴手工业区中，逐渐取代农业成为农民家庭的主业，并由此使农民收入大幅度提高。在农村经济中，整体看，虽还未占主要地位，但农村工业的商品率远高于农业，在农村全部商品输出中亦占有举足轻重的地位。农村工业与农业的关系多种多样，一般说来，农村工业的发展能够补充农业生产之不足，有利于农业生产的商品化，在农村工业发展较好的地方，可以形成一种工农业彼此互利、共同发展的良性循环。在农村经济近代化方面，农村工业为农业生产力的发展提供了资金，在一定程度上促进了经营地主和富农经济的发展；农村工业自身生产力和生产关系的变革则把农民引入资本主义生产关系之中，变自给自足的小农为商品生产者，并使农村中出现了最初的企业家。

第二节 改革开放前的农村工业发展

一、乡镇企业的前身——社队工业的产生与大发展（1958~1959 年）

中华人民共和国成立初期，由于旧中国经济基础极差，现代工业不可能在短期内迅速取代农村手工业，农村工业获得了较大发展。根据东北统计局 1952 年的统计，全区共有城乡手工业劳动者 276 476 人（不包括合作社和地方国营），其中金属制品行业占 12.2%，纺织业占 23.6%，皮毛业占 24%，食品业占 23.7%，木器制造业占 6.1%，砖窑业占 0.8%，其他行业占 7.5%。1954 年，陕西省个体手工业（包括个体合伙组织和农民兼业生产）总产值为 21 443.7 万元。到 1957 年，第一个五年计划胜利实现后，我国呈现了经济繁荣、人民生活有所改善的良好局面。但是，由于副业和多种经营发展缓慢，虽然粮食连年增产，农民的收入却增长缓慢。在此之后开展的"人民公社化"和"大炼钢铁"的运动中，许多人民公社迅速组织了数千万农民群众投入了小型炼铁、小矿山、小煤窑、小农机修造、小水泥、食品加工和交通运输等企业。同时，把原来农业合作社已建立的许多副业小厂都无偿地转为公社工业。1958 年，《关于人民公社若干问题的决议》（以下简称《决议》）中明确提出，农村人民公社制度的发展，为我国人民指出了农村工业化的道路，并提出人民公社必须大办工业。当时认为公社工业的发展，不但将加快国家工业化的进程,而且将在农村中促进全民所有制的实现,缩小城市和乡村的差别。这个《决议》的出台,标志着公社工业作为农村一种相对独立的产业地位被确定,已不再是附属于农业的副业。1959年,毛泽东同志发表重要讲话,指出公社工业是"我们伟大的、光明灿烂的希望"。之后,中央决定进一步调整公社管理体制:公社权力下放,实行三级(公社、生产大队、生产队)管理,形成以生产队为基础的人民公社体制。从这时起,公社工业转变为社队工业,加上社队办的种植、养殖场等企业,后来统称为社队企业。

人民公社化后,农村工业的发展具有较强的间歇性和随机性。新中国第一次农村工业化浪潮出现于20世纪50年代末和60年代初。在当时"大跃进"思潮的影响下,农村掀起了大办工业的高潮,农村人民公社办起一大批社属企业。有的地区在一县之内少则数百个、多则上万个此类社属企业。截至1959年年底,社办企业职工达1 800万人,产值达60亿元。但这种"村村点火,处处冒烟"的工业造成了资源的浪费和农业生产的下滑,从而影响整体经济的发展。20世纪60年代初,国家实施的经济调整政策使大批农村工业下马,第一次农村工业化高潮随之告终。

公社化时期的农村工业,与传统的农村家庭工业有较强的历史相关性,也可以说,它是特定历史条件下放大了的农村家庭手工业。同时,由于我国经济体制的特性,导致城乡之间"二元"特征突出,农村工业成为了游离于现代工业体系之外、从属于社队经济需要的相对封闭的工业形式。尽管社队工业的发展有其历史局限性,但在客观上也取得了一些有益经验,如发挥集体力量克服资金困难；修旧利废与自行制造相结合，解决生产设备不足；通过参观实习与短期培训的方式培养生产技术工人；主动与大中型企业或科研机构联系，取得技术支持和生产援助。凡此种种，为后来新一轮农村工业化进程做了必要的历史准备，为其发展提供了现实基础。

二、社队企业的整顿和衰落（1960～1965 年）

从 1960 年开始，中国的国民经济发展进入了整顿时期，社队企业成为整顿的主要部门。"大跃进"和人民公社化运动的做法很快造成国民经济比例严重失调，为了克服前进中的困难，1960 年，中央决定对国民经济进行调整。全国的人民公社普遍进行了整顿，同时对社队企业也进行了调整、收缩、清理、限制。中央决定，要求农村人民公社和生产大队在今后若干年内，一般不办企业，已经举办的企业，不具备正常生产条件的，不受群众欢迎的，应该一律停办；需要保留的企业，应该经过社员代表大会讨论决定，分别情况，转给手工业合作社经营，或下放给生产队经营，或者改为个体手工业和家庭副业。以上措施的实质是不允许社队办企业，把农村工业退到附属于农业社的副业地位和范围。在这个大起大落的过程中，有些社队企业被整垮，然而也有些企业还是坚持办下来了。凡是坚持办下来的企业一般都有两个特点：一是生产经营和效益较好；二是为农业服务，不可缺少，农民十分珍惜它、爱护它。另外，虽然绝大部分社队企业一再被关停，但社队办企业为剩余劳动力找出路的积极性和农民要求致富的思想却一直保留下来了。调整时期社办企业发展情况见表3—1。

表3—1 调整时期社办企业的发展情况(1960~1965年)

年份	企业数量(万个)		总产值(亿元)	
	绝对数	比上年增加(%)	绝对数	比上年增加(%)
1960	11.7	−83.3	50	−50.0
1961	4.5	−61.5	19.8	60.4
1962	2.5	−44.4	7.9	60.1
1963	1.1	−56.0	4.2	46.8
1964	1.1	0	4.6	9.5
1965	1.2	9.1	5.3	15.2

三、社队企业的恢复与缓慢发展(1966~1978年)

社队企业特别是社办企业在经过20世纪60年代初的整顿后,于1963~1964年已经基本上趋于消亡。在这种情况下,为了进一步扭转"大跃进"给农村经济带来的不利影响,重振农村经济,中央又把目光投向了农村副业。

1965年9月,中共中央、国务院发布了《关于大力发展农村副业生产的指示》。这份文件号召全国农村主要以生产小队为主大力发展集体副业生产。同时,文件也认同生产大队在不干涉生产小队生产的情况下,可以以大队为单位兴办集体副业。这就意味着中央实际上已经再次认同大队办的企业的合理性。作为回应,农村大队办的企业也在连续四年下降后出现了缓慢回升的趋势。

1966年,"文化大革命"运动开始。这场运动导致市场供给极度匮乏。在对外贸易中,许多城市企业由于不能按期交货或产品质量不合格而处于十分被动的地位,政治运动也使它们无法正常完成国家交给的计划任务。这对我国的经济发展造成了极大的负面影响。但是,由于"文化大革命"运动对农村的冲击力度相对城市而言较小,农村社队企业在政治运动的缝隙中反而找到了一条起死回生的道路。"文化大革命"运动在给国家经济社会带来巨大灾害的同时,也为农村社队企业的再次兴起提供了条件,社队企业在"文化大革命"的缝隙中又开始了缓慢的生长。

1970年,北方地区农业会议召开,会议提出在农村利用本地资源,兴办小化肥厂、小机械厂、小水泥厂等小企业,为农业生产服务,为人民生活服务,为大工业服务。此后,各地的社队企业纷纷发展起来。由于这个时候的很多条件与20世纪50年代末期相比已经发生了很大变化,特别是由于人口失控及农业机械化发展,农村劳动力相对于耕地增长极快,尤其是在东部人多地少的地区,人地矛盾十分突出,而这一带又是我国经济发展水平相对较高的地区,农村社队集体经济比较巩固,在这样的基础上,社队企业得到了迅速发展,不仅恢复到1959年的最高水平,而且还大大超过。据江苏省统计,全省社队工业产值1975年比1970年增长了2.2倍。

1975年10月,国务院召开了全国农业学大寨会议,会议指出:发展社队企业,必须坚持社会主义方向,主要为农业生产服务,为人民生活服务,有条件的、为大工业、为出口服务。要充分利用本地资源,发展种植、养殖、加工和采矿业等,但是必须注意不要和大工业争原料，不要破坏国家资源。对现有社队企业要加强领导，发现问题，要积极整顿。为了适应社队企业发展形势的需要，国务院批准原农林部建立"农村人民公社企业管理局"，1977年，经国务院批准把农村手工业企业划归人民公社领导管理。正是由于中央、国务院对发展社队企业有了明确的态度，并采取了相应的措施，在农林部成立了人民公社企业局，这就为社队企业的发展创造了必要的条件。但是，农业学大寨会议之后，在基本路线教育运动中，对社会主义与资本主义不加区分，把商品生产也视为资本主义，把农民利用农闲进行手工业商品生产也视为资本主义。这样，有些社队干部因带领群众办企业而受到错误批判，使群众发展社队企业的积极性受到了极大的伤害。

总的看来，这一时期社队企业是在挫折和困难中求生存、求发展。到1978年年底，全国已有94.7%的公社和78.7%的大队共办起了152.4万个社队企业，总收入达到431.4亿元，比1965年增长了13.7倍，占当时人民公社三级经济总收入的29.7%（表3—2）。此阶段，农村社队企业得以快速发展还有一个重要的原因：技术通过非常特殊的方式与社队企业在乡村实现了结合。20世纪60年代中国工业技术向农村社队企业的传递与推广是通过两个特殊方式实现的：一是1961~1963年，在城市人口调整时，有2 100万城镇人口由城市迁到农村，其中具有技术专长的有1 025万人，占总人口的48.8%。二是1968年开始的"上山下乡"运动。从1968年开始，每年都有大批城市居民和知识青年分赴全国各地农村，他们中有很多人后来成为农村中发展社队企业的技术骨干。

表3—2 社队企业的复苏和缓慢发展

年份	企业数量(万个)			总产值(亿元)		
	社办工业企业	队办工业企业	合计	社办工业企业	队办工业企业	合计
1970	4.74	—	—	26.7	37.3	64.0
1971	5.31	—	—	39.1	38.3	77.4
1972	5.60	—	—	46.0	47.8	93.8
1973	5.96	—	—	54.8	52.5	107.3
1974	6.47	—	—	66.8	62.2	129.0
1975	7.74	—	—	86.8	82.6	169.4
1976	—	—	111.5	123.9	119.6	243.5
1977	—	—	139.2	175.3	147.4	322.7
1978	32.00	120.4	152.4	211.9	170.1	382.0

第三节 农村工业的快速成长

一、社队企业的转机与稳步发展(1979~1983年)

1978年12月,中国共产党召开了具有伟大历史意义的十一届三中全会,"全会"从思想路线、政治路线、组织路线上拨乱反正,对长期以来国家在政治上和经济上的一些"左"的做法和认识做了纠正,并决定将全党的工作重点转移到社会主义现代化建设上来。社队企业也开始了历史性的转折。在《中共中央关于加快农业发展若干问题的决定》中指出:"社队企业要有一个大发展,逐步提高社队企业的收入占公社三级经济收入的比重。凡是符合经济合理的原则,宜于农村加工的农副产品,要逐步由社队企业加工。城市工厂要把一部分宜于在农村加工的产品或零部件,有计划地扩散给社队企业经营,支援设备,指导技术。对社队企业的产、供、销要采取各种形式,同各级国民经济计划相衔接,以保障供销渠道畅通无阻。国家对社队企业,分别不同情况,实行低税或免税政策。"1979年7月国务院颁发了《关于发展社队企业若干问题的规定(试行草案)》,指出了发展社队企业的重大意义,对社队企业给予了充分的肯定,认为社队企业是社会主义集体所有制经济,社办社有,队办队有,还提出了社队企业的发展方针和经营范围,并制定了一系列的扶持政策,如将国家支援人民公社的投资一般不少于一半用于扶持穷社穷队办企业;农业银行发放一定数量的低息贷款;国家对社队企业分别不同情况,实行低税或免税政策;各行各业要积极扶持社队企业等。

1981年国务院下发了《关于社队企业贯彻国民经济调整方针的若干规定》,指出:社队企业对于利用和开发地方资源,安排农村剩余劳动力,巩固壮大集体经济,增加社员收入有明显作用;对于逐步改变农村和农业的经济结构,支援农业发展,促进小集镇建设,起到了积极作用;对于发展商品生产、活跃市场、扩大出口、增加国家财政收入也作出了贡献。社队企业已成为农村经济的重要组成部分,符合农村经济综合发展的方向,要继续予以支持,并对社队企业提出了具体的调整方针。这些方针、政策措施的出台,使各级党委和政府明确了方向,解除了广大干部和群众的顾虑,调动了他们的积极性和创造性,为社队企业的发展初步造就了一个适宜的社会经济环境。但由于旧观念、旧制度、旧体制的约束,在国民经济实行调整、改革、整顿、提高的时期,在实际执行中,有的地方和部门认识不一致,执行也不够到位。先后在围绕要不要发展社队企业以及社队企业与大工业之间的关系如何处理等问题上,出现了不同程度的政策摇摆,给社队企业造成一定的冲击。然而,正是由于社队企业顽强不息的抗争,终于使自己站稳了脚跟,再次赢得了支持。1983年中央1号文件明确指出,应在体制改革中认真保护,勿使削弱,更不得随意破坏、分散。社队企业也是合作经济,必须努力办好,继续充实发展。

总的看来,这一时期党和国家对社队企业在经营范围、经营方式、计划、供销、贷款、税收等方面做出的一系列重要决策,成为社队企业发展的基本政策依据和制度保证,使这一时期社队企业获得较大发展。到1983年,社队企业职工人数达到3 235万人,总产值1 017亿元,利税总额177亿元,分别比1978年增长14.4%、104.5%和60.9%(表3—3)。

表3—3　1979～1983年社队企业的发展情况

年份	企业数量(万个)	企业就业人数(万人)	总产值(亿元)
1979	148.04	2 909.34	548.41
1980	142.46	2 999.67	656.90
1981	133.75	2 969.56	745.30
1982	136.17	3 112.91	853.08
1983	134.64	3 234.64	1 016.83

社队企业在这一时期也进行了自身的调整和整顿。社队企业经历了两次大调整,第一次是在 1979 年,此次调整造成社队工业中建筑业和机械制造业部门生产的大幅下降,原材料工业、能源生产的大幅增长;第二次调整是 1981 年进行的,目的是进一步发展与农业相关的农副产品加工业、为轻工业服务的产业,如纺织、皮革、食品等,坚决压缩重工业以及与国有大企业争夺原料的产业。从 1982 年开始,社队企业进入整顿阶段。整顿的主要任务在于建设好企业的领导班子,建立企业的财务制度,以提高企业的经济效益。经过这一时期的调整和整顿后,社队企业的产业结构、产品结构与农业和农村的发展联系更密切了。

二、乡镇企业的出现与高速发展(1984～1988 年)

社队企业从其最初的内涵来看,仅指公社和生产队兴办的各类企业,1979 年以后,随着大量个体和联户办企业的出现,社队企业已经不能涵盖农村企业的全部,而且自 1985 年后公社和大队又被乡(镇)和村所取代。有鉴于此,1984 年 3 月,中央同意农牧渔业部提出的将"社队企业"改为"乡镇企业"的建议,并发出专文对乡镇企业概念做了界定:"乡镇企业即乡、村举办的企业,部分社员联营的合作企业,其他形式的合作工业和个体企业"。从此"社队企业"被"乡镇企业"取而代之。

1984～1988 年是乡镇企业发展过程中出现的第一个高潮时期。1984 年年初,中共中央 1 号文件提出,在兴办社队企业的同时,鼓励农民个人兴办或联合兴办各类企业。当时农牧渔业部向中央呈送了"关于开创社队企业新局面的报告",3 月份,党中央、国务院批转了这个报告,即著名的中发(1984)4号文件。这个文件在乡镇企业发展史上具有十分重要的意义。第一,文件将社队企业正式改名为乡镇企业,由原来的两个轮子(社办、队办)改变为四个轮子(乡办、村办、联户办、户办)同时发展,由主要是农副产品加工产业改变为六大产业(农、工、商、建、运、服)同时并进,采取了"多轮驱动,多轨运行","多业并举"。第二,突破了"三就地"(就地取材、就地生产和就地销售),广泛进行外引内联,市场得到极大拓宽。第三,文件极其明确地指出了发展乡镇企业的意义和作用,制定了指导乡镇企业发展的总方针,提出了开创乡镇企业新局面的历史任务,并对乡镇企业的若干政策问题做出了规定。4号文件为随后的乡镇企业大发展奠定了政策基础。

乡镇企业开始出现超常规发展,突破了乡村两级办企业的老框框,农民办的个体企业和联办企业在乡镇企业总产值中的比重大幅上升。按商品经济规律,发挥各自优势,进行广泛协作和联合大量出现,东部乡镇企业发达地区利用自己的技术、资金优势与西部资源、劳力优势结合,联办企业越来越多。城市国营企业向农村扩散,农民进城办第三产业,进行城乡互助。乡镇还向国外开放,开展"三来一补",合资合作逐步增多。有的企业开始突破"拾遗补缺、甘当配角"的地位,改"小而全"为专业化、社会化协作生产,在某些工业生产和产品中逐渐挑起大梁,创出了自己的名牌产品。资金来源也逐步走向多个渠道。这些新情况、新变化说明全国乡镇企业进入了一个新的历史发展阶段。随后,1985年、1986年中共中央关于农村问题的两个1号文件和1987年的5号文件,都结合乡镇企业发展中出现的新情况、新问题,提出了若干要求或制定了一系列新政策。特别是一些实践证明在乡镇企业发展中具有重大意义的乡镇企业组织制度建设、农村劳动力转移、突破"三就地"原则的限制、城乡关系的协调、农业和农村非农产业协调发展等问题,在中央的许多政策中都有不同程度的涉及。这为乡镇企业创造了一个前所未有的、非常宽松的外部环境,乡镇企业发展第一次进入了一个"黄金时代"。

经过这一时期的发展,主要是由于政策的支持,作为农村经济和国民经济重要力量的乡镇企业的地位和作用已经完全确立并被实践证实。1987年,邓小平同志在接待外宾时高度评价说:"农村改革中,我们完全没有预料到的最大收获,就是乡镇企业发展起来了,异军突起。"1988年,乡镇企业从业人员达到9 545万人,总产值6 495亿元,实现利税892亿元,分别比1978年增长235.9%、1 323.5%和710.9%(表3—4)。

三、乡镇企业的调整与发展(1989~1991年)

1989~1991年是中国经济治理整顿的特别时期,乡镇企业在此期间经历了一个曲折的发展过程。1988年10月,十三届三中全会提出我国国民经济要进行治理整顿。当时物价上涨,财政信贷失控,钞票大量发行,不正之风盛行,经济和社会秩序较为混乱,在这种情况下,中央认为必须采取紧急措施,不能任其发展下去,否则我国的经济会遇到更加严重的困难,社会秩序也会出现更为严重的混乱,并决定要进行治理整顿。在治理整

表 3—4　1983~1988 年乡镇企业发展情况

年份	企业数量(万个)					企业就业人数(万人)					总产值(亿元)				
	合计	乡办	村办	联户	个体	合计	乡办	村办	联户	个体	合计	乡办	村办	联户	个体
1983	136	33	100	0	0	3 234	1 567	1 667	0	0	1 016	591	425	0	0
1984	606	40	146	90	329	5 208	1 879	2 103	523	702	1 709	817	648	126	117
1985	1 222	41	143	112	925	6 979	2 111	2 215	771	1 880	2 728	1 138	910	245	433
1986	1 515	42	130	109	1 233	7 937	2 274	2 266	834	2 561	3 540	1 413	1 102	310	714
1987	1 750	42	116	118	1 473	8 805	2 397	2 320	923	3 163	4 764	1 825	1 411	424	1 102
1988	1 888	42	116	119	1 609	9 545	2 490	2 403	976	3 674	6 495	2 438	1 924	560	1 571

顿和全面经济紧缩影响下,党和国家对乡镇企业的政策有所变化,乡镇企业的发展面临着严峻考验。从1989年起,国家压缩基本建设,调整产业、行业、产品结构,对乡镇企业也采取"调整、整顿、改造、提高"的方针,在税收、信贷方面的支持和优惠措施减少,政策上也明确规定"乡镇企业发展所需的资金,应主要靠农民集资筹措","进一步提倡乡镇企业的发展要立足于农副产品和当地原料加工"。一些人,站在不同的立场和角度,把我国国民经济中出现的问题的根源,归罪于乡镇企业,要求把乡镇企业作为整治和调整的重点,用坚决压乡镇企业来保国营企业。当时有的人说,现在的政策是把乡镇企业这些"猴子"放得很活,满山遍野乱蹦乱跳,抢他们的"食",而把他们这些"老虎"关进笼子,搞得很死。一些政府管理部门制定了对乡镇企业发展不利的政策和规定,如不合理的产业政策、不合理的企业负担、政府对企业正常生产经营的过渡干预、市场流通方面的歧视策政等。在这种情况下,乡镇企业发展势头明显受到抑制。1991年乡镇企业的增长速度仅为14%,远低于1985～1988年的平均水平。在总量增长减缓的同时,乡镇企业经济效益下降,企业个数和职工总数连续两年减少,大批乡镇企业被迫关停并转,几百万乡镇企业职工又回到农田。1990年5月,国务院出台了《中华人民共和国乡村集体所有制企业条例》,对保障乡村集体所有制企业的合法权益,引导其健康发展,起到了积极的作用。

治理整顿的根本目的,是为了调整结构、提高效益。乡镇企业为了求生存、图发展,紧紧依靠自身苦练内功,不断适应外部条件的变化,不断根据市场的变化进行自我调整,不断提高质量,降低成本,增强企业的竞争能力。因此,这一阶段有个很大的收获,就是由于国内资金紧张、市场疲软,很多乡镇企业苦练内功、调整结构、依靠科技、强化管理,大力引进国外资金、技术、设备和先进管理经验,并到国外寻找市场。国家及时加强引导,出台了相应的支持政策,强调发挥中小企业特别是乡镇企业在出口贸易中的重要作用,加强乡镇企业出口体系建设,并要求对乡镇企业出口给予新的扶持政策,等等。国内经济环境的压力和国家一系列的外向型经济政策的支持,使乡镇企业在增长速度下降的情况下,外向型经济取得长足进展,外向型发展战略初步确立。1991年,乡镇企业完成出口交货值789亿元,比1988年增长了近200%,占全国出口商品总值的比重由15.2%提高到29.7%(表3—5)。

表3—5 1988～1991年乡镇企业发展情况

年份	企业数量(万个)	企业就业人数(万人)	总产值(亿元)
1988	188.2	9 495.5	6 495.7
1989	1 868.6	9 366.8	7 428.4
1990	1 850.4	9 246.8	8 461.6
1991	1 908.9	9 609.1	11 621.7

四、乡镇企业进入新一轮高速增长阶段(1992～1996年)

(一)进入新一轮高速增长阶段

这是乡镇企业发展过程中出现的第二个高潮时期。1992

年年初,邓小平同志视察南方的重要谈话发表,这个谈话把我国改革开放和现代化建设推进到一个新的阶段。他在谈话中说,乡镇企业是建设有中国特色社会主义的三大优势之一,给亿万农民和广大乡镇企业干部职工以极大的鼓舞。1992年召开的党的十四大对发展乡镇企业的意义进行了又一次的重大理论和政策升华,确认发展乡镇企业是繁荣农村经济、增加农民收入、促进农业现代化和国民经济发展的必由之路,要坚持不懈地搞好乡镇企业。至此,有关乡镇企业发展的认识、理论和政策上的偏见,得到彻底的纠正,乡镇企业在国民经济中的支柱性地位和作为中国中小工业企业的主体地位得以确立。1992年国务院下发了国家[1992]19号文件,要求各级人民政府和有关部门把发展乡镇企业作为一项战略任务,切实加强领导,坚持不懈地抓下去;要认真贯彻落实党和国家对乡镇企业的一系列政策法规,采取更加有力的措施,促进乡镇企业发展。在乡镇企业全面发展的形势下,乡镇企业发展问题纳入中央最高决策层议事日程上。

党的十四大报告指出,特别要扶持和加快中西部地区和少数民族地区乡镇企业的发展。1993年2月国务院发布《关于加快中西部地区乡镇企业发展的决定》,提出要把加快发展乡镇企业作为中西部地区经济工作的一个战略重点,并在产业政策、信贷政策等方面给予扶持。同时中西部地区大都依据当地实际,制定了依靠发展乡镇企业振兴本地经济的战略。1993年11月,党的十四届三中全会做出了《中共中央关于建立社会主义市场经济体制若干问题的决定》。从此,我国经济体制开始从传统的计划经济体制向社会主义市场经济体制转变,这为乡镇企业发展提供了良好的体制环境。1995年2月(国办发[1995]14号)文件《国务院办公厅转发农业部乡镇企业东西合作示范工程方案的通知》,拉开了乡镇企业东西合作、中西部乡镇企业快速发展的序幕。这个阶段,乡镇企业在社会主义市场经济的大潮中又一次跃上浪尖,进入了一个新的发展阶段。

(二)引发乡镇企业新一轮高速增长的主要原因

此轮的乡镇企业高速增长与以下事件密切相关:第一,邓小平"南巡"讲话。邓小平"南巡"讲话再一次强调了改革开放对推进中国发展的重要性,他还参观了乡镇企业,对乡镇企业的发展给予高度评价,给乡镇企业发展带来了巨大的推动力量。第二,中国共产党第十四次全国代表大会的报告两次提到乡镇企业对转移农村剩余劳动力、帮助农民致富、实现农业现代化及促进工业与整个国民经济发展的积极意义,充分肯定了乡镇企业的发展成就,并提出"继续积极发展乡镇企业"的方针。第三,中央极其重视中西部乡镇企业的发展问题,并于1993年2月14日形成了《国务院关于加快发展中西部地区乡镇企业的决定》,具体提出了一些扶持政策,对促进中西部乡镇企业的发展起到积极作用。第四,全国范围内实行乡镇企业产权制度改革,企业产权得以明晰和流转,产权所有者的利益得到保证,大大激发了个人和社区集体发展乡镇企业的热情。

(三)乡镇企业此阶段增长的主要特点

第一,增长率高,发展速度快。1992年乡镇企业总产值比1991年增长了54.7%,1993年比1992年增长了75.5%,1995年

表 3—6　1991~1995 年乡镇企业发展情况

项目	1991年	1992年	1993年	1994年	1995年	平均增长率(%)
企业单位数(万个)	1 908.9	2 079.2	2 452.9	2 494.5	2 202.7	1.9
企业职工人数(万人)	9 609.1	10 581.1	12 345.3	12 018.2	12 862.1	6.7
总产值(亿元)	11 621.7	17 975.4	31 540.7	42 588.5	68 915.2	56.5
工业总产值(亿元)	8 708.6	13 635.4	23 446.6	32 336.1	51 259.2	55.5
出口交货值(亿元)	669.9	1 192.7	2 350.0	3 398.3	5 395.0	65.4
企业利润总额(亿元)	687.6	1 044.1	1 965.0	2 572.7	3 697.0	52.4
上缴税收总额(亿元)	454.6	636.9	1 059.0	1 592.0	2 058.0	47.8
支援农村建设费用(亿元)	121.8	190.0	290.0	—	—	—
以工补农经费(亿元)	86.5	105.0	130.0	—	—	—

在1994年的基础上又增加了61.8%。第二,乡镇企业已经成为整个国民经济发展不可或缺的一个重要组成部分,成为推动中国经济增长的主要力量。第三,乡镇企业已经成为农村经济的主体。1995年,乡镇企业总产值已经是农林牧渔业总产值的3.4倍。第四,中西部乡镇企业发展迅速,增长率高于全国平均水平。以1994年为例,全国乡镇企业的平均增长速度为43.9%,而中西部的平均增长速度达到60%以上。第五,出口商品交货额增长快,乡镇企业开始大规模进入国际市场。第六,大型企业发展迅速,集团经济已初步显示出比较强大的经济实力。此阶段乡镇企业发展情况见表3—6。

第四节 20世纪90年代中后期农村工业发展的新变化(1997~2000年)

一、20世纪90年代中后期农村工业发展的基本情况

1997年,承前启后、继往开来的中国共产党第十五次全国代表大会胜利召开。这一年也是乡镇企业发展史上很不平凡的一年,乡镇企业历史的新篇章徐徐掀开。为了更好地适应社会主义市场经济的要求和乡镇企业多种形式发展的新形势,促进、引导、保护、规范乡镇企业发展,第八届全国人民代表大会常务委员会第二十二次会议讨论通过了《中华人民共和国乡镇企业法》,1997年1月1日正式公布实施。《乡镇企业法》的出台,是乡镇企业法制建设中的一个里程碑,标志着党中央、国务院多年

来制定的一系列方针政策通过法律的形式固定下来,标志着乡镇企业合法权益得到法律的保护,标志着乡镇企业一些带有方向性的趋势和要求用法律的形式予以规范。《乡镇企业法》是一部促进乡镇企业的振兴法,是支援农业和农村各项事业建设的支农法,是推动国民经济持续健康发展的促进法,《乡镇企业法》的出台为乡镇企业的改革、发展和提高奠定了法律基础。紧接着,1月14日,国务院召开了全国乡镇企业工作会议;3月11日,中共中央下发了中发[1997]8号文件。这就是20世纪90年代中后期我国乡镇企业发展史上的"三件大事"。这"三件大事"是事关乡镇企业发展长远的根本性的大事。

1997年,全国乡镇企业广大干部职工欢欣鼓舞,群情振奋,积极认真开展"三件大事"的学习、宣传和贯彻落实工作,各级党委、政府加强领导,加大扶持力度,为乡镇企业改革与发展营造了良好的环境。但是,由于我国市场正从卖方市场转变为买方市场,绝大部分商品供求平衡或供大于求,市场发生重大变化,使竞争日益加剧。一些地方和企业的产业和产品结构跟不上市场变化,一部分企业素质偏低,不适应激烈的市场竞争,生产经营发生了困难,难以为继。加上东南亚发生金融危机,外部经济环境日益恶化,乡镇企业出现了一些新的矛盾、困难和问题。主要表现在:一是发展速度明显放慢,1997年乡镇企业增加值增长18%,增幅比"八五"平均水平低24.27个百分点;二是出口增长大幅度下降,1997年增长16.5%,增幅比"八五"平均水平低46.98个百分点;三是引进外资相对减少,1997年增长12%,增幅比"八五"平均水平低61个百分点;四是亏损面进一步扩大,1997年全国乡镇企业亏损面为8％,比上年增加;五是吸纳农村富余劳动力的速度有所减缓,1997年全国乡镇企业从业人员比上年减少458万人。

进入1998年,外部经济环境进一步恶化,亚洲金融危机影响继续蔓延,引发了亚洲乃至全球经济的剧烈动荡,并且通过多种渠道和方式将压力和影响向我国经济传递和渗透;国内市场拉动进一步趋弱,城乡市场销售不旺,致使乡镇企业自身问题充分暴露,乡镇企业面临着前所未有的压力。在这种情况下,1998年4月21日,江泽民总书记发表了"要从国民经济和社会发展全局的高度来认识乡镇企业的重要地位和作用"的重要讲话,极大地激发了乡镇企业干部职工的积极性。党的十五届三中全会通过的《关于农业和农村工作若干重大问题的决定》进一步指出:"乡镇企业是推动国民经济新高涨的一支重要力量,在技术进步、产品更新换代和开拓国内外市场等方面蕴藏着巨大的潜力。当前乡镇企业正处于结构调整和体制创新的重要时期,各级党委和政府要站在全局和战略的高度,对乡镇企业积极扶持,合理规划,分类指导,依法管理。"这不仅是对乡镇企业新的更高的评价,也是新时期党和国家赋予乡镇企业的历史使命。广大乡镇企业面对严峻的挑战,克服困难,抓住机遇,开拓进取,认真实施科教兴企、可持续发展、外向带动和名牌战略,以市场需求为导向,以质量效益为中心,以加快发展为重点,不断深化改革,进一步优化结构和布局,整体素质、运行质量和经济效益提高到了一个新水平。1998年,乡镇企业创造增加值比1997年增长17.3％,实现销售收入增长17.8％,支付职工工资增长9.2％,

利润总额增长9.7%,上缴国家税金增长7.3%。但形势也不容乐观,一部分乡镇企业不适应日益激烈的市场竞争,出现亏损甚至倒闭。1998年全国乡镇企业亏损面达15%,比上年上升了7个百分点;外贸出口形势严峻,1998年出口商品交货值比上年仅增长2.5%;结构性矛盾越来越突出,吸纳农村富余劳动力能力减弱,1998年乡镇企业就业人数比上年又减少522万人。可见,乡镇企业分化重组加快,改革进入了攻坚阶段,发展处于关键时期。

二、农村工业发展的新特点

(一) 农村工业发展速度的变化

进入20世纪90年代中后期,特别是在经历了亚洲金融危机以后,中国乡镇工业的发展出现了许多新问题,总体上来说,发展速度逐渐减慢。其增长速度普遍由20世纪80年代中期至90年代初的30%以上下降到10%左右,农村工业总产值增长率在80年代中期和90年代初期有两个增长高峰,但在1993年增长率达到第二个增长高峰后开始持续下降,目前下降的趋势有所放缓(图3—1)。特别是在亚洲金融危机后,乡镇企业的年增长率进一步下降。造成乡镇工业增长速度放慢的原因主要有:

第一,国内经济由卖方市场向买方市场的转变使乡镇工业失去了靠填补市场空缺来取胜的出路,低层次市场相对萎缩;第二,各种城市混合经济和国有经济对乡镇工业的发展产生了较大的冲击;第三,环境保护政策的进一步加强和产业政策的调整,如关闭"十五小"企业的政策对乡镇工业冲击较大;第四,东南亚金融危机使乡镇工业向日本、韩国和东南亚的出口锐减,乡镇企业出口交货额减少,同时也使乡镇工业引进外资受挫;第五,中国加入世界贸易组织(WTO)对部分乡镇工业的部分产品造成冲击。

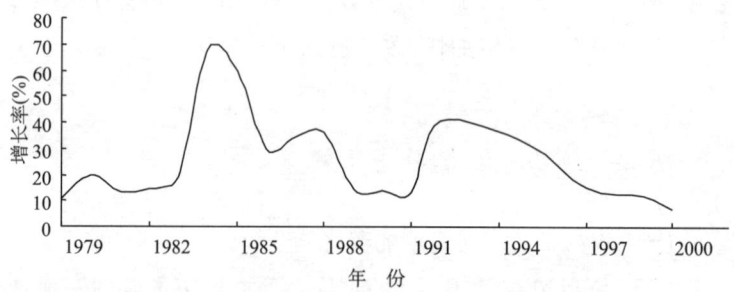

图3—1 1979~2000年我国乡镇企业总产值年增长率的变化

(二)农村工业发展结构的变化

1. 产权结构的变化

近几年,乡镇企业的产权制度改革一直被各级政府和民众看作是乡镇企业寻求新发展的基础性战略。改制是指对产权制度的改革和经营管理体制的改善,改制的历程大概可以从1994年、1995年算起,然而真正意义上的改制则始于1997年亚洲金融危机以后。此阶段,改制的实质内容是农村地区集体经济全面从乡镇企业的退出和私营经济在乡镇主导地位的确立。尽管农村地区集体经济的退出,在表面上有股份制和股份合作制的改造、租赁、承包、兼并、拍卖、转让等多种形式,但实质上在1998年已发展为"拍卖转私"一种形式(秦晖,1998)。

改制的结果是集体企业比例的急剧萎缩和私营企业的迅速膨胀。特别是国家重新修订了《中华人民共和国宪法》,《宪法》中对个体私营经济的地位和作用的充分肯定,极大地鼓舞和激发了广大个体私营企业的积极性。全国农村个体私营经济出现了迅猛发展的大好局面,成为了乡镇企业发展的新的经济增长点,对全国乡镇企业经济增长起到了重要的拉动作用。

由表3—7可以看出,"九五"期末的2000年与"八五"期末的1995年相比,私营、个体企业个数没有发生明显的变化,但占企业总数的比例有所增加,从92.65%增加到96.1%;个体私营企业的从业人数增长较快,从6 060万人增加到2000年的8 987万人,所占比重也从52.88%增加到70.1%;营业收入从32 142亿元增加到70 594亿元,增加了近2倍,而利润增长速度更快,从1 754亿元增加到4 149亿元。私营企业的快速成长,使之取代集体经济成为目前推动乡镇企业持续发展的主要力量。从图3—2可以看出,在1995年以前,乡镇集体企业的增长速度一直略高于个体私营企业的增长速度,1995年后,集体企业的增长开始减缓,导致个体私营企业的总产值开始超过集体企业。1997年,个体私营企业总产值达到46 056.46亿元,而集体企业总产值为43 844.14亿元,个体私营企业比集体企业高出2 212.32亿元,特别是1997年以后,集体企业的增长几乎停止,而个体私营企业成为推动乡镇企业增长的主导力量。

80 中国农村工业发展及其区域效应

表 3—7　2000 年与 1995 年个体私营企业及集体企业主要经济指标的对比

项目	2000年 个私	2000年 集体	占总量的比重(%) 个私	占总量的比重(%) 集体	1995年 个私	1995年 集体	占总量的比重(%) 个私	占总量的比重(%) 集体
企业个数(万个)	2 004	80	96.1	3.9	2 041	162	92.65	7.35
从业人员(万人)	8 987	3 832	70.1	29.9	6 801	6 060	52.88	47.12
增加值(亿元)	17 731	9 424	65.29	34.71	5 236	9 359	35.88	64.12
营业收入(亿元)	70 951	36 883	65.8	34.2	25 157	32 142	43.9	56.1
利润(亿元)	4 149	1 733	70.53	29.47	1 754	1 496	53.95	46.05

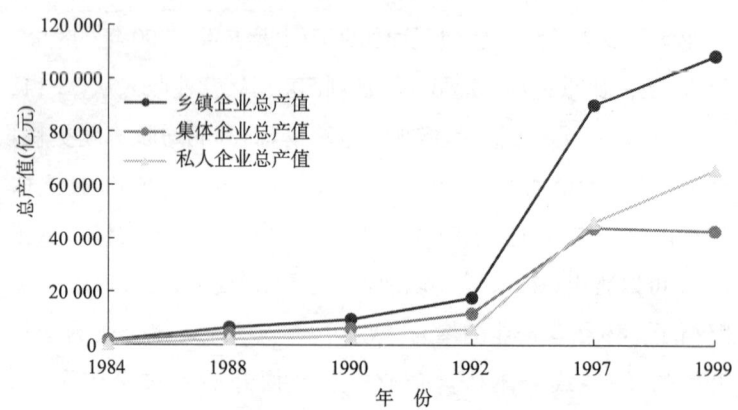

图 3—2　不同经济类型乡镇企业总产值的增长

1997 年后是私营企业总产值快速增长的时期,也是我国乡镇集体企业改制开始大规模推行的时期。在这一时期"温州模式"成为大家效仿的对象,大量的集体企业通过各种方式转变成为私人所有的企业。至于改制的原因,除了明晰乡镇企业模糊的产权以外,政府的财政压力也是造成乡镇企业产权制度变迁的一个主要原因。20世纪90年代以来,面对市场环境的变化及乡镇企业资金紧张、资金来源萎缩,甚至债务危机凸现的形势,乡村政府存在着尽快切断其与乡镇企业的债务链,以规避乡镇企业经营的市场风险的想法(姜长云、秦晖等,2000)。学者支兆华进一步运用数学模型分析得出,集体企业改制的深层原因是政府选择在集体经济和私营经济两个部门配置自己资源的结果(支兆华、张军等,2001)。

总体来说,乡镇企业的改制是对我国产权制度的一次有益尝试,对于提高企业效率是有好处的,但是也不能排除不利于提高效率的案例出现(韩俊、张晓山,1999)。同时,也应该避免过分追求产权的明晰,"因为提高界定产权的精确性而得到的收益与其所需的费用之间存在两难的选择"(杨小凯等,1999),选择适合农村工业企业特点的产权形式是最主要的。

2. 产业结构的优化

20世纪90年代后期,我国经济由"短缺经济"进入了"相对过剩经济"时代,农村工业在各方面的问题也越来越明显地暴露出来,特别是农村工业的一些结构性矛盾更加突出。农村工业规模小、技术水平低、传统产业和产品所占比重极高、产品档次低、质量差,这些都是不争的事实(韩俊等,1999)。

从表3—8可以看出,1992年,在乡镇集体企业中地位比较突出的行业是食品制造业、服装制造业、化学品制造业、非金属矿物制品业、金属制品业、机械工业和电气制造业,其总产值占全部工业总产值的比例分别为 6.22%、5.05%、5.74%、11.86%、6.16%、9.64%和 4.06%,其中除机械工业和电气制造业的层次相对较高外,其他多为层次较低的加工业。而到了 2000 年,这种状况仍然没有得到根本的改善。从表 3—8 可知,2000 年在乡镇集体企业中地位比较突出的是食品制造业、纺织业、服装制造业、化学工业、非金属矿物制品业、金属制品业、机械工业和电气制造业,与 1992 年相比除了纺织工业外,基本上都还是以前的优势行业。但是,这些行业在总产值中的比重发生了一些变化,其中纺织、食品、服装和电气制造业的比重上升较大,而化学品制造业、非金属矿物制品业、机械工业的比重有所减少。进一步考察这些行业 9 年间的年均增长率可以看出,增长最快的是纺织工业,达到了 45.89%;其次是电子工业,达到了 29.72%。木材、竹、藤加工以及交通运输设备制造和食品工业的发展速度也比较快。

表 3—8 1992 年与 2000 年农村集体工业企业主要行业的增长状况

项目	1992 年 总产值(亿元)	比重(%)	2000 年 总产值(亿元)	比重(%)	年均增长率(%)
合计	9 852.82	100	33 133.79	100	16.37
煤炭采选业	183.72	1.86	532.21	1.61	14.22
非金属采矿业	229.98	2.33	890.66	2.69	18.44
食品制造业	613.12	6.22	2 751.6	8.30	20.64

续表

项目	1992年 总产值（亿元）	比重（%）	2000年 总产值（亿元）	比重（%）	年均增长率（%）
饮料制造业	137.12	1.39	493.9	1.49	17.37
纺织业	120.92	1.23	2 481.83	7.49	45.89
服装制造业	497.73	5.05	1 819.82	5.49	17.59
皮革及其制品	180.14	1.83	772.11	2.33	19.95
木材、竹、藤加工	121.05	1.23	624.31	1.88	22.76
造纸业	247.96	2.52	877.06	2.65	17.1
化学工业	565.57	5.74	1 828.5	5.52	15.8
医药工业	68.90	0.70	322.99	0.97	21.3
塑料制品业	354.35	3.60	1 327.22	4.01	17.95
非金属矿物制品	1 168.98	11.86	3 006.32	9.07	12.53
黑色金属加工	356.85	3.62	1 121.77	3.38	15.39
金属制品	607.11	6.16	2 039.96	6.16	16.36
机械工业	949.72	9.64	2 440.06	7.36	12.52
交通运输设备制造	172.00	1.75	834.61	2.52	21.83
电气制造业	399.60	4.06	1 624.68	4.9	19.16
电子制造业	129.99	1.32	1 042.4	3.15	29.72

从上述分析中可以看出，目前农村工业产业结构优化的两个主要方向是：其一，加强农村工业和农业的联系，走农业产业化道路和发展农产品加工业是结构优化的一个重要方向。农村

工业与农业产业化相结合,加强农村工业和农业的联系,也是改变农村工业与城市工业同构化的重要途径;加强农村工业和农业的联系,发展农副产品的加工,可以使农村工业的优势得到充分的发挥,增强农村工业的竞争能力。其二,在发展条件较好的沿海地区,发展资金、技术密集型的大企业和具有外向型特点的中小企业是产业结构优化的主要途径(Brad and Constance, 1998)。

到 2000 年年底,我国农村工业的主要行业呈现出一定的集中趋势。从表 3—9 可以看出,1992~2000 年,我国增长最快的 10 个乡镇工业部门都显示出了一定的集中化趋势。纺织行业的生产主要集中于江苏、浙江、广东和上海 4 个省市,占全国整个行业增加值的比重达到 70%,其中江苏和浙江就占全国的 50% 以上;服装行业主要集中于江苏、浙江、福建和广东 4 省,其增加值比重达到 70% 以上;食品行业的集中化不明显,只有山东一个省所占比重较大,达到 28.03%;非金属采矿业、木材竹藤加工业也没有表现出明显的集中化的趋势,但中西部一些地区在这两个行业中占有一定地位;电子加工业集中的趋势很明显,广东、江苏、浙江和上海 4 个省市所占的比重高达 83.9%,其中广东一省就占 36.81%;电气制造也主要集中于广东、浙江、江苏和上海 4 个省市,增加值比重达到 77%;医药和交通运输设备制造也主要集中于沿海省份,但中西部的一些地区也表现出一定的发展态势,如重庆的交通运输设备制造,四川、贵州、河南和江西的医药工业也都有一定的地位。

表3—9 10个主要行业2000年增加值比重的地区分布

单位：%

省份	纺织	电子	木、竹加工	交通设备	医药	食品	皮革	电气	服装	非金属采矿
北京	0.56	1.55	0.25	1.32	2.19	0.74	0.25	0.61	1.93	0.62
天津	1.25	0.6	1.12	6.04	4.56	1.08	1.26	2.81	1.94	0.32
河北	2.79	2.72	2.81	3.45	8.91	4.9	4.69	2.36	2.47	4.89
山西	0.13	0.18	0.11	0.2	0.68	0.99	0.06	0.08	0.06	2.69
内蒙古	0.19	0	0.54	0.07	0.2	1.06	0.16	0.01	0.07	0.73
辽宁	0.65	0.38	6.94	0.87	0.81	3.19	2.03	0.63	2.88	5.08
吉林	0.05	0.07	2.87	0.68	2.09	1.59	0.19	0.01	0.15	1.36
黑龙江	0.3	0.05	5.02	0.75	0.49	3.06	0.08	0.16	0.15	1.92
上海	6.8	10.22	11.91	16.93	6.5	2.75	5.44	14.48	9.55	0
江苏	26.22	21.47	9	13.89	9.08	5.62	9.86	12.36	13.54	5.38
浙江	24.86	15.59	8.7	21.94	16.93	3.28	23.71	23.04	17.05	4.26

续表

省份	纺织	电子	木、竹加工	交通设备	医药	食品	皮革	电气	服装	非金属采矿
安徽	1.02	0.54	3.72	1.37	1.12	3.36	1.17	0.73	0.47	3.9
福建	3.72	2.94	6.21	1.25	0.37	4.38	9.81	0.34	14.26	4.06
江西	0.6	0.09	3.79	0.31	6.24	1.59	0.31	0.11	0.27	2.17
山东	1.03	3.17	7.04	8.43	7.65	28.03	5.23	10.31	4.41	18.06
河南	1.94	0.51	4.8	1.16	5.04	8.31	6.65	1.88	0.99	6.39
湖北	3.2	0.47	3.8	1.62	3.85	7.81	1.58	1.59	3.08	9.5
湖南	0.57	0.16	6.74	1.74	1.56	4.9	1.99	0.56	0.54	9.45
广东	12.13	36.81	8.85	8.63	8.01	7.05	23.35	27.14	25.4	8.67
广西	0.07	0.07	1.42	0.92	0.55	0.07	0.08	0.08	0.05	1.81
海南	0	0.03	0.4	0.02	0.08	0.03	0	0	0.01	0.12
重庆	0.29	0.03	0.27	5.12	0.26	0.34	0.51	0.12	0.12	1.52
四川	0.54	1.97	1.28	1.71	5.34	1.63	0.76	0.71	0.14	2.02

续表

省份	纺织	电子	木、竹加工	交通设备	医药	食品	皮革	电气	服装	非金属采矿
贵州	0	0.01	0.45	0.41	4.89	0.43	0.02	0.02	0.02	0.82
云南	0.09	0	0.81	0.66	0.69	0.29	0.25	0.11	0.05	0.96
西藏	0	0	0	0	0	0	0	0	0	0
陕西	0.3	0.35	0.87	0.37	1.54	1.67	0.22	0.43	0.29	1.91
甘肃	0.33	0	0.17	0.09	0.16	0.88	0.27	0.02	0.1	0.88
青海	0.01	0	0.01	0.02	0	0.07	0.04	0	0	0.18
宁夏	0	0	0.02	0	0	0.07	0.02	0.02	0	0.06
新疆	1.07	0	0.05	0.02	0.22	0.21	0.01	0.03	0	0.26
全国	100	100	100	100	100	100	100	100	100	100

尽管我国农村工业在20世纪90年代末出现了集中化的趋势,但是这种集中化并没有带来与地区比较优势相结合的专门化生产,也没有出现人们所期望的东部劳动密集型产业自发的向西部扩散,基于地区比较优势的地域分工体系并没有形成。从表3—9可以看出,像纺织、服装等传统的劳动密集型产业仍然大量集中于东南沿海地区,仍然是当地乡镇工业的主要支柱,而具有丰富劳动力资源的中部和西部的一些省区所占的份额则很小。表3—9也反映出近年沿海发达地区的乡镇企业已经开始调整产业结构的重心,像电子、电气、交通运输设备制造等资本和技术密集型产业在沿海地区获得了更快的增长。但是可以预见,由于沿海地区存在大量外来人口,短期工资水平不会大幅上涨,同时沿海地区在劳动密集型产业上已经存在的既有的市场、技术和管理等优势也不会很快丧失。因此,未来劳动密集型产业向中西部转移的过程将不会很迅速,其转移过程的实现将更多的依靠东部地区产业结构的升级过程。

3. 区域差距的变化

为了促进我国中西部地区乡镇企业的发展,缩小中西部乡镇企业与东部地区的发展差距,1993年国务院制定了《关于促进中西部乡镇企业发展的决定》,1995年又批准实施了乡镇企业东西合作示范工程等一系列促进中西部乡镇企业发展的政策,这些政策在资金投入、银行信贷、税收和产业发展等方面给予中西部一定的优惠,客观上促进了中西部乡镇企业的发展。从图3—3可看出,1992～2000年我国农村工业企业总产值年均增长率较高的区域除了东部广东、浙江和福建外,其余都分布于中西部,这些省区是:内蒙古、广西、湖北和湖南,其增长率超过20%。正是得益于这些省区的快速增长,我国乡镇企业发展的总量差异在20世纪90年代中后期有了一定程度的缩小。

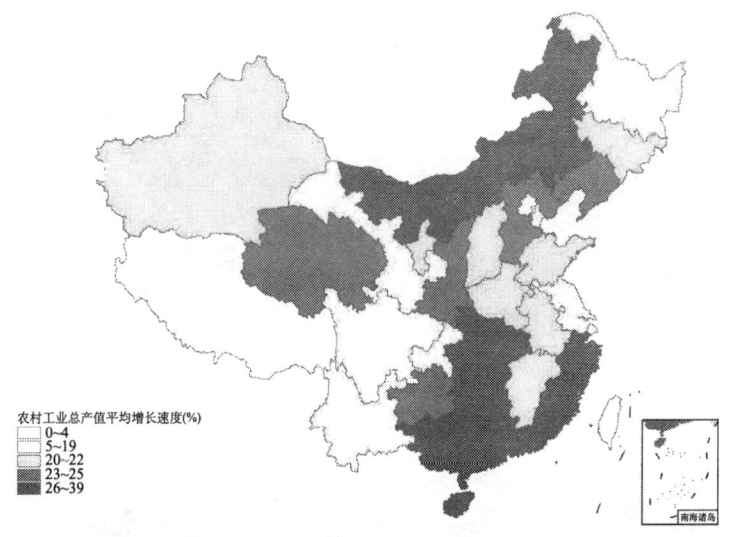

图3—3　1992～2000年我国农村工业总产值年均增长率的地区差异

20世纪90年代,我国中西部地区乡镇企业的快速增长并没有从根本上改变中国乡镇企业地区分布的差异。从图3—4可看出,2000年与1992年相比,我国乡镇企业总产值的地区差异没有发生根本性的改变,基本上还是呈现出明显的沿海和内陆发展水平的差异。1992年总产值最高的是山东和江苏,其次是辽宁、河北、河南、浙江、广东和四川,只有四川和河南在中西部;而2000年,总产值最高的仍是沿海地区的4个省,只不过与

90 中国农村工业发展及其区域效应

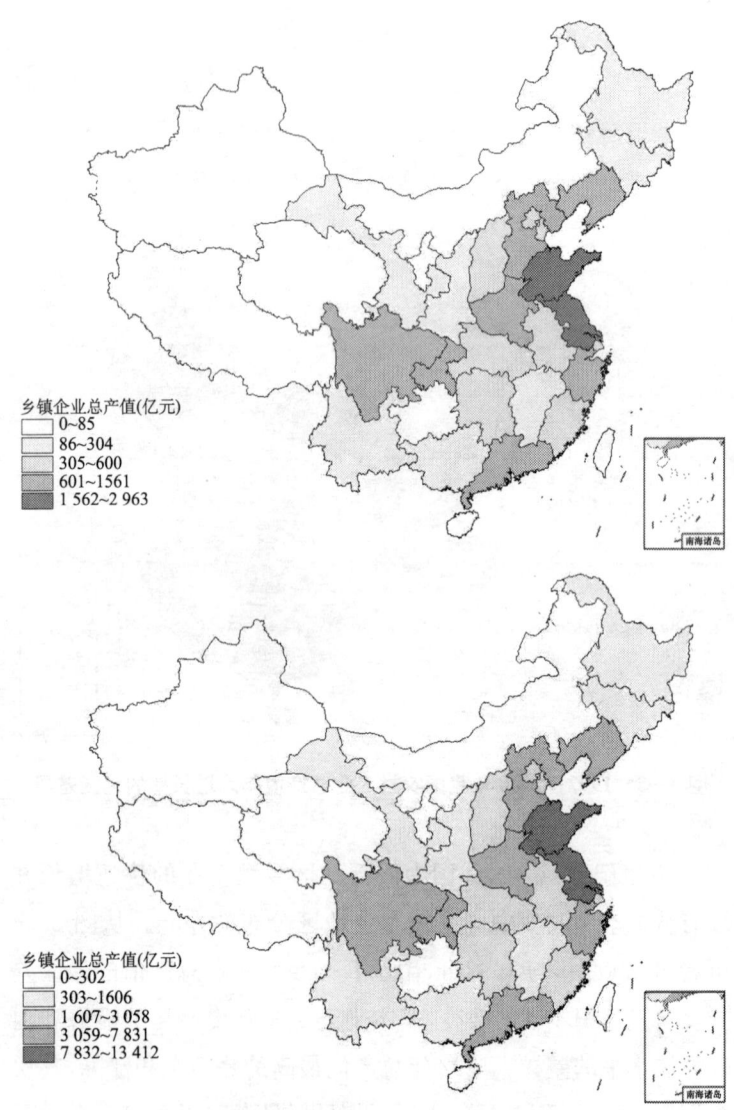

图3—4 1992年与2000年我国乡镇企业总产值的地区分布

1992年相比,浙江和广东已经与山东和江苏达到同一层次,其次是辽宁、河北、河南、福建、湖北、湖南和四川,其中多了中部的湖北和湖南两省。之所以中西部乡镇企业的快速增长没有改变这种区域格局,一方面是因为中西部乡镇企业本身的存量不大,其增长对全国格局的影响不明显;另一方面,我国东部地区的乡镇在20世纪90年代中后期进行了较大幅度的调整,这种调整尽管暂时牺牲了一些速度,但其发展的潜力在近期已经开始显现。

东、中、西三大地带间农村工业发展的经济结构和管理水平的差异日益扩大(魏后凯,2000)。总体上来说,西部地区乡镇工业还处于原始积累阶段,总量严重不足,产品层次低,技术水平落后,缺乏市场竞争力;东部地区企业已经基本完成资金的原始积累,正朝着产业结构高级化方向发展,技术密集型和资本密集型企业正逐步取代劳动密集型企业。这种结构的差异和发展层次的差异使西部农村工业在竞争中处于更为不利的地位。1994年后,东部地区乡镇企业总产值占全国的比重有所下降(从67.6%下降到1997年的55.6%),而中部和西部的比重有所上升,特别是西部从3.6%上升到8.8%,上升了近一倍。但是1997年后,中西部乡镇企业的发展速度又明显减缓,与东部乡镇企业在结构技术层次上存在着的差异在总量增长速度上开始显现。到2000年,东部乡镇企业总产值又占到全国的62.72%,比1997年上升了近7个百分点(表3—10)。

表 3—10 我国"三大地带"乡镇企业总产值占全国比重

地区	1980年	1985年	1988年	1990年	1992年	1994年	1996年	1997年	2000年
东部(%)	64.9	63.2	65.7	64.9	66.6	67.6	59.2	55.6	62.72
中部(%)	30.3	31.9	30.2	30.7	29.0	28.8	32.0	35.6	30.13
西部(%)	4.8	4.9	4.1	4.4	4.4	3.6	8.3	8.8	7.13

回顾中华人民共和国成立以来,特别是改革开放以来我国农村工业的发展历程,我们可以清晰地看到,在20世纪90年代中期以前,农村工业是中国特定社会经济制度下出现的新事物,其在近20年内得到了快速发展,得益于中国并不完备的市场经济体制和不断增加的市场需求;同时,国家的政策也对乡镇企业的发展产生了深远的影响,纵观乡镇企业近20年的发展,其快速发展期也正是国家的经济政策比较宽松的时期。各级政府对发展乡镇企业的鼓励,乡镇企业自身灵活的企业机制,当时严重短缺的国内消费品市场,以及丰富廉价的劳动力供给,再加上当时国内市场上几乎不存在的竞争对手,诸多因素相结合,迅速开创了乡镇企业异军突起、突飞猛进的崭新局面,开辟了实现中国工业化的第二条道路,即农村工业化道路。

但是,进入20世纪90年代以来,农村工业开始面临一系列新的问题,曾经推动农村工业快速发展的体制优势已经不复存在,国内外的市场环境也发生了急剧变化,开始由卖方市场进入买方市场,市场的竞争加剧。面对 20 世纪 90 年代中后期发展的政策和市场环境的变化,农村工业也在制度创新、产业结构优化、企业组织结构优化和促进地区协调发展等方面做了大量工作,并且取得了一定的成效,未来农村工业怎样营造自身的竞争优势,在竞争中获得继续发展将是下一章所要讨论的主要问题。

第四章　农村工业发展的竞争力分析

竞争力是竞争主体(国家、地区和企业等)在市场竞争中争夺市场和资源的能力,是竞争主体在竞争过程中表现出来的一种综合能力,是竞争主体多方面因素及其综合实力的体现。现代的竞争力理论起源于对企业竞争力和国家竞争力的探讨,此后的很多学者又将这一理论方法应用到产业和区域发展的诸多层面,并逐步发展起对产业竞争力和区域竞争力研究的方法和理论。

进行地区竞争力研究的关键是建立一套竞争力评价的指标体系和计算综合竞争力的方法。目前这方面的研究比较有代表性的是荷兰格林根大学建立的 ICOP(International Comparison of Output and Productivity)方法;而联合国工业发展组织的工业报告中,对工业竞争力(CIP)的评价主要是通过某一国家的人均制造业增加值、人均制成品出口额、制造业增加值中高技术产品的比重、制成品出口额中高技术产品的比重来确定各个国家的工业竞争力指数。这种方法在衡量某一个国家的工业竞争力时简单而有效,但是显然不太适合用于对某一地区的工业竞争力进行研究。目前,国内对于区域产业竞争力的研究成果还不是很多。相关研究大致可以分为两个方面：其一是应用荷兰格林根大学 ICOP 评价体系，并对其相关指标进行一定的修正，用于研究中国地区工业的竞争力，其中较有代表性的是上海大学预测咨询研究所龚奇峰、彭炜等人根据 ICOP 指标对上海主要工业行业竞争力的比较分析。其二是国内学者根据中国的实际情况和自身对地区工业竞争力的理解所做的一些探讨。比较有代表性的是中国社会科学院工业经济研究所魏后凯和华东师范大学城市与环境信息科学实验室吴玉鸣等人的研究成果。

我国农村工业的发展是在特定的历史环境下取得成功的，随着改革开放的深入，曾经有利于乡镇企业发展的特殊环境正在不断地消失，尤其是 20 世纪 90 年代中期以来，以往特有的市场环境和政策环境都发生了根本性的变化。

市场环境方面。一方面，整个国内市场供求关系出现了质的逆转，乡镇企业所涉及的大部分生产领域相继出现供求平衡或供大于求的买方市场格局，简单的数量扩张已很难取得明显的增长效果；另一方面，外资企业大举进入、城市民营企业迅速崛起、国有企业积极转制，使乡镇企业面临的竞争对手更多更强，原先具有的经营机制优势不断减弱。相反，其因布局于农村而存在的地域弱势却暴露得越来越明显。

政策环境方面。20 世纪 90 年代以来经济发展的重心转向了城市，在对外开放政策的推动下，各个城市以引进外资为契机，在土地、金融、财政、流通、工商管理等方面都进行了大幅度的改革与调整，使城市企业与乡镇企业的政策环境越来越趋于一致，而乡镇企业原先具有的一些独特优势，则随着城市改革开放的深化逐渐失去了其原来的功效。尤为值得一提的是,随着金融体制改革和企业产权制度改革的深入,乡镇企业的融资环境发生了较大变化。商业银行从自身的经济利益出发,表现出偏爱大企业、歧视中小企业,偏爱高新技术、歧视传统行业的信用差别化行为,使乡镇企业面临着新的融资难问题。

这些新的变化,迫切要求我们重新审视农村工业的竞争力问题。在新的环境下,农村工业赖以发展的因素已经发生改变,农村工业发展如何进一步吸引土地、资金、人才、技术等生产要素的集聚,是今后农村工业竞争力重塑的关键。而对于中国这样一个农村工业发展差异较大的国家来说,认识地区农村工业发展的竞争力差异,制定不同的发展战略也是各地营造竞争能力与优势的重要方面。

第一节 竞争力与地区竞争力评价

一、竞争力的基本概念

(一) 对竞争力概念的理解

竞争获胜的基础在于竞争力的不断提高,国际上对竞争力的研究由来已久。自20世纪70年代以来,关于竞争力的研究越来越成为一个热点领域,由于各个机构对它的研究往往从不同层面上展开,不同机构、不同组织和不同决策者对竞争力的理解也往往有很大的差异。比较有代表性的"竞争力"定义主要有以下几种:

第一,我国著名经济学家樊纲认为:竞争力是一个涉及国与国之间经济关系的国际经济学概念,是指一国商品在国际市场上所处的地位。

第二,美国总统竞争力委员会认为:国际竞争力是在自由的、良好的市场条件下,能够在国际市场上提供好的产品、好的服务,同时又能提高本国人民生活水平的能力。

第三,《中国国际竞争力报告》课题组认为:国际竞争力是在一定经济体制下的国民经济在国际竞争中表现出来的综合国力的强弱程度,实际上也就是企业或企业家们在各种环境中成功地从事经营活动的能力。在《中国国际竞争力报告》(2001)中,该课题组把"国家竞争力"修改为"一个国家在世界经济的大环境下,与其他各国的竞争力相比较,其创造增加值和国民财富持续增长的能力。"

第四,美国经济学家迈克尔·波特(1990)认为:国家竞争力是指该国产业创新和升级的能力,即该国获得生产力高水平发展以及持续提高生产力的能力。

第五,"世界经济论坛"(WEF)和瑞士洛桑国际管理开发学院(IMD)《关于竞争力的报告》(1985)对国际竞争力定义为:"企业目前和未来在各国的环境中以比他们国内国外的竞争者更有吸引力的价格和质量来进行设计、生产并销售货物以及提供服务的机会和能力。"而在1994年的《国际竞争力报告》中又对"竞争力"重新下定义为:"一国或一个企业在全球市场上均衡地生产出比竞争对手更多财富的能力。"

(二) 竞争力的内涵

根据以上定义,我们可以从以下4个方面去认识竞争力的内涵:

首先,竞争力是特定利益主体在国际国内市场上相对于其他利益主体所具有的生存和发展并由此获取收益的能力。从上述的定义分析,虽然不同机构、不同组织、不同学者对"国际竞争力"的理解有较大的差别,但共同的落脚点都放在特定利益主体在竞争中生存、发展以及在竞争中获取收益的大小,也就是特定的利益主体能否在国际国内市场上比其他利益主体以更低的价格、更高的质量、更优的服务、更好的信誉来占领市场并由此获取收益。

其次,对竞争力的研究必须是多层次的。由于参与竞争的利益主体可以划分为国家、地区、产业、企业等多个层次,因而对竞争力的研究必须有针对性地围绕国家竞争力、地区竞争力、产业竞争力、企业竞争力等层次来进行。从研究资料分析,世界上研究国际竞争力组织的成员来自政府、企业界、学术界,这些成员对国际竞争力研究各有侧重。政府成员关心如何制定经济发展及外贸政策,着眼于研究国家的国际竞争力;企业界成员关心如何提高其公司在国际市场上的竞争地位及产品的国际市场占有率,着眼于研究企业和产品的国际竞争力;而学术界人员则倾向于从各个层次对国际竞争力进行全面研究。

再次,竞争力不仅包含现实竞争力,更包含潜在竞争力。对国际竞争力研究,不仅要研究特定利益主体现有生产要素参与国际国内市场竞争所表现出来的生存能力,而更为重要的是必须研究特定利益主体相对于其他利益主体的未来发展潜力。如研究企业层次的国际竞争力,不仅要研究其现有经济实力,更应该研究其未来发展潜力,也就是该企业在国际国内市场竞争中是否具有较好的成长性。研究国家层次的国际竞争力,其落脚点要体现在该国产业及其企业是否具有持续创新、升级的能力。

最后,竞争力的实质是比较生产力。竞争力实际上是一个涉及国家(地区)之间经济关系的经济学概念,包含着比较优势的概念。在这里,比较优势实际上就是国家或地区间生产力水平的比较。在国际市场上,竞争力体现在特定利益主体,能否比其他利益主体更合理配置要素资源、提高生产效率,或者善于创造出差异性强的商品和服务,从而赢得比较优势和竞争优势的能力。

二、地区竞争力的内涵

国内学者对地区竞争力的定义大多数都脱胎于国家竞争力的内涵。目前主要有3种比较有代表性的观点:一是主要强调地区资源配置能力。王秉安教授认为:区域经济竞争力是指一个区域(省、自治区、县或其他)在大区域中与同一类型区域争夺市场和资源的能力,或者说是一个区域在大区域中相对于其他同类区域的资源优化配置能力。二是强调地区综合实力,国家统计局严玉龙认为地区经济竞争力是一个地区(省、自治区、直辖市)国民经济在国内竞争中表现出来的综合实力的强弱程度。费洪平认为地区竞争力主要强调地区在国内外贸易、金融、投资中的地位,强调地区所提供的基础设施,所达到的科技水平、社会发展水平和经济发展状况,以及政府行为和对策干预等因素,为国际资本流动创造的条件。三是强调地区培育比较优势和竞争优势的能力。阳国新认为区域竞争力是指各经济区域所提供的商品在某一特定区域市场中占有的市场份额。王国辉认为:地区竞争力是指"地区在内部软、硬环境等方面具有明显优于且不易被其他地区模仿的,能够给区内企业提供良好的发展条件,并形成地区经济特色,不断促进地区经济快速、协调、健康发展的独特的综合能力"。赵修卫教授认为区域核心竞争力是区域经济竞争力的优势表现,是指区域所特有的,在资源利用、产品开发、生产、市场开拓及服务中,与其他地区相比具有较大的竞争优势,且不易被其他地区所模仿或学习的综合能力与素质。参照上述关于竞争力的定义,地区竞争力应该定义为某个特定地区在国际国内经济竞争中优于其他地区所具有的生存和发展并由此获取收益的能力。地区的生存和发展能力是以地区综合经济实力为基础,其中起关键作用的核心因素是地区资源配置能力和营造竞争优势的能力。

三、地区竞争力评价

人们对竞争力的认识是一个动态变化的过程。因此,竞争力的研究不能局限于理论层面上的静态探讨,而要深入到竞争力的内部结构体系进行动态的评判,竞争力评价指标体系的建立正是适应了竞争力动态研究的需要,将影响竞争力的一系列因素归入竞争力的评价系统,通过科学的组合和分层设置,构建

第四章 农村工业发展的竞争力分析

评价模型,再根据评价模型进行数据的采集和处理,采用相关的竞争力评价方法,最后得出竞争力的评价结果。

(一) 国外竞争力评价指标体系

1. IMD(瑞士洛桑国际管理学院)竞争力评价指标体系

IMD早期的评价模型由8大要素组成,分别是:经济实力、企业管理、科技水平、国民素质、政府管理、国际化度、基础设施和金融体系。并且还从4个角度对一个国家竞争力的特征进行了分析:扩展型还是吸引型、全球型还是区域型、存量型还是增量型、和睦型还是风险型,相应的评价指标体系由8要素、47个子要素、290个指标构成。从2002年开始,IMD改变了评价体系,将8大要素简化归并为4大要素,分别是:经济表现、政府效率、商务效率和基础设施,每个要素又各自包括了5个子要素,相应的评价指标体系也进行了调整,如2005年IMD采用的指标共314项,其中硬指标128个,在总排序中占2/3的权重。

2. WEF(世界经济论坛)竞争力评价指标体系

WEF自1980年以来就创立了一套评价国家(地区)经济增长与竞争力的理论和方法,其出版的《全球竞争力报告》已有20多年的历史,1985~1990年,WEF采用的指标共分为381项,其中249项为硬指标,132项为软指标。自1996年以来,指标体系进行调整,主要是设计了3个国际竞争力指数:一是综合反映当前经济发展水平的国际竞争力综合指数;二是经济增长指数;三是反映在全球经济增长份额中的市场增长指数。1998年根据波特竞争力理论,增加了微观经济竞争力指数。2000年再次调整,分为4个方面指数,即增长竞争力指数、当前竞争力指数、创造力指数、环境管制体制指数。根据这些指数,WEF按8大要素分类来定量分析国家或地区竞争力,其中1/4来自统计数据,3/4来自调查数据,然后对不同要素和不同指标赋予不同的权重。

IMD和WEF的竞争力评价指标体系目前被国际公认为是最具有影响力和权威性的评价体系,成为世界上评价与研究国家和地区竞争力的引领者。但是这两个指标体系也存在一些不足之处,IMD的一些评价指标设置和处理不够合理,有些指标重复设置;在指标处理方面不进行关键指标和相关指标的分析与筛选,致使指标多的评价要素在排名中所起的作用大于指标少的要素等。WEF的评价体系由于缺乏统一理论的指导,使得其评价体系、评价结果在不同的年份之间差别较大;并且大量使用定性指标,直接影响到评价结果的准确性。

3. 波特的竞争力评价指标体系

美国哈佛大学教授波特(Michael Porter)对全球竞争进行了全面研究和分析,其在《竞争战略》和《竞争优势》中提出了影响竞争力的5种作用力、3种基本竞争战略、价值链分析等一系列具有新意的观点。在《国家竞争优势》一书中,波特把他的国内竞争优势理论运用到国际竞争领域,创立了由生产要素、需求要素、关联和辅助性产业、企业战略结构、竞争的优劣程度以及政府的作用和机遇因素6大要素构成的"钻石模型"(图4—1)。对区域的经济绩效测度,主要从总体经济和创新产出两大部分着手,总体经济包括就业增长、失业、平均工资、生活费用、人均

GDP、人均出口值等,创新产出包括专利、机构创办、风险资本投资、初始公共投入、生产率增长、快速增长的公司等。波特所倡导的竞争力理论被许多地方和政府采纳,受到广泛好评,但是也遭到一些批评,一些国外学者批评波特的国家竞争优势缺乏正规的分析模型,有些学者认为波特的钻石系统结构是静态的,只反映某一时刻的竞争状态,对国家竞争优势发展过程的解释比较缺乏。

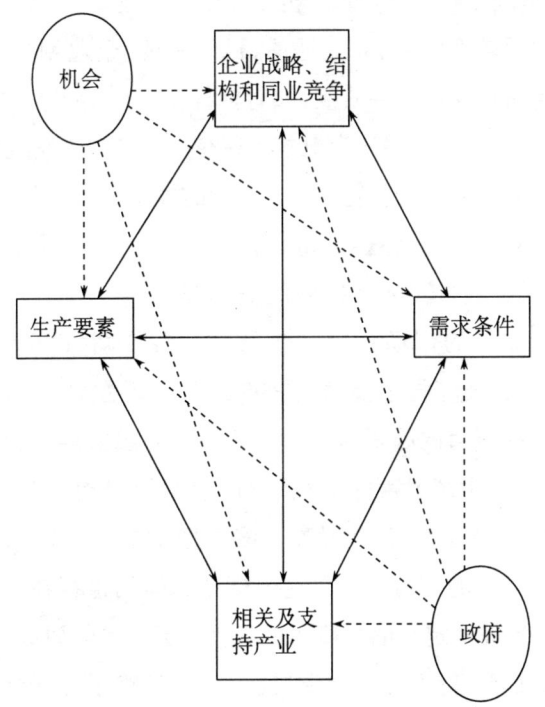

图4—1 波特"钻石结构"国家竞争力模型

4. 标杆测定评价方法

标杆测定方法是 20 世纪 70 年代最早在美国实施的,目前在美国应用很广泛,美、欧、日等许多国家建立了政府性质的标杆测定机构组织协调标杆测定。标杆测定活动分别在企业、产业和国家基础环境构架 3 个层次展开。企业层次标杆测定经过循序渐进的过程发展到全球标杆测定阶段;产业层次标杆测定包括企业内工艺流程、企业外供应链、企业和政府关系、产业发展政策和环境等决定产业竞争力的各个关键环节;政府层次标杆测定包括教育制度、海关通关、科研制度、企业创立手续等。标杆测定法也受到一些质疑,如对标杆测定法能否真的提高区域竞争力存在质疑,并认为根本不存在一个最佳的发展模式,一般来说不大可能模仿和复制一个成功的模式。

5. "SWOT"(优势【strength】,劣势【weakness】,机会【opportunity】和威胁【threat】)评价指标方法

国际知名的市场营销家菲利普·科特勒(Philip Kotler)于 1997 年提出了国家能力的"SWOT"分析方法,认为影响一个国家内在能力的因素包括 5 大方面,即国家的"文化、态度和价值观"、"生产要素的禀赋"、"产业组织机构"、"政府的领导"和"社会融合性"5 个因素。该模型主要是从国家的角度来分析竞争力的优劣。但是这个模型的运用也存在一定的局限性,主要是从定性的角度出发,忽视了定量的研究;指标有限,覆盖面不广;主要从宏观层次分析,忽略了对指标的进一步细分。

除了上面分析的 5 个影响力较大的竞争力评价指标体系

外,还有许多国外学者提出了不同的评价体系,但由于存在着不同的缺陷而没有被广泛运用和推广。

(二) 国内竞争力评价指标体系

1. 以引用为主的早期评价指标模型

国内早期有部分学者对国家竞争力的评价直接援引了IMD早期的竞争力评价模型。1998年,严玉龙在《经济日报》上发表了"全国各省市区域经济实力谁执牛耳"一文,用8大指标即地区经济实力、对外开放程度、政府作用、金融活动、基础设施、管理水平、科学技术及人力资源等对全国各省(自治区、直辖市)的竞争力进行了测评。在引用IMD评价模型中影响最大的当数中国人民大学竞争力评价中心"三位一体"的竞争力评价模型,该模型将8大要素进一步向上总结归为核心竞争力、基础竞争力和环境竞争力。这些模型直接引用IMD评价指标模型中的8大因素指标,覆盖的范围比较全面,指标建立的依据也较充分,但是由于多数学者对二级指标的设置不尽合理,或设置较少影响了一级指标的全面性,或设置过多,从而影响一级指标评价的客观性。

2. 国内区域竞争力指标评价模型的调整与创新

第一,突出竞争优势的指标评价体系。国内学者建立的此类指标评价体系中将首推福建行政学院的王秉安教授。其于2000年提出了由3个直接竞争力因素即产业、企业和涉外竞争力以及支撑它们的4个间接竞争力因素即经济综合实力、基础设施、国民素质和科技竞争力,并据此设计出由7大竞争力因素组成的一级指标,在此基础上进一步细分为24个二级指标和

69个具体评价的三级指标。但是该项评价指标体系也存在一定缺陷。首先,在指标设置上主要是硬指标,忽视了一些软指标因素的影响;其次是指标权重的处理带有较强的主观判断;最后,在指标设置中忽略了政府和金融等比较关键性的要素,犯了将国际化的区域竞争局限于国内的错误。全国经济综合竞争力研究中心福建师范大学分中心在2007年出版的《全国省域综合竞争力发展报告(2005~2006)》一书中建立了1个一级指标、8个二级指标、22个三级指标和184个四级指标构成的省域经济综合竞争力体系。4个级别指标在指标体系中的作用和地位不同,有的起主导作用,有的起辅助性作用。因此,在指标体系建立的数学模型中,采用了德尔菲专家调查法分别赋予各指数以相应的权重,经过分级加权合成,形成了各级指标的合成结果。这一指标评价体系是到目前为止指标个数最多、范围最为广泛、指标最为完整的评价模型。可是该评价体系也主要是从定量的角度进行分析,所采用的指标全部都是硬指标,随着社会的发展,一些软因素对区域竞争力的影响会越来越大,势必要将其考虑在指标体系范围内。

第二,突出比较优势的指标评价体系。突出比较优势的指标评价体系与突出竞争优势的指标评价体系两者的主要区别就在于前者的研究成果将自然资源、人口、资本等基础要素也作为影响竞争力的要素考虑在内。如高志刚将区域竞争力分解为8种竞争力:资源环境竞争力、经济实力竞争力、产业市场竞争力、对外开放竞争力、基础设施竞争力、人力资本竞争力、科技创新竞争力和管理服务竞争力。这8种竞争力构成了一级指标,一级指标下设40个二级指标。该指标评价体系所采取的方法克服了单一方法带来的片面性和局限性,但所覆盖的范围还是不够全面。再如刘勇将区域竞争力分为初始竞争力、潜在竞争力和现实竞争力,初始竞争力是由自然或静态因素所决定的区域比较优势;潜在竞争力是由软硬环境因素构成的动态区域发展优势;现实竞争力用来评价区域竞争力的现实或结果表现。但是作者没有给出权重分配比例的依据,也没有具体介绍评价方法。

第三,强调区域协调发展的评价体系。与前两类指标评价体系不同的是,这类评价体系主要是从区域经济有效运行和持续发展的角度出发,依据不同因素在区域发展中的不同作用而对IMD早期评价体系进行了重构,强调了区域发展的协调性和有机性,以及区域协调运行下的竞争力效果。与前两类评价指标体系相比,这类评价体系较少。比较典型的就是张为付、吴进红提出的"核心竞争力—基础竞争力—辅助竞争力"三力体系。核心竞争力是竞争力强弱的最重要因素,基础竞争力和辅助竞争力对核心竞争力具有支撑作用。该指标体系设置了7个一级指标、19个二级指标以及88个三级指标。该指标体系考虑到指标与指标之间的协调关系,并且区分了指标间影响力和作用力的大小,但由于指标之间的关联性较大,影响了指标独立作用的发挥,使评价结果对问题的反映比较有限,许多问题可能无法体现出来。

第二节 影响农村工业竞争力的主要因素

农村工业发展是近20年来发生在我国农村地区的一个显著的社会经济过程,农村工业竞争力的形成是企业内部经济环境和企业外部政策、文化环境相互作用的结果。因此,凡是对农村乡镇企业发展和农村社会经济发展有影响的因素都是影响农村工业竞争力形成的因素。在此我们主要讨论由制度和文化等外部因素,以及由土地、资本、劳动力和技术等生产要素构成的内部因素对农村工业竞争力的影响(图4—2)。因此,我们可以认为,农村工业的竞争能力与以上因素存在一定的函数关系,这种关系可以表示为:

$$Y = f(j,k,l,m,n) \qquad (4-1)$$

其中:Y为农村工业的竞争能力,j代表土地投入,k代表资本投入,l代表劳动力投入,m代表技术和企业管理的进步,n代表制度和文化环境的影响。可以说,在农村工业的竞争能力和影响它的一些主要因素之间存在一种函数关系,但是由于关系的不确定性和计量的困难,我们不可能给出更为具体的表达式。

一、制度和社会文化环境

(一)制度变革是20世纪90年代以前农村工业增长的主要动因

改革开放前,中国经济的发展是在国家强制性计划下形成

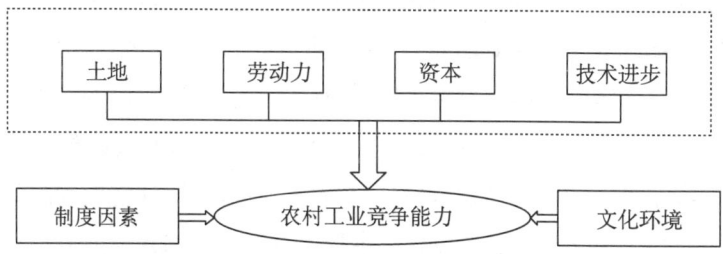

图4—2 影响农村工业竞争能力的综合因素分析

的,实行的是一种自上而下的优先发展重工业的战略。这种战略的直接结果是保证了短期内在中国建立起比较完整的工业体系,同时也造成了轻重工业发展的比例失调,以及城市和乡村之间的"二元经济"的格局。随着制度改革率先在我国农村开始实行,国家对发展集体和个体工业的政策束缚开始在农村地区松动,农村地区的乡镇企业得到了快速的发展。

学者王小鲁运用1980~1992年全国各省的乡镇企业和农业逐年数据,采用乡镇企业和农业生产两个部门的柯布—道格拉斯生产函数,对这个时期农村工业增长的推动力进行了分析。结果显示,在此期间,尽管推动农村工业增长的首要因素是资本、土地、劳动力等投入要素的增长,其对增长的贡献达到9.6个百分点,但与此同时,由于制度变革引起的劳动力等资源在不同部门间的重新配置对乡镇企业增长的贡献也达到6个百分点。可见,制度变革是推动农村地区工业增长的主要力量之一。

制度的变革促进了生产要素在农村不同生产部门之间的重

新配置，特别是促进了农村劳动力资源在农业和非农业部门间的重新配置。改革前，劳动力向其他生产部门转移受到了严格的政策和体制限制。虽然乡镇企业（当时为社队企业）的发展得到了政策允许和鼓励，但实际上仍然存在许多体制或政策方面的限制因素，制约着生产要素向非农产业的转移，这就大大阻碍了农村工业化和非农产业化的进程。这些制约因素主要表现在以下方面：

第一，社队企业的活动主要限制在"为农业服务"的领域内，本着所谓"三就地"（就地取材、就地加工、就地销售）的原则进行，有许多生产领域不允许进入，并且不得与国营企业争原料、争市场；第二，社队企业被明文规定不得与农业争劳力；第三，重要原材料、能源及信贷资金当时都处于计划控制之下，首先保证国有企业使用或者只提供给国有企业，使社队企业的发展受到严重束缚；第四，个体和私人企业被禁止；第五，人口和劳动力在区域间的迁徙受到严格限制；第六，农业劳动者从事附带的非农业生产或经营活动也受到严格限制（许多非农业生产经营被作为"资本主义倾向"横加批判）。

由于存在这些政策和制度的限制，因此尽管农村存在着大量的潜在剩余劳动力，但在改革前非农产业对农业劳动力的吸收十分有限。社队企业在少数地区的较好发展则主要得益于在某些方面对上述限制的突破。自经济改革以来，上述这些限制逐渐地被放松或者取消，从而导致了农村劳动力大规模地由农业向非农业转移。20年间，大约1亿农业劳动力进入了乡镇企业，使该部门的就业人数超过了国有经济部门。这显然是导致乡镇企业高速增长的一个主要原因。与劳动力的转移相适应，居民储蓄也源源不断地流入农村非农产业。此外，在国有部门未得到充分利用的技术和人力资源也对乡镇企业的发展起到了重要作用。这种生产要素的大规模转移，与制度障碍的消除是分不开的。

制度改革对于经济增长的加速效应显而易见，但基本上是属于增长理论所说的"短期效应"。所谓短期效应实际上并非就时间长短而言，而是指这种作用发生在动态调整过程中，不会一劳永逸地改变长期经济增长率。随着制度改革的进行，这部分能量将会逐步释放出来，从而加快经济增长的速度。但随着要素流出部门和要素流入部门之间相对规模的变化，这种"制度效应"对增长率的加速作用也会相应递减。而在制度改革完成以后，它对经济增长的推动作用将渐趋于失，经济将从高速增长阶段进入相对较低的稳定增长阶段。

事实证明，制度变革所导致的农村工业化加速过程，已经连续20年推动了经济增长。但计量分析结果也显示，随着时间推移，制度变革推动农村工业化的力度已在下降（表4—1）。按总产值计，这一效应在1980～1985年对乡镇企业增长的推动约在10个百分点，使该部门的增长速度达到了年均26%左右。如果除去1989～1990年的短暂经济滑坡，这一效应大体上呈递减的趋势，在1991～1992年降到了不到3个百分点。在这两年，乡镇企业之所以仍然保持了高速增长，主要是投资大幅度增加所致。

表 4—1　变革对乡镇企业增长效应的递减

项目	1981～1985年	1986～1988年	1989～1990年	1991～1992年
实际增长率	26.7	22.2	6.0	24.3
制度变革效应	10.9	5.5	—2.5	2.8

(二) 社会文化环境日益成为影响农村工业发展的重要因素

社会文化环境对于经济发展的作用越来越得到人们的重视,近些年来对于乡镇企业发展过程的研究也表明,社会文化环境是影响乡镇企业竞争能力的一个重要因素(刘世定,2003)。

不同的社会文化会对人的思维方法、意识形态和生产活动方式产生一定的影响,从而影响人们对发展农村工业的态度,并由此产生对乡镇企业产权、产业结构和企业组织结构方式的不同选择,使我国农村工业发展表现出一定的地域特性。一般来说,开放、重商型的社会文化传统有利于乡镇企业的发展和成长,我国苏南和温州地区乡镇企业的快速发展充分说明了这一点。而封闭、小农型的文化传统则不利于乡镇企业的发展,广大中西部地区乡镇企业的发展滞后与当地落后的文化和思想观念不无一定的关系。

随着农村地区工业的进一步发展,作为其发展本底的社会文化环境将发挥越来越重要的作用,特别是随着农村工业逐步向现代工业的过渡,在创新日益成为企业和地区发展的主要推动力的时期,社会文化将通过多种途径对农村工业的竞争能力产生影响。

二、土地

建立一个工业企业,首先需要一块土地。中国人多地少的国情决定土地的价值和价格应该是相当高的。农村工业大多为劳动密集型,因此土地实际上构成了投资的主体,它的价值和价格都应比农村工业的设备高得多。但是对于大多数乡镇企业来说,在其创办的初期由于企业所有者和土地所有者是同一个主体,所以土地可以被企业无偿使用而不计入企业成本,这样就无疑提高了农村工业企业的市场竞争能力。对于大多数私人企业来说,由于其创办者多与集体领导者存在着各种非正式的关系,其获得的土地基本上也很少缴纳费用,即便缴纳,与城市企业相比也是很低(裴小林,2000)。

但是,随着农村工业的进一步发展和土地管理的逐步严格,农村的集体土地转化为工业建设用地越来越困难,土地的价值也越来越高;同时,城市中蓬勃发展的各种类型的开发区为了吸引投资,利用其掌握的优惠政策,大量向投资者提供低价的土地。因此,农村地区企业发展在土地投入方面的优势已经不再存在,在与其他工业竞争的过程中,布局在农村的企业可能处于不利的地位。

三、资金投入

(一) 20 世纪 90 年代中期以前农村工业的资金投入及其构成

资本是推动企业发展的主要生产要素,在农村工业发展的过程中,资本投入的作用是非常重要的。20世纪90年代资本的主要来源在于以下渠道(表4—2):第一,农业剩余直接转化为工业资本。在农村工业发展的初期,这是资金的主要来源之一,但在20世纪90年代初其所占的比重已经很小,一方面是因为农业自身能够提供的剩余增长缓慢,另一方面则由于乡镇工业的壮大导致其资金总量的扩大和投资的多元化。1992年这部分资金仅占总投资的不到8%(表4—2中其他部分的比例)。

表4—2　乡办企业外来和自有资金情况(1992年)

资金来源	中央	主管部委	银行贷款	其他地区	国外	自有资金	当地集资	其他	总计
比重(%)	1.8	3.5	38.2	12.0	4.4	27.9	4.1	8.1	100

第二,职工集资。这部分的比重在20世纪90年代初也不是很大,只占总投资的4.1%。通过对我国不同地区的7个镇职工的问卷调查发现,90年代初期职工集资还是比较普遍的现象,各地都存在对入厂职工收取一定集资款的现象。在参加问卷调查的职工总数中,31%的职工是带一定的资金进厂的,这种带资是作为向企业的投资,通常企业是要支付利息的。其中多数职工(大约占39%)的带资额在500元以下,将近1/5的职工超过2 000元。

第三,银行和上级部门的拨款。在20世纪90年代初这部分资金是农村工业投资来源的主体,约占总资金的42.5%,其中银行贷款占总资本的38.2%。农村工业企业的贷款主要来自于中国农业银行和中国农村信用合作社。中国农业银行是中国四家专业性行政银行之一，20世纪80年代中期，它开始同中国人民银行区别开来，转变成为商业性银行。在所有行政管理区划层次上，中国农业银行都有自己的代理机构，大约一半的乡镇都设有中国农业银行的分支机构，它是农村企业发展的重要的资金来源渠道。80年代末期，农村企业银行贷款的一半来源于农业银行。最近的10余年时间里，农村信用合作社也开始发挥出越来越重要的作用，其机构则分布在所有的乡村。1980年，农村信用合作社为乡办企业提供了31亿元的贷款；到1994年，其贷款规模已增加到2 279亿元。这些贷款的增加不是来自于企业本身，而主要来源于农村居民存款的增加。1993年，农村企业仅为农村信用合作社创造了8%的存款，而89%的存款来自于农业经济；但当年，农村信用合作社64%的贷款用于农村企业建设发展。农民收入的增加和较高的储蓄份额，则成为农村企业发展扩大贷款规模的必要前提。

第四，自筹资金。自筹资金是除银行贷款以外乡镇企业资金最主要的来源，中国乡镇企业局的资料显示，1992年其占乡镇企业资金投入的27.9%。而我们在1992～1993年的调查发现，大多数农村企业将利润的绝大部分用于扩大再生产。

第五，外来资金。主要是指来自于区外和国外的资金，1992年，这部分资金约占总投入的12.3%。随着一些乡镇企业的发展和规模的壮大，外来资本对乡镇企业的投入逐年增加，特别是在沿海地区，外国资本和乡镇企业的合作极大地推动了乡镇工业的发展。

(二) 20世纪90年代中后期农村工业的融资困境

相对于20世纪90年代初期而言,在90年代中后期,乡镇企业的融资出现了一定的困难,主要表现为银行贷款的持续减少和所占比重的下降。1998年,全国发放贷款86 524亿元,比上年增加15.5%,而对占全国国内生产总值30%的乡镇企业所发放的贷款仅占全国贷款发放的5.44%,比上年的7.09%下降了1.65个百分点;从表4—3可以看出,1999年乡镇集体企业的投资来源已经发生了明显的变化。无论是全国还是我们所进行调查的省、市县和乡镇,银行贷款的比重已经比1992年下降了很多,全国的比重从38.2%下降到16.3%,下降了一半多,各调查地区由于经济发展水平和政策的不同而有所差异,但基本上与全国的比例一致;企业自筹资金和引资已成为乡镇企业扩大再生产的主要资金来源。就全国来看,1999年引资和自筹资金的比重分别为23.1%和49.3%,分别比1992年增加了6.7%和21.4%。在乡镇企业发展较好的沿海省份,自筹资金和引资的比例还在逐步上升。与乡镇集体企业相比,乡镇私营企业向银行贷款更为困难。

表4—3 1999年的乡镇集体企业投资构成 单位:%

地区	银行贷款	财政支出	引资	自筹	其他
全国	16.3	1.3	23.1	49.3	10.0
江苏	11.5	0.5	21.5	58.3	8.2
河北	20.19	1.0	16.1	51.2	11.5
宁夏	26.9	1.3	9.8	44.8	17.2

续表

地区	银行贷款	财政支出	引资	自筹	其他
贵州	18.7	3.1	44.7	29.6	3.9
河北晋州市	24.1	0.7	1.0	69.5	4.7
贵州遵义县	7.44	0.9	22.4	58.0	11.26
河北总十庄	31.0	0	9.0	59.0	1.0

注释：表中数据根据实地调研资料整理得出；其中江苏和宁夏为2000年的数据，其余为1999年数据。

乡镇企业融资环境恶化的主要原因是：第一，绝大多数乡镇企业是中小企业，相对于大企业而言，银行对中小企业的融资成本较高，企业获得贷款困难。乡镇企业为向银行融资需要支付较多的非利率成本，也造成乡镇企业难以融到资金。第二，大部分乡镇企业资产少、规模小、资产质量差，造成相当一部分乡镇企业信用等级低，能够得到的担保较少，而商业银行为了规避风险，必然减少对乡镇企业的贷款。第三，我国的金融改革发展滞后，导致现有金融服务水平较低，金融机构资产质量差，金融机构分布结构难以适应乡镇企业发展的需要。

四、人力资源的提升

（一）廉价而充足的劳动力资源是农村工业快速发展的主要动力

在开始进行经济改革的1978年，中国乡村人口为7.90亿，占全国总人口的82%。但是，农村人口人均耕地占有量仅为0.13公顷，人均年收入水平仅有133元。在3.06亿农村劳动力中,只有 2 200 万人在非农业的社队企业部门工作,其余几乎全部属于农业劳动力。其中相当大的一部分(约占全部农业劳动力的 1/3 到 1/2)通常被认为是潜在的剩余劳动力。因此,如何把这部分剩余劳动力解放出来,是农村经济发展的关键所在。大量农村剩余劳动力的存在为农村工业的发展、尤其是大多数劳动力密集型工业的发展提供了大量的廉价劳动力资源,而且由于我国农村地区剩余劳动力数量巨大,在相当长的时间内可以保证农村工业发展的劳动力成本不至于很快的攀升,从而保持了农村工业的竞争能力。1999~2000 年,我们通过对我国不同地区的 7 个镇的调查显示,这些地区农村工业企业职工的收入在 1992~2000 年增长的幅度不是很大,职工月均工资不足 500 元,仅比 1992 年多出 100 多元,年均增长率仅为 4.55%,远远低于 GDP 同期 8%~10% 的增长率。

(二) 近年农村工业吸引剩余劳动力的能力下降

我国乡镇企业的迅猛发展,为农村剩余劳动力向非农产业转移提供了大量的就业机会,但其主要是在技术含量相对不变的情况下,依靠增加投资的外延扩张的方式而加以吸收的。"六五"时期,乡镇企业劳动力就业人数平均每年增加 552 万人;"七五"时期,平均每年增加 596 万人;"八五"时期,平均每年增加 688 万人,使我国乡镇企业职工人数从 1978 年的 2 800 多万人增加到 1995 年的 12 862 万人。而自 1995 年以来,随着乡镇企业资本有机构成和吸纳劳动力成本的提高,接收农村剩余劳动力的数量趋于减少,吸纳劳动力的能力趋于减弱,平均每年仅增加 90 多万人;1997 年以后,我国乡镇企业职工数量处于负增长的状态,乡镇企业吸引农村剩余劳动力的能力下降(图4—3)。另据国家统计局的抽样调查显示,2001年在本省内转移的农村剩余劳动力,只有9.2%被安置在本乡乡镇企业就业,比过去一年下降了4.5个百分点。未来仅依靠廉价的劳动力资源已经很难维持农村工业的市场竞争能力,随着市场竞争的加剧,劳动力素质的高低将成为影响企业竞争能力的主要因素。

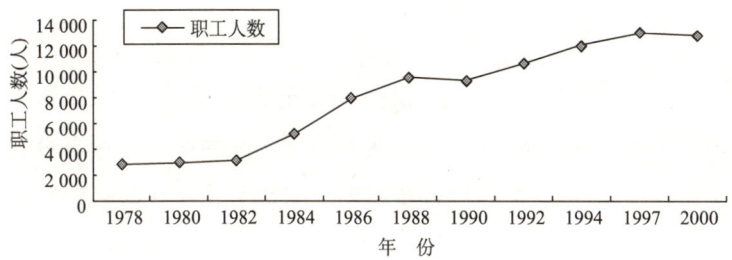

图4—3 1978～2000年中国乡镇企业职工增长情况

(三) 乡镇工业企业职工素质有所提高

2000年与1992年相比,乡镇企业职工的素质有了一定程度的提高。1992年乡镇集体企业中高中及其以上文化程度的职工占职工总人数的比例为18.2%,而2000年这一比例已达到39.8%,增加了一倍多。在我们所进行调查的7个镇中,其职工情况也说明20世纪90年代以来职工的素质已有一定程度的提高,文盲和小学文化程度的职工比重下降了一半,而高中以上文化程度的职工比重增加了近一倍。劳动力素质的提高对于农村工业企业竞争能力的提升将起到越来越重要的作用。

表 4—4　1992 年与 2000 年乡镇企业
职工素质调查情况的比较　　单位:%

年份	文盲及小学	初中	高中和中专	大专以上
1992 年	15.5	62.4	20.9	1.2
2000 年	7.5	50.9	36.1	5.5

五、技术创新

技术创新是一个企业和地区竞争能力的核心。未来随着中国经济和世界经济的融合,企业和地区之间的竞争必然会日益剧烈,而只有那些不断进行技术创新的地区才能在未来的竞争中处于优势地位。农村工业企业在人们的印象中多是技术层次低、设备陈旧落后、职工素质低下、生产环境恶劣的简单加工型企业。不可否认,目前在我国农村地区这种类型的企业还比较多,但是我们也应该看到,那些管理先进、技术水平较高、生产环境较好的农村企业正在成为农村工业企业发展的主导力量,尤其是在沿海发达地区,那里的农村企业已经在积极寻求先进的科学技术和现代化的管理手段来提升企业的竞争能力。

在乡镇企业发展较快的江苏省,截至 2000 年年底,全省经由省科委认定的高新技术乡镇企业已有 321 家,有近 700 家乡镇企业建立了厂办研发机构。其中"双良"集团建立了国家级的企业技术中心,仅中央空调的专利和发明就有 10 项;"三毛"集团先后投入 3 亿元进行技术改造,形成 1 200 万米精纺呢绒的生产能力,成为国内首家毛纺高科技企业;"阳光"集团用 1.2 亿元收购了北京一家生产抗癌中间体的军工制药厂,向医药等新兴产业进军。2000年,江苏省乡镇企业科技进步贡献率已经达到40%以上,有力地拉动了全省乡镇企业的增长。广州市乡镇企业局着力培育和扶持一批技术含量较高的企业,其中蒙特利公司通过开发新型建筑材料,使之在国内市场的占有率迅速达到60%,连续几年产值、利税均以超过增幅一倍以上的速度发展。

乡镇企业技术创新的方式主要有:第一,引进型创新。主要通过引进外部的先进设备、技术和管理来实现企业的技术升级。第二,合作型创新。企业与大学和科研院所进行合作,共同进行产品的开发和工艺的改进。第三,自主型创新。企业依靠自身的科研力量独立自主的进行技术创新。目前在乡镇企业中,引进型创新和合作型创新还是乡镇企业技术创新的主体。

第三节 农村工业竞争力的重塑

一、实现农村工业向现代工业的转变

21世纪,农村工业发展的环境已经发生了巨大的变化。随着我国政治、经济体制改革的逐步深入,社会主义市场经济体系的完善,农村工业将面对着来自城市私营工业、国有工业和外资企业的全面竞争;并且随着城市化进程的加快,城市必然会成为我国经济发展的主体,农村工业也势必将融入城市化的进程中,从而获得对自身的全面提升。因此,未来真正意义上的农村工业将不复存在,无论是农村工业还是城市工业都必将向现代工业过渡,转变成为真正意义上的现代工业。

将来,农村工业应该定位在由"传统工业部门"向"现代工业部门"的角色转换上,进而实现农村工业化与国家工业化的全面整合,加快整个国家的现代化进程。新的地位还应该兼顾到各地区间的发展差异,形成农村工业化的梯度发展。即对于沿海地区和大中城市郊区,要通过大规模的技术改造和制度创新,消除农村工业与城市工业间的各种差别,形成城乡一体化发展的格局;对于内陆地区,要继续发展或保护一些资本密集度低、易于农村剩余劳动力进入的农村企业,完成农村工业化初始阶段的战略任务。

改造农村工业,使农村工业脱离传统,成为现代化的企业群体。现代化是一个发展的、动态的概念。农村工业的现代化改造要学习和模仿国有企业的技术与管理,并通过工农联营实现城乡工业的一体化发展。随着中国的进一步对外开放和大批外资企业的进入,现代化的标准也更加接近于国际化的标准。农村工业对现代化的目标要进行新的定位,在技术与管理方面要以外资企业为参照,在产权制度和产业组织方面也要借鉴外资企业的经验,以此提高企业的现代化水平和国际竞争能力。

在经济发展日趋国际化的大背景下,需要强调农村工业化与国家工业化的全面整合。这其中包含了两个层面的内容:一是政策层面,要把农村工业化的发展战略从原来主要属于农村经济层面上升到国家工业化层面,扭转国家基础设施投资和工业发展政策中的城市化倾向,加大国家对农村工业化直接支持的力度；二是产业组织层面，按照专业化分工协作的原则和现代产业发展的趋势，消除一切不利于资产流动与重组的制度障碍，变原来以地域为核心、以行政为联系纽带的产业组织形式为以行业、产品为核心，以资产、商业信誉为联系纽带的产业组织形式，形成城乡一体的产业组织体系。

二、改善农村工业的融资环境

农村工业资金投入的减少，极大地影响了农村工业的健康发展，削弱了农村工业的竞争能力。在重塑农村工业竞争能力、实现农村工业向现代工业转变的过程中，改善农村工业的融资环境是非常重要的因素。第一，要改变农村工业封闭的融资体系，在更广阔、更开放的环境下实现农村工业的融资。未来农村企业要实现融资渠道的多元化，条件较好的企业应该将融资范围扩大到全国乃至世界的资本市场，通过股市实现全球融资；随着农村工业企业向现代工业企业的转变，农村企业的借贷银行不能仅仅囿于农业银行和农村信用社，而应加强同外资银行、民营银行和其他商业银行的合作。

第二，建立更有效的融资体系，目前则急需完善农村工业信用评级机制和贷款担保机制。一方面，农村企业要加强自身的诚信建设，树立良好的诚信意识；另一方面，国家尽快完善对企业的信用评价体系，使借贷双方有法可依。

第三，为民间资本和农村工业之间建立有效的联系。在我国民间，特别是沿海发达地区存在着大量民间资本，这些民间资本由于找不到合适的出口而沉淀下来，或者流向非生产性部门。

而与此同时,大量农村企业由于缺乏资金,导致生产规模难以扩大、技术改造不能顺利进行,从而错过了占领市场的机遇,削弱了其市场竞争能力。例如在我国民营经济发达的浙江省,大约有 8 000 亿元左右的民间资本的积淀,由于缺乏合理的投资引导以及投资领域的不确定,这些资金大都流向杭州和上海的房地产市场,而当地大量的中小企业却面临资金缺乏的严峻局面,企业难以向更高层次发展。

三、农村工业人力资本提升

人才是企业发展的关键,未来要实现农村工业向现代企业的转变,必须要求建立现代的人力资本集聚机制。未来农村工业的人力资本的成本持续提升,不利于我国农村工业竞争力的提高,特别是在沿海发达地区,其劳动力成本上升的速度会更快。但是,由于我国农村地区存在着大量剩余劳动力,尤其是中西部地区的剩余劳动力势能还没有得到释放,随着未来人口流动速度的加快,将导致相当长的时期内我国劳动力的成本处于相对较低的水平,我国东部地区在劳动力密集型产业方面将继续保持一定的国际竞争力。

尽管大量剩余劳动力的存在可以缓解我国农村工业劳动力成本的压力,但是未来随着我国城市化进程的加速,大量农村劳动力,特别是有较高素质的劳动力会流向城市产业,导致农村企业人力资本的困境。

因此,我国农村工业企业需要树立现代的人力资本观念,首先要打破地域的限制,在更广阔的范围内进行人力资本建设,特别是对于高级管理人才和关键技术人员的任用,要尽可能避免受狭隘的地域观念和家族观念的影响。其次,要避免短期的用人战略,树立长期的人力资源战略,加强对职工的专业技能培训。

四、技术和管理的创新

创新是一个地区和企业获得持续发展的主要推动力。在21世纪科学技术日益成为第一生产力的时代,农村工业进行技术和管理的创新直接关系到农村工业未来的竞争能力。由于我国农村工业发展水平存在较大的地区差异,因此各地农村工业企业的技术和管理创新必须本着因地制宜的原则进行。

农村工业企业进行技术创新必须走出唯技术论的误区。目前很多地区不顾自身的发展水平和阶段,盲目追求发展高、精、尖项目,结果造成不必要的损失。农村工业的技术创新必须结合区域经济发展水平和产业结构的特点进行,选择能够迅速提高生产水平的适用技术,而不是选择最先进的技术。目前浙江省在农村工业技术创新与区域特色经济的结合上取得了一定的成绩。例如,绍兴县的主导产业是纺织加工业,其产值占全市工业总产值的58.03%,但多数企业是中小型企业,缺乏对面料的开发设计能力,因此绍兴县政府建立起了生产力促进中心,主要进行纺织面料的花色设计,进行这方面的技术创新,从而推动了整个绍兴县纺织业技术层次的提升;诸暨市依托珍珠产业进行技术创新,成立了珍珠科技信息网,开发了一系列珍珠养殖、加工和综合利用的技术,为企业进行技术培训,这样就促进了全市珍珠产业的发展。

在实现农村企业向现代企业转变的过程中,企业的管理制度的创新也十分必要。与技术创新一样,企业管理形式的选择也应该与企业的自身特点相符合,必须保证能够促进企业的发展。股份制被证明是行之有效的管理制度,但对于一些中小企业来说,家族式管理的效率可能更高。

未来农村工业企业要在市场竞争中处于有利地位,必须加大对技术创新的投入;相应地,政府必须加大对企业技术创新的支持力度,为企业技术创新建立良好的社会文化环境,同时,为企业技术创新提供资金和人才的支持。

五、改变农村工业企业之间的联系形式

一个区域内企业之间联系方式的改变,可以大量节约交易成本,提高区域内企业的生产效率,从而提高企业的市场竞争力。对于某一区域内的农村工业企业来说,在发展的初期,企业之间是相互独立的单一企业个体,不存在有与其配套的其他企业或有竞争关系的企业;单一企业的发展进程必然会造成企业的衍生活动,其结果就是生产同一种产品的企业群的出现。这在我国农村地区,特别是浙江、江苏、福建的农村地区是非常普遍的现象。在我们开展调查的江苏宜兴的闸口镇万福村,大量生产编织袋的企业高度集聚在公路两侧,而万石镇南漕村的一个工业小区内则集聚了大量的化工企业。企业群的出现可以使区域获得信息、技术和原材料成本的优势,提升区域的整体竞争能力;生产同一产品的企业群继续发展,必然会随着生产规模的扩大而吸引配套企业的进入,区域内农村工业企业的相互联系

使其进入配套的企业群阶段,如万石镇南漕化工企业的发展就带动了包装、印刷、运输、餐饮等配套企业的发展。同一区域内企业之间的分工和协作,提升了区域的专业化生产水平,提升了个体企业的技术和规模,降低了企业之间的交易成本,促进了信息的流通;当一个地方的企业群发展到一定阶段和规模,那些发展较好的企业逐步在区域内占据主导地位,而一些发展较慢的企业则沦为附庸,甚至被淘汰出局,地区企业联系开始进入拥有大型企业集团的企业群阶段(图4—4)。大型集团公司成为区域发展的主体,并开始主导地区产业结构的演进和技术创新的方向。如浙江省柳市镇低压电器企业就进入了此阶段,区域内有30多家低压电器公司,其中较大的是德力西集团公司,该公司2000年有5个直属工厂、14个100%控股的公司、51家部分控股的公司和上百家协作企业,公司已经成为当地低压电器生产的主导力量。

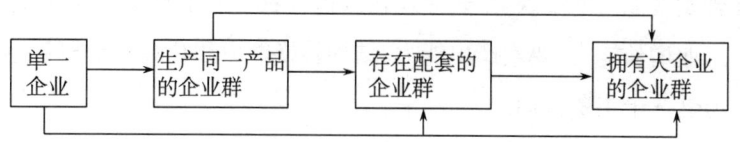

图4—4 同一区域企业之间联系方式的演进过程

由于我国农村工业发展存在巨大的差异性,各地企业联系方式演进的重点也有所不同。东部发达地区农村工业基础较好,在一些区域已经形成生产同一品种的企业群和配套生产的企业群,在实现农村工业向现代工业转化的过程中,有必要进一步向拥有大型集团的企业群演进,通过大型企业进一步整合地区各种资源,实现区域竞争力的提升;而广大中西部地区农村工业发展缓慢,很多地区还处于单一企业阶段,未来的工作是为单一企业的衍生和扩大创造条件,通过产业政策和土地政策促使企业在地域内的集聚,实现产业的分工合作,促使单一企业向企业集群发展。无论是东部还是西部,企业地域组织方式的演进都要遵循市场规律和地区发展的实际情况,避免对企业市场行为做过多的行政干预。

第四节 中国地区农村工业竞争力的评价

一、评价的方法

一个地区的农村工业竞争能力的强弱是该地区农村工业综合发展能力的反映,主要体现在该地区农村工业的影响力、农村工业增长能力、要素产出能力、结构转换能力和社会体制创新能力这5个主要方面。

(一) 农村工业的影响力

农村工业的影响能力反映了一个地区农村工业在全国的地位和水平,它是农村工业竞争能力的综合体现。一般来说,农村工业的影响力越大,其竞争能力也就越强,这里用地区农村工业增加值占全国农村工业增加值的比重来计算其影响力。

(二) 农村工业增长能力

工业增长能力反映了一个区域工业壮大和发展的能力,它是地区工业竞争能力的重要表现,如果地区工业具有较强的竞争能力,往往会呈现出较好的增长态势。工业的增长能力除了表现为总量的持续增长外,还表现为投入要素的增长。因此,在分析中我们采用地区农村工业总产值、劳动力投入和资本投入在1995～2000年的年均增长率的加权来反映工业的增长能力。

（三）要素产出能力

要素产出能力是指地区内主要投入要素的产出水平,它反映了投入的产出效果,是一个地区内企业实现更好的经济效益的关键。一般来说,一个地区的竞争能力越强,其要素的产出水平也就越高,该地区就更有可能实现低成本、高利润的目标,从而在竞争中立于不败之地。这里我们采用资本效率、劳动效率和工业销售利润率的加权来反映这一指标。资本效率用单位资本的产出来度量,其等于地区农村工业增加值除以资本总量,劳动效率是地区农村工业增加值除以全部从业人员,而销售利润率是用农村工业全部利润除以销售收入。

（四）结构转换能力

农村地区工业发展的过程也就是其规模和产业结构不断优化的过程。在目前,一般来说,一个地区的农村工业的竞争能力越强,其平均规模就越大,其产业结构对市场的适应能力就越强,同时其产业结构的层次也就越高。规模经济用地区农村工业总产值除以全部企业数量表示,产业结构的市场适应能力用增长较快的纺织、服装、电子、食品、交通运输设备制造和电气6大行业总产值占地区工业总产值的比重表示,而产业结构的优化能力用加工业产值比重占全部工业产值的比重表示。

(五)社会体制创新能力

社会体制的创新可以为经济的发展创造更为有利的社会环境,是一个地区经济健康快速发展的基础。20世纪90年代,我国处于由传统的计划经济体制向社会主义市场经济体制过渡的阶段,各地的市场化程度基本上反映了一个地区体制创新的能力。一般来说,市场化程度高的地区,其体制优势就比较明显,农村工业发展的竞争能力也就比较强。这里用市场化指数来反映一个地区的市场进程,市场化指数的计算参考樊刚、王小鲁(2001)的《中国各地区市场化进程相对指数2000年报告》计算结果,从政府与市场的关系、非国有经济的发展、产品市场的发育程度、要素市场的发育程度,以及市场中介组织发育和法律制度环境这5个方面评价各省份的市场化相对程度。

二、分析和结果

在评价分析中,首先需要进行数据的标准化处理和统计分析。在进行统计分析时,最主要的困难是确定所有指标的权重,目前常用的确定权重的方法有两大类,一类是主观赋值法,另一类是客观赋值法。主观赋值法主要是专家根据判断而得,如Delphi法、层次分析法等;客观赋值法主要利用统计学的相关方法进行分析赋值,如离差法、均方差法和主成分分析法等。

无论是哪种方法,在实际运用中都有一定的局限性。主观性的赋值法由于是由主观判断而来,需要判断者对问题具有深刻的把握和客观的分析,带有较强的主观性,魏后凯对中国地区工业竞争力的研究就采用了这一方法;而客观赋值法虽然是从客观数据得来,有很强的客观性,但由于缺乏对实际问题的把握,用于实际的社会经济活动分析时可能会产生一些偏差,樊刚和王小鲁对我国各地区市场化程度的测算就采用了该方法。

在本书的分析中,由于涉及的 5 大指标、11 个二级指标既有 2000 年横截面的数据,又有 1995~2000 年的平均增长率的数据,主要采取较为客观的因子分析的方法进行竞争能力评价。为了证实这种分类的合理性,对 11 个一级指标的原始数据进行因子分析,考察特征值和方差贡献率(表 4—5),特征值大于 1 的前三个主因子的累计方差贡献率达到 73.029%,前三个因子进入主因子范围,其可以解释绝大部分的变化。

表 4—5　特征值及方差贡献率

因子	特征值	方差贡献率(%)	累积贡献率(%)
1	4.621	42.188	42.188
2	2.210	20.089	62.277
3	1.183	10.751	73.029
4	0.910	8.273	81.301
5	0.627	5.700	87.001
6	0.491	4.460	91.461
7	0.430	3.908	95.369
8	0.215	1.951	97.320
9	0.140	1.269	98.590
10	0.093	0.847	99.437
11	0.062	0.563	100.000

从因子载荷矩阵(表4—6)分析,营业利润率、劳动效率和资本效率构成了第三主因子,反映农村工业的要素产出水平;劳动力投入增长、资本投入增长和工业总产值增长构成第二主因子,反映了农村工业的增长情况;而企业规模、加工业比重、产业结构、市场化程度和工业总产值占全国的比重构成第一主因子,市场化程度和工业总产值占全国比重未能很好地分离出来。将因子矩阵进行正交旋转,从正交旋转后的因子载荷矩阵分析(表4—7),企业规模、加工业比重和产业结构构成第三主因子,反映了农村工业的结构转换情况,旋转后市场化程度和工业总产值占全国的比重还是没有分离开,考虑到这两个指标反映的内容存在极大的差异,我们仍可将其分为两个因素,市场化程度反映一个地区的社会经济制度的综合状况,工业总产值所占比重则反映了一个地区农村工业在全国的地位和影响力。据此,可以将对农村工业竞争能力的评价指标分为5大类和11个具体指标。

表4—6 因子载荷矩阵

因子	1	2	3
企业规模	0.62	0.28	−0.297
营业利润率	−0.495	0.204	0.532
劳动效率	0.754	0.413	0.248
资本效率	0.604	0.235	0.604
劳动力投入增长	−0.543	0.725	−0.109
工业总产值增长	−0.556	0.735	0.004 128

续表

因子	1	2	3
资本投入增长	−0.602	0.715	−0.175
加工业比重	0.718	0.312	−0.112
产业结构	0.619	0.174	−0.547
市场化程度	0.843	0.129	0.032 49
工业总产值占全国比重	0.709	0.376	0.17

表 4—7　正交旋转后的因子载荷矩阵

因子	1	2	3
企业规模	0.471	−0.058	0.621
营业利润率	0.034	0.333	−0.677
劳动效率	0.856	−0.035	0.258
资本效率	0.857	−0.171	−0.144
劳动力投入增长	−0.096	0.903	−0.091
工业总产值增长	−0.044	0.902	−0.184
资本投入增长	−0.177	0.932	−0.069
加工业比重	0.591	−0.052	0.524
产业结构	0.223	−0.061	0.812
市场化程度	0.669	−0.292	0.442
工业总产值占全国比重	0.765	−0.034	0.294

按上述指标,对 2000 年数据齐全的 30 个省份进行竞争力评价,其综合得分如图 4—5 所示。我国各省份农村工业竞争能力表现出较为明显的三大地带的差异性,农村工业竞争力指数较高的省份大都位于东部沿海地区,特别是位于东南沿海的浙江和江苏两省的数值最高,中部地区除安徽、江西和山西以外的省份指数也比较高,而西部地区的竞争力指数最低,这一结果与我国农村工业发展的地区差异性基本一致(图 4—5、图 4—6)。

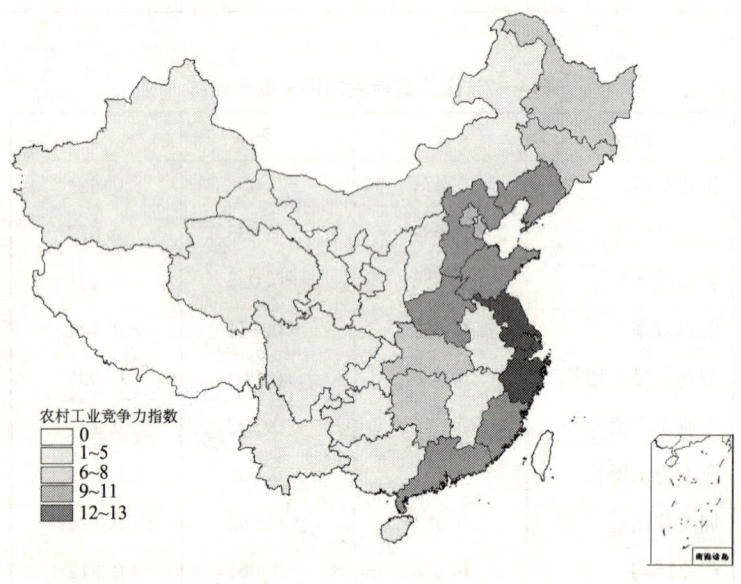

图 4—5 我国农村工业竞争力指数的地区分布

进一步对我国各地区农村工业竞争力的综合指数、产出指数、增长指数、结构指数、市场化指数、影响力指数进行系统聚类分析,可以将我国农村工业竞争力按地区分为 5 种类型(表 4—8)。

第四章 农村工业发展的竞争力分析 135

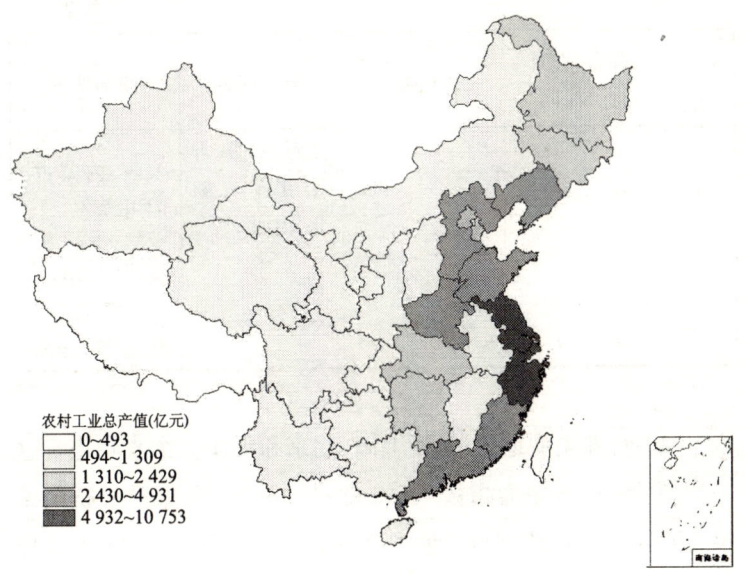

图4—6 2000年农村工业总产值的地区差异

表4—8 我国地区农村工业竞争力的分类

类型	综合指数得分区间	东部地区	中部地区	西部地区
1	5.96~11.78	上海、天津、北京		
2	10.68~12.87	浙江、江苏、山东、广东		
3	8.01~10.48	辽宁、河北、福建	湖南、河南	

续表

类型	综合指数得分区间	东部地区	中部地区	西部地区
4	5.15~6.59		江西、安徽、吉林、黑龙江、湖北、山西	陕西、内蒙古、四川、重庆
5	3.19~4.31	海南		贵州、甘肃、广西、宁夏、青海、新疆、云南

(1) 特殊类型地区,包括上海、北京和天津3个直辖市。这一类型的综合竞争力指数从5.96~11.78不等,聚类分析的结果表明这3个直辖市与其他类型有较大的分异,显示出不一样的类型特征,这3个地区农村工业的结构转换指数都很高,分别位于1、2、4位,表明这3个城市的农村工业的产业结构水平较高,产出效益较好。由于这3个大城市的农村地区的产业发展多依托城市工业的技术和管理,与城市工业的联系比较紧密,已经具有了部分城市工业的特点。上海同与其竞争力指数相当的领先型地区相比,其产出指数和结构转换指数远远高于这类地区,而影响力指数很低,上海市农村工业产业结构层次较高,电子、电气、交通设备和普通机械4个主要行业的生产总值占全部工业总产值的1/3;天津和北京竞争力指数处于中等,除结构转换指数较高外,其他指数都相对不是很高。这3个地区农村工业发展在地区经济中的比重都不是很大,今后提高竞争力的关键是进一步优化产业结构,协调与城市工业的关系。

(2) 领先类型地区,包括浙江、江苏、山东、广东,其竞争力指数为10.68~12.87,除了增长指数略低于平均水平外,其他各项指数的得分都比较高(表4—9),是我国农村工业竞争力最强的地区。目前这些地区的农村工业正从过去低水平发展向现代化生产阶段转变,农村工业竞争力在整体上表现为企业规模较大、技术水平较高、管理较为完善。在20世纪90年代中后期,这一地区农村工业总体上处于结构转型阶段,增长速度不是很快,特别是90年代中后期集体工业发展速度减慢,致使江苏和山东的农村工业在总产值增长、投资增长和吸引农村剩余劳动力方面基本上处于停滞不前的状态,影响了这两个地区的发展速度。未来,本类型区提高竞争力的关键是促使农村工业向现代工业和城市工业的转化,发展园区工业,以城市化推进工业化进程,提升产业创新能力。

表4—9　2000年我国各地区农村工业竞争力指数

省份	序号	综合指数	产出指数	增长指数	结构指数	市场化指数	影响力指数
浙江	1	12.87	3.71	0.22	2.27	1.55	5.12
上海	2	11.78	4.01	0.24	5.04	1.25	1.24
江苏	3	11.51	3.43	0.09	2.47	1.34	4.17
山东	4	10.95	3.47	0.13	1.71	1.18	4.46
广东	5	10.68	2.63	0.26	2.82	1.58	3.37
辽宁	6	10.48	5.13	0.31	1.79	1.06	2.18
河北	7	9.75	3.63	0.27	1.76	1.26	2.82
福建	8	9.38	3.43	0.35	2.39	1.38	1.84

续表

省份	序号	综合指数	产出指数	增长指数	结构指数	市场化指数	影响力指数
河 南	9	8.58	3.25	0.24	1.57	1.14	2.37
湖 南	10	8.01	3.48	0.45	1.09	1.14	1.84
天 津	11	7.91	3.07	0.11	2.99	1.24	0.48
湖 北	12	6.59	2.65	0.14	1.44	1.05	1.31
吉 林	13	6.21	3.25	0.38	1.23	0.85	0.49
黑龙江	14	6.01	3.23	0.21	1.35	0.74	0.45
北 京	15	5.96	1.94	0.11	2.49	1.19	0.23
内蒙古	16	5.44	2.76	0.51	0.98	0.65	0.53
江 西	17	5.43	2.85	−0.09	1.16	0.97	0.53
陕 西	18	5.41	2.53	0.35	1.15	0.84	0.53
重 庆	19	5.39	2.27	0.08	1.72	1.01	0.31
安 徽	20	5.32	2.24	−0.08	1.37	1.03	0.75
山 西	21	5.31	2.51	0.13	1.16	0.86	0.64
四 川	22	5.15	2.21	0.11	1.18	0.73	0.91
海 南	23	4.31	2.18	0.17	0.79	1.14	0.04
广 西	24	4.23	1.52	0.21	1.15	1.01	0.33
贵 州	25	4.13	2.03	0.43	0.82	0.64	0.19
甘 肃	26	4.05	1.85	0.16	1.12	0.76	0.15
云 南	27	3.49	1.19	0.24	0.81	1.07	0.19
宁 夏	28	3.46	1.42	0.55	0.95	0.51	0.04
新 疆	29	3.26	1.56	0.31	0.77	0.55	0.08
青 海	30	3.19	1.42	0.56	0.79	0.38	0.04
全国平均	—	6.808	2.69	0.24	1.61	1.01	1.25

(3) 上升类型地区,包括东部的河北、福建和辽宁,中部的湖南和河南,其综合竞争力指数为 8.01～10.48。这类地区与领先型地区相比,在结构指数和影响力指数方面有一定的差距,但增长指数要高于第一类地区,在产出指数、市场化指数方面的差距不明显(表 4—9)。河南和湖南依托农业产业化发展的农村加工业近年增长较快,而福建的纺织、服装等轻加工业发展势头较好,河北和辽宁依托多种资源优势,农村工业发展的速度也比较快。由于这类地区发展的基础较好,目前与领先型地区差距不是很大,未来如果能继续保持较高的增长速度,则有可能赶上领先型地区。但是本区的农村工业产业结构层次比较低,资源型产业和一般加工业比重较大,技术含量不高,增长方式比较粗放。因此,本类型区竞争力提高的关键是继续保持高速增长的态势,加快市场化进程,进一步促进优势产业的发展壮大,提升企业的技术创新能力。

(4) 欠发达类型地区,包括中部的江西、安徽、吉林、黑龙江、湖北、山西,西部的陕西、内蒙古、四川、重庆,综合竞争力指数为 5.15～6.59。这一地区总体上来说农村工业不发达,在全国的地位不高,表现为各种指数均与前几类地区存在较大的差异(表 4—9),提高农村工业竞争力任重道远。本类型区大多位于中西部地区,农村工业发展由于受到资金、技术和市场的制约,再加上市场意识不强,农村工业的竞争力比较低,表现为产业结构层次低,对资源的依赖性强,生产设备和工艺落后,对环境的破坏比较严重。未来,通过加快市场化进程,立足资源和劳动力优势,发展资源加工型、劳动密集型工业,逐步提升农村工业竞争力。

(5) 落后类型地区,包括贵州、甘肃、广西、宁夏、青海、新疆、云南、海南,竞争力指数为 3.19~4.31,除海南外全部位于西部地区。这一类型区的农村工业发展非常滞后,农村工业发展水平很低,即便与欠发达地区相比也有很大的差距。这些省区农村工业规模小,五小企业多,企业生产水平比较低,环境污染严重,企业发展受到资金、技术等多方面的限制,竞争力水平极低。目前这一地区借助西部大开发的优势,农村工业发展的势头较好,绝大多数地区从 1995~2000 年的平均增长速度高于全国平均水平。未来,继续借助西部大开发的机遇,依托资源优势和特色农产品优势,加速农村特色产业的发展是提高本地区竞争力的重要途径。

农村工业竞争力是一个地区农村工业整体实力的体现,它既受到该地区农村工业企业自身发展状况和发展水平的影响,也受到区域发展水平的影响,同时历史过程也是不可忽视的因素。通过对 30 个省份 2000 年农村工业竞争力的实证分析可以看出,东部绝大部分省份农村工业的竞争力较强,而中部只有河南和湖南具备了较强的竞争力,其他省份竞争力水平不高,而西部的竞争力水平更低。这种现象的形成既是改革开放 20 年来发展差异沉淀的结果,也反映了现实发展的基础差异。东部地区的农村工业企业通过近几年的结构调整,在产出效益、产业结构升级和市场化进程等方面取得比较大的进展,而西部地区尽管近年农村工业的增长速度较快,但由于与东部地区在增长质量上存在较大差距,未来东部和中西部农村工业发展的差距会越来越大,且这种差距越来越表现为质的差距。因此,中西部地区提高农村工业竞争力需要一个较长的过程,中西部地区必须在国家倾斜性区域政策的扶持下,充分开发资源和劳动力优势,并依托有较好基础的产业群体,才能提高农村工业的竞争能力。

第五章　农村工业与农村地区经济发展

　　20世纪90年代中国农村工业的发展,深刻改变了农村地区的社会、经济和文化结构,从而进一步影响了农村居民的行为方式和价值观念。在本章,主要利用对6个省区、7个县市的7个建制镇的实际调研得到的数据,对20世纪90年代中后期中

图 5—1　典型调研乡镇的区位分布

国乡镇工业的发展对乡镇财政收入、农村农民收入、农村剩余劳动力转移和农村工业企业职工价值观念的影响做的跟踪分析。为了数据的可比性,此次调研的区域与1993～1994年的调研区域基本相同,考虑到东亭镇已经是新的无锡市区的一部分,失去了作为研究对象的典型意义,因此重新选择同在苏南的宜兴市的万石镇作为新的调研对象。调研的典型区域是:江苏省宜兴市万石镇和无锡县东亭镇、河北省晋州市总十庄镇、黑龙江省阿城市玉泉镇、四川省广汉市向阳镇、四川省邛崃市平乐镇、宁夏吴忠市金积镇、贵州遵义市新舟镇(图5—1)。

第一节 农村工业的改制

一、中国乡镇企业改制进程

在经济改革的过程中,出现了从以社会主义所有制形式(国有与集体所有制)为主,向以私有和混合所有制形式为主的变化。这一过程被境外学者称为私有化过程。私有化一般被定义为公有制形式向私有制形式的转变,许多境外学者认为这一过程是由政治决策者们所引导的、是通过自上而下的国家干预而形成的。这种定义不包含后社会主义国家或发展中国家的变革经验。在这些国家中私有化通常是自下而上渐进或自发进行的。一些境外学者认为,中国出现的和正在进行的私有化过程则具有双重性质:自发的和引导的。自发的私有化过程出现在农村地区,如恢复包产到户,在全国范围内形成新的商业阶层、手工业阶层以及小企业者阶层,并呈现私有企业大型化的趋势。对此,国家就必须思考这样的问题:是任其发展还是为其提供适当的保障? 或是给其发展设定一个框架条件? 目前,主要是针对性地引导国有企业所有制的变化。而对中小型(个别情形下也有大型国有或集体企业)企业,则是通过出售、租赁以及出租等形式转让给个人,或是由企业厂长经理承包(甚至所有)。无论是采取哪种形式,企业法人都可以将该企业资产视为己有。自20世纪90年代初以来,通过股份合作制形式实现了大型企业的非国有化。将私有化区分为两种:完全私有化或部分私有化,前者(如果确实如此的话)即是国家放弃了对企业的领导权及资产所有权,双方一次性地全部付账清算;后者即为资产所有关系没有变化,只是国家将企业的领导权交到了私人的手里,私人仅是交付租赁金或定期上缴一定的费用。

改制是指对产权制度的改革和经营管理体制的改善。改制的历程大概可以从1994年、1995年算起,然而真正意义上的改制开始于1997年亚洲金融危机以后。此阶段改制的实质内容是农村地区集体经济全面从乡镇企业的退出和私营经济在乡镇主导地位的确立。尽管农村地区集体经济的退出形式表面上有股份制和股份合作制的改造、租赁、承包、兼并、拍卖、转让等多种形式,实质上在1998年发展为"拍卖转私"一种形式(秦晖,1998)。县域工业经济的主体已经从过去以国有经济和集体经济为主,转变为以私营经济为主,中国经济正面临一场自下而上的私有化变革。

到了20世纪80年代末期,许多村办和小型的镇办企业经营不景气,在第三产业中也出现了严重亏损。这种发展现实要求必须调整发展思路和发展方向。随着思想认识的转变,20世纪90年代中后期,农村私营个体工业获得了更大的发展。特别是在1999年3月15日第九届人大二次会议通过的《中华人民共和国宪法修正案》第十六条中规定:"在法律规定范围内的个体经济、私营经济等非公有制经济,是社会主义市场经济的重要组成部分。""国家保护个体经济、私营经济的合法的权利和利益。国家对个体经济、私营经济实行引导、监督和管理。"私营个体经济获得了更快的发展,在全国大多数农村地区,集体经济的比重快速下降。1993年以来,苏南地区提出了向温州学习的口号(温州是私有经济发展模式的代表)。此后,苏南地区私有经济中就业职工比重出现了显著的提高,引起了结构的变化(1986年占3.0%,1992年达到7.1%)。集体企业改制的开始阶段,是将小型集体企业和问题较多的集体企业向私人出售或租赁,而乡镇政府则集中发展运行良好的集体企业。1992年这一发展过程首先是从村一级开始的,随后就延伸到了建制镇一级。一般情况下,主要是村干部和以往的企业领导购买或租赁这类企业。1994年,大约1/4的私人企业是通过集体企业私有化改制而发展起来的(图5—2)。

由图5—2可以看出,在1995年以前,乡镇集体企业的增长速度一直高于私营个体企业的增长速度。1995年以后,这种情况发生了变化,私人企业的增长开始超过集体企业,特别是在1997年以后,集体企业出现了负增长,而私人企业成为维系乡镇企业增长的主要力量。

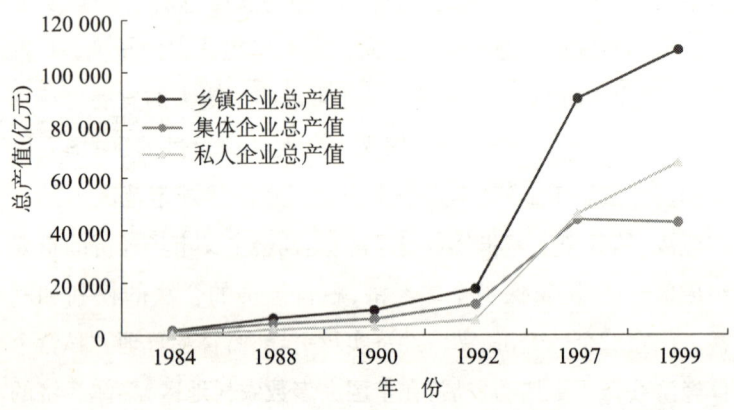

图 5—2 不同类型乡镇企业增长速度的变化

二、调查地区的企业改制状况

由表 5—1 可以看出,与 1992 年相比,2000 年所调查省区的农村集体工业无论是在工业总产值还是在职工人数的比重上都有较大幅度的下降。1992 年,调查的 6 个省区的集体工业总产值除了贵州以外,其他 5 个省区的比重都超过了 50%,最高的是江苏,达到了 93.46%,因为苏南是我国农村集体工业最发达的地区;最低的是贵州,只有 43.45%,贵州是我国乡镇企业发展水平比较低的地区;其他 4 个省相差不大,都在 60%左右,6 个省区除江苏外,其他 5 个省区的比重都低于全国平均水平。1992 年,所调查省区的集体农村工业企业就业职工所占比重比总产值所占比重要小,也是江苏的比值最大,贵州的最小,其他 4 个省相差不大,除江苏外比重均小于全国平均水平。到 2000

年,情况发生了变化,所调查省区农村集体工业所占的比值都有所下降,除贵州以外其他省区下降了接近30个或超过30个百分点,其中江苏下降幅度最大,下降了46个百分点,贵州省下降幅度最小,仅有2个百分点。除江苏和贵州外,其他省区集体工业总产值比重都在40%以下,而集体企业职工人数变化也大体呈现出一致的下降趋势。这说明,在20世纪90年代中后期农村地区集体企业萎缩较快,而私人企业快速发展成为推动农村工业发展的主导力量,即使在江苏这种集体工业比较发达的省份,尽管集体企业还保存有较强的实力,但实力已经开始下降。

表5—1 1992年与2000年所调查省区集体和私人企业的构成变化 单位:%

省份	1992年 工业总产值 集体	1992年 工业总产值 私人	1992年 职工人数 集体	1992年 职工人数 私人	2000年 工业总产值 集体	2000年 工业总产值 私人	2000年 职工人数 集体	2000年 职工人数 私人
河北	54.93	45.07	46.35	53.65	26.86	73.14	27.57	72.43
黑龙江	64.40	35.60	58.04	41.96	34.81	65.19	28.22	71.78
江苏	93.46	6.54	83.31	16.69	47.11	52.89	38.02	61.98
四川	64.36	35.64	53.52	46.48	25.81	74.19	28.19	71.81
贵州	43.45	56.55	23.62	76.38	41.72	58.28	29.38	70.62
宁夏	61.14	38.86	48.02	51.98	17.07	82.93	17.99	82.01
全国	74.68	25.32	60.30	39.70	39.70	60.30	37.53	62.47

表5—2的比较进一步说明了在中国最基层的行政单元——乡镇一级,集体工业到2000年基本上已经处于十分次要

的地位。在2000年,所调查的总十庄、新舟、平乐、金积和玉泉5个镇的农村集体工业总产值的比重都低于30%,其中玉泉镇和平乐镇的不到10%,平乐镇的集体企业只有几个小砖瓦厂,而玉泉镇集体企业只剩下玉泉啤酒厂,该厂目前也处在积极寻求改制的过程中;这几个镇集体企业职工的比重在20%左右,与总产值的比重基本相当。而在1992年,大多数被调查镇集体工业的总产值和职工就业人数的比重还在40%左右。实地的调查结果显示,在农村基层,集体工业基本上已经不复存在,而且被调查乡镇都表示,今后不会再建集体性质的工业企业。这说明,在我国农村地区,私人经济已经完全确立了主导地位,成为推动农村地区经济发展的关键力量。

表5—2 2000年被调查镇的集体和私人企业情况

名称	工业总产值 集体(%)	工业总产值 私人(%)	职工人数 集体(%)	职工人数 私人(%)
总十庄	13.27	86.73	16.02	83.98
新舟	29.25	70.75	22.32	77.68
平乐	7.11	92.89	10.31	89.69
金积	21.55	78.45	22.52	77.48
玉泉	4.52	95.48	3.23	96.77
全国	39.70	60.30	37.53	62.47

注释:总十庄、新舟、平乐3镇的数据为1999年数据,金积、玉泉2镇的数据为2000年数据。

金积镇的集体企业在20世纪90年代不断萎缩,而私营、个体企业不断发展,到2000年,私营经济已经大大超过集体经济。

金积镇乡镇企业的所有制结构发生了极大的变化,集体企业已经不是乡镇企业的主体。从表5—3可知,在1998年以前集体企业尽管数量不多,但其产值多于个体、私营企业。1998年这种情况发生了变化,集体企业产值少于私营企业,并且减少的趋势十分明显,随着金积企业改制的深入,集体企业可能会在两三年内退出金积镇的经济舞台。改制较有代表性的如金积宇华纸业公司,其前身是金积造纸厂,是金积镇的集体企业,1998由个人以承担所有债务的形式承包,改名为宇华纸业公司,实际上已经改制成一个私营企业。目前公司主要生产文化用纸,由于产品质量上乘,价格也较具竞争力,已销往四川、重庆、河北、山西、广东、上海、贵州、陕西、甘肃、青海、内蒙古等省(自治区、直辖市),产品供不应求。公司2000年新引进两条生产线,其中一条于2001年7月投产,另一条2002年投产。在职工构成上,90%以上都是当地农民,还吸纳了50多名下岗职工,从这层意义上看,也支援了当地的社会公益事业。

表5—3 20世纪90年代金积镇不同性质的企业发展

项目＼年份	1994年	1996年	1997年	1998年	1999年	2000年
企业个数	365	958	1 117	1 371	1 523	1 654
其中:集体	16	11	12	7	7	4
私营、个体	349	947	1 105	1 364	1 516	1 650
职工人数	2 340	4 519	5 319	4 812	5 609	5 902
集体	1 763	1 978	2 143	1 380	1 273	1 044

续表

年份 项目	1994年	1996年	1997年	1998年	1999年	2000年
私营	577	2 541	3 176	3 432	4 336	4 858
总产值	10 070	20 582	24 295	26 595	26 919	34 226
集体	5 720	13 670	12 713	10 807	5 800	8 866
私营	4 350	6 912	11 582	15 788	21 119	25 360

第二节 农村工业的发展变化

通过我们对典型调查的镇的乡村企业的发展变化，基本上可以反映出中国和各镇所在省区的基本特征。由于实际调查的具体情况与正式统计数据常常相悖，所以，我们需通过加大实际调研的分量，借助统计报表的数据，进行综合分析，从而揭示农村工业发展现状的基本特征。2000年与1992年相比，所调查的几个镇的乡镇企业发展均发生了一些变化，这些变化主要体现在产业结构和企业的空间位置变迁等方面。

一、新舟镇农村工业的发展变化

新舟镇位于贵州省遵义市遵义县，地理位置比较特殊，为一山间盆地，不靠公路国道，不沿江河，是一个典型的封闭的农业城镇。新舟镇面积165平方公里，总人口14 269人，其中非农业人口4 047人，占总人口的28%，辖36个村，1个居委会。

2000年全镇农村经济总收入3.6亿元,其中工业总收入0.75亿元,实现财政收入460.25万元,农民人均纯收入1 735元。

新舟镇同其他典型调查的镇有所不同,新舟镇的农村集体企业发展机遇很有限,其工业化水平非常低(表5—4)。1993年,全镇将近万名农村劳动力,只有3%从事制造业生产。特别引人注意的是,自从20世纪80年代中期以来,新舟镇办集体企业职工人数略有减少(1986年:1 296人;1993年:1 054人)。在镇办的8个企业中,5个企业利润总额合计为35万元,3个亏损企业的亏损总额达到了80万元。盈利最高的是一个1984年建厂的兽药和饲料添加剂厂。该企业的性质已不是乡镇所有的集体企业,而是作为遵义县(畜牧局)和镇政府的合营企业。20世纪90年代中后期,新舟镇乡镇工业整体处于下滑阶段,企业规模小,生产技术水平低,竞争力弱,很多企业处于亏损状态。从表5—5可看出,新舟镇的工业以轻工业为主,轻工业产值占整个镇工业产值的75%,其中食品加工(主要是小型米面加工厂)、造纸、医药(兽药加工)、家具制造、非金属矿物制造(小水泥和小砖瓦)以及金属加工是比较重要的产业部门,完成的增加值占全部工业增加值的60%以上。营业收入超过100万元的遵义县兽药厂、新舟造纸厂、新舟铝制品厂和新舟水泥厂是新舟工业的主体。下面就实地调研的情况对这4家企业进行分析。

遵义县兽药厂建于1984年,该企业一直是新舟镇的财政收入和税收大户,这几年经营状况不是很好,调研时只有70多人进行生产,与统计报表上的175人相差近100人,主要原因是市

表 5—4　1999 年新舟镇乡镇企业一般情况

行业	企业个数(个) 合计	集体	私营	个体	年末人数(人) 合计	集体	私营	个体	增加值(万元) 合计	集体	私营	个体
总计	1 399	11	7	1 381	3 897	870	166	2 861	5 289	1 266	150	3 873
农业	2	2			25	25			6	6		
工业	440	8	7	425	1 957	580	166	1 211	1 816	646	150	1 020
建筑业	16	1		15	723	265		458	1 349	614		735
交通业	351			351	394			394	1 059			1 059
批发零售	430			430	562			562	893			893
旅游、餐饮	160			160	236			236	166			166

表 5—5　1999年新舟镇工业分行业一般情况

行业	企业个数(个) 合计	企业个数(个) 集体	年平均人数(人) 合计	年平均人数(人) 集体	增加值(万元) 合计	增加值(万元) 集体	总产值(万元) 合计	总产值(万元) 集体	销售产值(万元) 合计	销售产值(万元) 集体
总计	447	8	1 974	580	1 828	646	7 246	2 734	7 139	2 690
轻工业	357	6	1 366	430	1 319	544	5 453	2 423	5 380	2 394
其中:以农产品为原料	286	1	813	160	690	166	3 034	1 025	2 991	1 010
非农产品	71	5	553	270	629	378	2 410	1 398	2 398	1 384
重工业	90	2	608	150	509	102	1 793	311	1 759	296
其中:采掘工业	1	0	25	0	15	0	42	0	40	0
原料工业	1	1	126	126	57	57	207	207	192	192
加工工业	88	1	457	24	437	45	1 544	104	1 527	104
按工业行业										
煤炭采选业	7	0	56	0	55	0	249	0	243	0
非金属采选业	26	0	77	0	63	0	172	0	171	0
食品加工业	209	0	314	0	159	0	682	0	680	0
食品制造业	14	0	48	0	69	0	244	0	240	0

续表

行业	企业个数(个)		年平均人数(人)		增加值(万元)		总产值(万元)		销售产值(万元)	
	合计	集体	合计	集体	合计	集体	合计	集体	合计	集体
饮料制造业	19	0	59	0	50	0	194	0	192	0
纺织业	6	0	18	0	14	0	43	0	41	0
服装及其制造业	30	1	131	38	50	16	211	50	238	40
皮革、皮毛	13	0	68	0	82	0	300	0	292	0
家具制造业	28	0	107	0	131	0	443	0	442	0
造纸	3	1	217	160	199	166	1 179	1 025	1 145	1010
文教体育	5	1	48	15	46	5	207	35	199	35
化学工业	8	0	69	0	96	0	411	0	383	0
医药制造	1	1	175	175	294	294	1 064	1 064	1 062	1 062
非金属矿物制造	49	1	423	126	296	57	1 112	207	1 082	192
金属制造业	18	1	86	30	103	45	415	220	409	218
交通设备制造	9	0	42	0	58	0	187	0	187	0

场疲软,开工严重不足。目前该企业已经进行了改制,卖给个人进行经营。遵义兽药厂在20世纪90年代初期和中期发展势头比较好,但由于企业受遵义县和新舟镇的双重管理,企业上缴负担过重,企业自身积累不足,无力进行设备引进和技术改造,造成企业在市场竞争中处于不利地位;另外,企业管理十分落后,管理制度不能得到很好的贯彻和执行。新舟铝制品厂目前仍然是一个集体企业,据管理者说,可能不久就会进行改制,生产的主要产品是包装用的瓶盖,产品主要为兽药厂配套,但由于兽药厂的生产不景气,铝制品厂这几年也处于亏损状态,去年亏损约10万元。

新舟镇镇办造纸厂1993年亏损额高达40.5万元,而在实地调查中,该厂领导声称企业每年净盈利28万元。它对企业实际亏损情况有所隐瞒的原因只有一个:此厂原是全国的先进乡镇企业。该企业由于污染原因,目前已经停产,大部分职工回家待工。如果新舟造纸厂新上污染处理项目,则需要大约2 000多万元的资金,显然新舟镇无力进行投资。新舟水泥厂在我们调查时仍处于生产状态之中,但由于生产采用的是口径1.7米的机立窑,此生产工艺属于国家严令淘汰的范畴之内,所以据生产者预计,年底该厂如不进行改造就要被关闭。

新舟镇原有的传统的乡镇企业如造纸厂和水泥厂由于污染问题面临停产,而兽药厂也由于经营不善、积累不足而处于亏损状态。目前,新舟镇正积极在农业产业化方面寻求新的经济增长点,而辣椒的产业化生产是其一个主要方向。新舟的辣椒种植具有一定的传统,而辣椒加工业却不是很发达,发展辣椒深加工无疑是一个好的出路。但是,我们在调研的过程中感觉新舟镇的官员仍然没有摆脱传统计划经济思维方式的束缚,仍然希望通过政府投资来推动辣椒的产业化生产,这种观念显然不利于企业竞争能力的形成。

二、平乐镇农村工业的发展变化

平乐镇位于四川省邛崃市西南18公里处。目前全镇总人口22 963人,其中非农业人口2 575人,仅占总人口的11%,辖14个村、1个居委会。2000年全镇实现财政收入500多万元,农民人均纯收入2 800多元。

1993年平乐镇工业化程度比较低,只有不到7%的职工从事加工业。同其他地区一样,在工业化程度较低的地区,很大部分的就业人口是从事私人和个体经济,平乐共有66%的职工是个体户或私人企业职工。平乐镇农村工业是以传统的木材加工业(竹制品)与发达的酿酒业为支柱产业,14个镇办企业中,绝大部分从事传统产业,如木材加工和造纸业、酿酒与食品制造业。尽管属于盈利大户的电缆厂仍被看作是平乐镇镇办骨干企业,但事实上,它已经不再是传统概念上的镇办企业了,而是一个股份合作制企业——成都国有电缆厂持有该企业90%的股份,另外10%的股份是掌握在镇政府和当地工业公司手中。1999年平乐镇乡镇企业的产业结构发生了重大变化,地域特点更加突出。目前全镇乡镇企业的支柱是以酿酒业为主的食品和饮料制造业,其产值、增加值和利润均占全镇工业的70%左右。镇上有大小不等的酒厂10多家,其中的一些酒厂如君乐酒厂规模较大。而其他的主要行业如建材、电器和化工所占的比重很小。以前地位相对重要的竹器加工现在较为萧条,最大的竹编厂——万家竹编厂现已处于半停产状态(表5—6)。

表5—6 平乐镇主要工业行业的基本情况

单位:万元、%

项目	总产值 绝对数	总产值 比重	增加值 绝对数	增加值 比重	利税 绝对数	利税 比重
总计	22 029	100	5 814	100	1 926	100
食品饮料	14 992	68.06	3 958	68.08	1 371	71.18
建材工业	1 271	5.77	336	5.78	51	2.65
电器	520	2.36	136	2.34	34	1.77
化工	216	1.00	56	0.99	12	0.62

进一步考察平乐镇5个集体工业企业和3个主要的私营企业。在1993年,平乐镇农村集体企业中有6个属于亏损企业,4个盈亏基本持平,只有3个是净盈利(表5—7)。由于个别企业经营状况很好,所以,镇属企业总体上仍然处于微盈利水平,其中电缆厂是盈利大户。到1999年,集体工业企业还有5家没有亏损,基本处于盈亏持平状态。以前的利润大户成都高新电缆厂已经改制为股份制企业,与镇政府脱离了隶属关系,由于市场竞争激烈,其盈利状况已经下降。3家私营企业盈利水平也不是很高,只有川江酒厂营业收入的净利润率达到8%左右;君乐酒厂作为当地最大的私营企业,近两年企业扩展的速度比较快,在技术改造、规模扩大和市场营销等方面的投入较多,影响了企

表 5—7　平乐镇集体工业和营业收入超过千万元私人工业的财务情况

项目	曲酒厂	木器厂	电缆厂	食品厂	禹王机砖厂	君乐酒厂	川江酒厂	龙井酒厂
资产总计（万元）	341	167	1 773	190	21	4 483	1 029	2 947
负债总计（万元）	218	151	907	14	11	1 638	617	1 996
资产负债率（%）	63.92	90.04	51.16	7.36	52.38	36.53	59.96	67.73
营业收入（万元）	206	363	438	130	26	2 366	1 129	1 026
净利润（万元）	3	8	1	1	1	2	85	4
收入利润率（%）	1.46	2.20	0.23	0.77	3.85	0.1	7.53	0.39
实交税金（万元）	9	26	41	0	1	83	62	65
职工人数（人）	35	88	114	15	70	250	30	57
工资总额（万元）	10	81	79	3	16	126	18	22
平均工资（元/年）	2 857	9 205	6 930	2 000	2 286	5 040	6 000	3 859

业的利润率；龙井酒厂的情况也相似。作为四川乃至全国主要的原料酒生产基地，邛崃市的酒类加工业面临着结构升级的压力，而平乐镇也同样面临这个问题，如何依托现有的酒类加工企业提高技术水平、创立自己的品牌，成为未来平乐镇酒类加工业乃至平乐镇经济发展的关键。目前君乐酒厂已经开始创立自己的品牌，其他酒厂也有这方面的意愿。依托某一大型酒类加工企业，发展集群化生产网络是平乐酒类加工业发展的方向。

三、玉泉镇农村工业的发展变化

同其他调查镇的集体工业企业相比，玉泉镇集体工业企业建厂历史比较悠久。当地政府总是试图从外边引进新的发展思路，不断兴建新的企业和生产线。这种努力在取得了一些成就的同时，更多地是忽视了国家有关部门的专业咨询与建议，将建设投资缴了学费，进行着无效的发展尝试。该镇的支柱企业是啤酒厂，1979年建厂时只是一个制造麦芽的企业，到了20世纪80年代初期，开始酿造啤酒。1985年，通过同哈尔滨轻工业研究所成功合作，明显地提高了啤酒的质量。企业的职工人数从1981年的71人增加到1993年的547人，为扩大非农领域就业规模做出了很大的贡献。从1993年啤酒厂企业损益表的分析可知，该厂在当地经济发展中发挥着重要的作用。玉泉镇农村工业发展最大的变化是啤酒厂的作用发生了变化。在地方财政收入严重依赖于某一个发展兴旺的镇办企业方面，玉泉镇也是一个典型的例子。玉泉镇办企业利润总额的84％是由啤酒厂创造的，其他企业只能实现微利或根本不盈利。

从1993年啤酒厂企业损益表的分析中可知,该厂在当地经济发展中发挥着重要作用。1993年,啤酒厂上缴税收和分成的利润总额达到337万元;仅社会性支出一项就占了利润总额的10%,即33.7万元,仅此一项就比其他所有镇办企业盈利总额还高,而这种费用通常被用于镇区的发展建设。公司历史最好年份是1996年,当年通过与哈啤的合作,产量达到3.5万吨,产值4 000多万元,年创利税2 700万元。近几年由于受到啤酒行业降价等客观因素的影响,各项指标有所下降。1999年年产量16 900吨,产值3 229万元,销售收入2 812万元,实现利税800万元;2000年年产量为25 366吨,产值3 044万元,销售收入2 469万元,上缴利税700万元,现有员工230人,其中正式职工148人,临时工82人,退休职工12人。在我们调查时,该厂的生产状况不是很好,主要受到来自阿城和哈尔滨啤酒厂的市场竞争的影响,该厂目前已经基本上不再向镇政府缴纳利润,政府正在寻求通过出售和股份制的形式对其加以改制。

20世纪90年代中后期玉泉镇的乡镇企业发展不是很快,在1998年还出现了大幅度的下降(图5—3)。目前玉泉镇的主要收入来自一些私营的采石场。1993年,玉泉镇有两个镇办企业是以当地的石料和石灰石为原料生产的。33个村办企业中,有27个是采石场及石灰厂,此外,还有2个砖瓦厂及4个其他类型的企业。这些石灰厂及采石场中,有20个是1990年及之后兴建的,显然,村民委员会这种相互模仿建厂的方式是一种不正确的选择。除了创造新的就业机会(职工人数从1990年的219人增加到1993年的561人)之外,哈尔滨市场对建筑材料的广泛需求成为不断新建石灰厂与采石场的重要推动力。这种企业的兴建一般只需要有限的资金投入。1999年,玉泉镇地方收入的主要来源是个体私营的采石厂,尽管这些企业规模不是很大,但由于数量较多,已经成为玉泉镇吸引农村剩余劳动力、增加地方财政收入的主要力量(表5—8)。

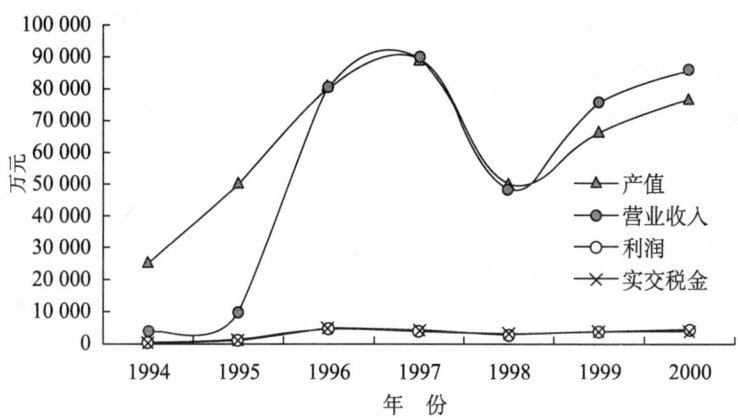

图5—3 玉泉镇20世纪90年代乡镇企业发展基本情况

表5—8 玉泉镇主要行业的基本情况

项目	总产值		增加值		企业人数	
	绝对数(万元)	比重(%)	绝对数(万元)	比重(%)	绝对数(人)	比重(%)
总计	64 493	100	14 067	100	5 036	100
建材采选业	15 100	23.41	2 300	16.35	1 200	23.83
食品加工业	2 500	3.88	580	4.12	150	2.98
饮料制造业	5 000	7.76	1 245	8.85	398	7.91
服装	2 900	4.50	430	3.06	880	17.47

四、金积镇农村工业的发展变化

金积镇位于宁夏回族自治区吴忠市,离市区仅8公里。目前全镇面积20.6平方公里,人口2.2万,辖7个村、2个居委会,其中回民人口5 357人,占总人口的23.6%。2000年全镇工农业总产值4亿元,其中工业总产值3.4亿,实现财政收入760万元,农民人均纯收入3 356元,被称为宁夏第一镇。2000年被建设部命名为"小城镇建设试点镇"、"小城镇综合改革试点镇"。

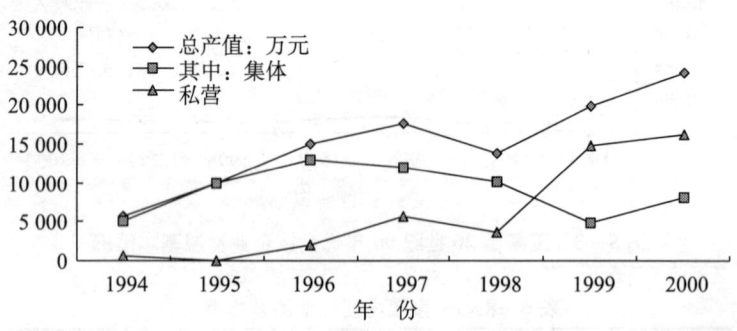

图5—4 金积镇20世纪90年代中后期乡镇企业总产值的增长

金积镇的镇办工业可以作为经济发展水平较低地区类型的一个代表。在20世纪70年代,全镇只有2个集体企业(农业机械修理厂和建筑材料厂)。其农村工业发展的兴旺时期是20世纪80年代中期,现有的大多数集体工业是当时兴建起来的,工业的发展思路主要来自镇外。目前作为骨干企业的化工厂,其建设思想是吴忠市副市长从浙江省引进的;而造纸厂的兴建,又是源于镇党委书记对邻近城市建议的采纳;1970年建设的木材厂,也是在银川市召开的招商与信息交流会议上,从辽宁省建筑材料研究所引进的建设方案。1985年到1993年之间,金积镇农村镇办企业数一直维持在11个,其中的4家企业因为经营不好被关闭,而又有4家企业新开张。1993年的11家企业中,有10家是生产性企业(主要有食品、木材加工、造纸、化工等企业),1家是贸易公司。1993年前后,金积镇乡镇企业发展迅速,先后建成夏进乳品厂、益木家具公司和轧钢厂等影响较大的集体企业,同时私营经济发展也很迅速。但是,据金积镇工业公司内部资料显示,1992年镇办工业亏损总额是23.1万元。而且,这种亏损情形已经延续了很长一段时间,从1985年到1992年的累积亏损总额已达到77.3万元。金积镇乡镇工业总产值从1994~2000年处于稳定上升阶段,其中集体工业总产值从1996年开始下降,在2000年出现反弹,开始有所增长;私营工业一直处于稳定增长的状态。尽管金积镇乡镇企业总产值一直处于增长状态,但是并不能掩盖多数集体企业糟糕的财政状况(表5—9)。

金积镇造纸厂1988年投产,拥有员工140人,1992年账面净利润6 900元,但据实际调查它却亏损了将近23万元。而且该企业还有长期的欠账,1992年,仅银行的贷款利息就达40万元。该企业领导明确表示:"银行要想再看到自己的贷款的话,必须要继续提供新的贷款"。新的贷款,基本上又用作了偿还利息或贷款债务。

表 5—9　20世纪90年代金积镇主要集体工业企业的发展变化　　单位：万元、个数

企业名称	1994年 职工数	1994年 总产值	1994年 利税	1996年 职工数	1996年 总产值	1996年 利税	1998年 职工数	1998年 总产值	1998年 利税	2000年 职工数	2000年 总产值	2000年 利税
益木家具公司	437	2 306	43.5	610	5 361	−32	340	1 968	−1 108	170	10 800	34
夏进乳品公司	206	300	0	302	2 791	−84	430	7 091	−181	632	12 000	666
轧钢厂	328	510.3	0	340	2 052	−413	0	0	0	28	650	1
木材厂	71	350.7	6.7	0	0	0	0	0	0	0	0	0
造纸厂	150	391	19.88	230	521	28.2	350	1 046	−769	340	4 118	−190
橡醛厂	51	99.9	0	78	401	65.3	60	131	6	68	500	−23
面粉厂	40	198	−12.4	0	0	0	0	0	0	0	0	0
筷子厂	60	152.8	7.7	0	0	0	0	0	0	0	0	0
纸箱厂	32	40	0	56	328	−2.5	52	289	10	76	350	50
化工厂	25	69	6	27	111	5	24	51	8	0	0	0
陈醋厂	16	14	−2.9	36	35	0	14	7	1	0	0	0
预制品厂	17	14	0	0	0	0	0	0	0	0	0	0

金积镇化工厂的情形与造纸厂基本相似,它也是镇办企业,职工85人。自1987年开始,该企业利用玉米芯为原料,生产醋酸脂、硝化盐、化肥农药等产品的辅助性原料。1992年总产量为260吨,却只销售了26%。而正式报表上显示的却是净盈利1.1万元,这其实是虚假的,1992年该厂实际亏损额将近65万元。此外,1992年金积镇化工厂获得银行贷款总额达到49万元。

1970年金积镇建设了木材厂,拥有职工180人,生产刨花板。过去几年一直亏损,1992年亏损额达到了34.7万元。尽管如此,在镇工业公司的宏伟发展规划中,该企业还是被作为金积镇未来3个支柱工业企业之一。1993年,该企业筹划贷款4 000万元,在没有详细的进度规划和市场前景预测的前提下,投入建设两条完整的生产线,生产家具和PVC树脂板,这一贷款总额比1992年贷款总量多一倍。

另一个支柱企业是生产多种食品的食品厂,在1993年它还仅是一个面粉厂,有65名职工,1992年创造的净利润为1.2万元;1993年,它开始兴建一个牛奶加工厂,计划未来该企业每日生产40~50吨无毒灭菌的袋装牛奶,主要是供应中国的沿海地区和出口到近东地区。该食品公司与木材厂同样被列为代表地方长远发展战略方向的支柱企业。但在相邻的县市,已经建成了3个同样的牛奶加工厂。在吴忠市的范围内,1993年有7 000多头奶牛,未来金积镇牛奶加工厂的产量规模,大约需要5 000头奶牛作为供应原料的保障。但由于当地农村公路多是没有路基和没有柏油路面的土路,基础设施条件尚不具备;加之每户只饲养2头奶牛,可以想见保障企业牛奶供应的组织工作难度之大。而将产品出口到穆斯林信仰的兄弟国家,目前还没有制订出具体的计划。但1993年,其贷款的总量已经上升到了1 600万元。

20世纪末期,我们进一步考察益木家具公司、夏进乳品公司、轧钢厂、造纸厂和纸箱厂几个较大的骨干企业,发现在1996年只有造纸厂是盈利的,其他企业全部亏损,亏损总额达到503.3万元,而在1998年也仅有纸箱厂盈利,5家企业全部亏损额达到2 048万元。可见,在整个90年代中后期,金积镇主要镇办企业基本处于亏损状态,亏损资金巨大,给镇财政带来极大的压力。为了缓解这种财政压力,乡镇企业的改制工作于1999年开始进行,到2000年年底,原有的企业除益木家具公司外全部进行了改制。

具体情况是:夏进乳品公司按照"资产优化重组,吸收股份,增资减债,实行法人治理"的方案改组、改造,并积极谋求在股票市场的上市。2000年,夏进公司成为当地的利润大户,实现净利润666万元;原破产的吴忠轧钢厂,由福建长乐人陈孝祥等出资,购买了它的不动产和供电线路权,重新组建为福宁钢铁有限责任公司。新企业投资对线材生产线进行了综合技术改造,同时增加了冶炼项目,使老企业重现生机。到2000年5月已经开始试生产,生产钢坯1 400吨,产线材400吨,年底实现利润1万元;金积造纸厂按照"以企业实际有效资产承担100%债务,由个人买断经营后,再实施股份制改造"的方案实施企业改制。2000年原厂长宛建华买断企业的经营,并改造为"宁夏宇华纸业有限责任公司"。实际上宛个人并没有拿出资金,而是承担了造纸厂3 601万元的债务,并且这3 601万元债务暂时挂起5年,造纸厂不必支付额外的利息。改制后,当年上缴税金140万元,利润基本持平,在2001年一季度实现利润10万多元,企业开始步入良性发展的轨道。

轧钢厂和造纸厂的改制过程中不可避免地存在集体资产的流失现象,在我们的调查过程中,工厂职工对此也有一些看法,特别是造纸厂资产评估存在的问题比较大,其实际资产远远大于评估值。由于涉及的问题比较敏感,我们没有这方面的具体数据,但从乡镇统计资料可以显示,1996~2000年其总投资累计达到6 000多万元。尽管存在一定的资产流失,但是改制使企业重新获得了发展,盘活了存量资产,避免了更大的资产浪费,也减轻了镇政府的财政负担,增加了职工收入和国家税收,对于国家、集体、经营者和职工都是比较好的选择。

五、万石镇农村工业的发展变化

万石镇位于江苏省宜兴市东北,处于宜兴、无锡和常州交界处,2000年由原万石镇和南漕镇合并而成。2001年实现国内生产总值57 753万元,其中工业增加值39 250万元。本年度财政收入2 099万元,农民人均纯收入4 150元(表5—10)。其经济发展水平和工业发展水平在宜兴处于中游,在苏南地区的乡镇中也处于中等水平。

从表5—10可看出,在1991年,万石镇的工业中集体工业占有绝对优势,镇办和村办工业比重达到99%以上,私营工业比重很小。而在2001年,集体工业尽管仍是工业的主体,但私人工业已获得较大发展,比重达到30%以上。从轻重工业来看,万石的轻工业一直落后于重工业的发展,这种状况在最近并没有发生根本改变;从部门结构来看,在1991年纺织工业(占工业总产值的比重为18.23%)是第一大产业,化学工业(比重为16.93%)和黑色金属加工工业(16.37%)比重也较大。而在2001年,纺织工业地位急剧下降,比重仅为3.48%;相反,黑色金属加工业占的比重达到24.09%,成为第一大产业,化学原料及其制品业(比重为12.38%)和普通机械设备制造业(比重为12.76%)比重也较大。

20世纪90年代中后期,万石镇乡镇企业的综合经济实力有所提高,不仅体现在工业总产值的持续增长和产业结构进一步优化等方面,也体现在企业的经济效益有所提高这一方面。与1991年相比,2001年该镇工业企业的平均营业利润率由2.85%上升到3.88%。

进一步考察万石镇1991年和2001年骨干企业的经济指标(表5—11)也能说明这一情况的发生。在1991年,万石镇10个主要企业的平均营业规模只有704.34万元,平均上缴税金仅为26.48万元,在10家企业中只有6家盈利,平均每家企业的利润仅为3.63万元;而在2001年,10个骨干企业的平均营业规模达到2 997.9万元,平均上缴税金达到95.6万元,10个企业全部实现盈利,平均利润达到112.5万元。

通过上述几个乡镇产业结构和企业的变迁,我们可以看出:第一,在目前市场竞争日益激烈的时期,农村工业的发展必须依

第五章 农村工业与农村地区经济发展 169

表5—10 1991年和2001年万石镇农村工业总产值的结构变化

单位:万元

年份	合计	集体	私营	轻工业	重工业	纺织	化学原料	塑料制品	黑色金属	有色金属	机械设备
1991年	18 148	18 088	60	7 069	11 079	3 309	3 073	898	2 970	833	860
2001年	171 370	105 460	65 910	20 690	150 680	5 965	21 216	6 127	41 285	4 746	21 878

表5—11 1991年与2001年万石镇骨干工业企业主要经济指标

单位:万元

企业名称	1991年			企业名称	2001年		
	营业收入	上缴税金	利润		营业收入	上缴税金	利润
塑料七厂	558.0	23.0	1.1	塑料七厂	1 340	60	25
无缝钢管厂	1 566.9	59.9	6.9	宏力灯杆厂	2 626	40	19
钢管厂	618.0	12.0	-1.3	石化装备厂	4 381	46	229
冶炼厂	339.1	14.1	3.1	兴农化工公司	1 880	0	19
封头厂	464.4	19.8	56.5	北海封头厂	8 782	587	341
申兴厂	766	22	0	江南药用化工厂	1 160	38	35
毛纺厂	634	43	0	金泰米纤维厂	1 100	40	50
毛线厂	1 509	45	-98	巨龙集团	2 640	26	120
锡宜化工厂	181	1	8	锡宜化工厂	1 889	101	68
冷附厂	407	25	60	银河集团	4 181	18	219

托当地的比较优势,其中农副产品的深加工是一个主要的方向,而依托大城市的资金、技术和市场发展乡镇企业也是可行之路。如平乐镇依托当地酒类加工业的传统优势,发展酒类加工业;金积镇依托当地的畜牧业发展乳品生产等。第二,农村地区工业的发展必然会发生分化,一些比较优势明显、区位条件好的地区,其乡镇企业的发展会进一步加速,并逐步向现代工业转化;而那些条件较差的地区的乡镇企业还将进一步萎缩。

第三节 乡镇财政收入和支出的变化

作为中国最基层的政权组织,乡镇的财政收入主要来源于乡镇范围内农业和非农产业的发展,其中乡镇企业是大多数地区乡镇财政收入的主要来源之一。我们所调查的镇的情况表明镇的经济、财政、税收等政策受到上级县市比较严格的管理。而从乡镇自身而言,它又对其行政区范围之内下属的村民委员会进行相对严格的监督。乡镇最大的自由体现在经济发展方面。尽管制定了县市的总体发展规划,但监督和控制乡办企业的开发与发展,仍是乡镇的责任。在经济比较发达的地区,受到监督控制比较薄弱的乡镇办企业是乡镇最主要的财政收入来源,企业主要是通过利润上缴的方式,或是直接上缴给乡镇政府,或是上缴给地方政府领导下的工业公司。如果利润是上缴给了工业公司,则通常不算作预算内收入。如果企业没有获利,就出现了许多其他形式的收费,或者通过银行贷款来实施乡镇建设。进入20世纪90年代末期,乡镇财政遇到一定的困难,持续出现赤字。除了当时我国的税收体制和乡镇财政管理上的原因之外，乡镇企业生产的持续下滑导致的其提供的税收增长缓慢、乡镇集体企业改制造成的乡镇提留的减少也是主要的原因。

一、改制前乡镇企业与乡镇财政收入和支出

1992～1993年调研的7个乡镇的财政收入可分为3个部分：预算内收入、预算外收入和自筹资金。预算内收入中，最主要的收入是工商税收和农业税。在这类税收中，乡镇共有以下主要的税种：乡镇企业收入所得税、屠宰税、城市维护建设税、市场交易税和牲畜交易税、契约税、车船使用税。预算外收入包括：农业附加税、农村教育附加费、公共服务事业（如图书馆、电影院等）附加费以及由乡镇行政机构或公共事业单位等收取的公共事业费用。自筹资金包括：各种管理费、住房建设基金、统筹费、乡镇办企业及联营企业上缴利润、乡镇企业更新改造费等。

乡镇财政收入中最主要的组成部分是预算内收入，在我们调查的镇中，该项收入占乡镇财政总收入的72%到接近100%。相比之下，预算外收入所占的比重就非常有限。而自筹资金所占比重一般为1/4左右，其中玉泉镇的该项比重较小，为10%。

进一步解剖所有调查镇财政收入的来源，我们可以清楚地看到，税收始终是财政收入的最主要来源，特别是在预算内收入构成中，工商税收是决定地方财政收入状况的关键税种。在建制镇，工商税收占财政收入的50%到将近100%。工商税的税源主要是乡镇企业。工商税收中，最主要的税种有产品税、增值税以及营业税，这3项税收占工商税收的比重达80%～90%。

可见,农村企业,尤其是农村工业企业是乡镇财政收入的重要来源,同时,也是乡镇自筹资金的主要渠道。

在预算内收入构成中,农业税收的比重根据各地工业化程度的差异而有所不同,在工业化水平相对较低的镇,如金积、总十庄和新舟等,农业税在整个财政收入中的比重达到31%～35%;而在其他几个工业化程度较高的镇,农业税收在地方财政收入中几乎已不起任何作用了,比重值仅在1%左右。实际上,农业税收仍然给农户、乡村政府带来一定的负担,但这从乡镇一级的财政税收资料中难以准确真实地反映出来,因为,相当部分的农业税收直接上缴给了县市财政,而不出现在乡镇基层的财政平衡表中。

当然,在县属企业和国有企业分布较多的乡镇,这类企业也同样成为当地的税收大户。在我们调研的7个镇中,只有金积和玉泉属于这种类型。在金积镇和玉泉镇,镇属企业的税收仅分别占当地工商税收的14%和22%。但这并不是说,县属和市属企业的税收比重大,其对当地的财政实力和地方经济发展的贡献也就大。因为,这类企业的税收虽然经过镇里的税务所收缴,但是直接上缴给了上级税收部门,只有很少的一部分划归地方财政收入中。

预算外收入在我们的调研中所占比重非常小,在4个调研的镇中,其比重为0～2%,在另外的3个镇中比重达到7%～10%(表5—12)。这类收入通常来源于教育附加费收入、农业附加费收入或者是计划生育罚款收入等。

第五章 农村工业与农村地区经济发展 173

表 5—12 1992 年、1993 年所调查镇的财政收支情况汇总

Ⅰ. 收入

名称	总计 万元	总计 比例(%)	Ⅰ-1 预算内 万元	Ⅰ-1 预算内 比例(%)	Ⅰ-2 预算外 万元	Ⅰ-2 预算外 比例(%)	Ⅰ-3 自筹 万元	Ⅰ-3 自筹 比例(%)
东亭(1992年)	2 063	100.0	1 492	72.3	150	7.3	422	20.4
金积(1992年)	132	100.0	104	79.1	13	9.5	15	11.4
总十庄(1992年)	344	100.0	294	85.4	0	0.0	50	14.6
平乐(1993年)	219	100.0	163	74.2	4	2.0	52	23.8
向阳(1993年)	1 372	100.0	1 073	78.2	11	0.8	288	21.0
新舟(1993年)	319	100.0	236	74.0	32	9.9	52	16.1
玉泉(1993年)	801	100.0	801	99.9	0	0.1	0	0.0

Ⅱ. 支出

名称	总计 万元	总计 比例(%)	Ⅱ-1 预算内 万元	Ⅱ-1 预算内 比例(%)	Ⅱ-2 预算外 万元	Ⅱ-2 预算外 比例(%)	Ⅱ-3 自筹 万元	Ⅱ-3 自筹 比例(%)
东亭(1992年)	850	100.0	283	33.3	146	17.2	421	49.5
金积(1992年)	109	100.0	85	77.9	12	11.0	12	11.0
总十庄(1992年)	33	100.0	12	35.2	0	0.0	21	64.8
平乐(1993年)	130	100.0	74	57.0	6	4.3	50	38.7
向阳(1993年)	857	100.0	743	86.7	7	0.9	107	12.4
新舟(1993年)	425	100.0	335	78.7	55	13.0	36	8.4
玉泉(1993年)	367	100.0	366	99.9	0	0.1	0	0.0

自筹资金的规模,一方面取决于乡镇办企业上缴利润的多少,另一方面则取决于下属行政村上缴的镇统筹费,该项费用的数额是按照有关规定由镇政府下达给县属行政村的。

除了玉泉镇的情况比较特殊外,其余6个镇的自筹资金占到全镇财政总收入的11%～24%。在发达的东亭镇,镇办企业上缴给镇财政的利润占镇自筹资金的63%;而在另外的4个镇,由村上缴的镇统筹费则是镇自筹资金的主要份额。分析我们调研的7个典型镇的财政收入与支出情况,有两个基本特征:

其一,一般情况下,镇政府的财政支出数额明显少于其财政收入总额。究其原因,是乡镇基层财政的收入有相当一部分需要上缴给县市财政。而留给乡镇财政收入的划分比例,是有较大的操作余地的,这主要取决于乡镇基层干部对上的工作活动能力以及乡镇政府同上级主管部门的关系等因素。总十庄镇的财政收入中,仅有9.5%的留给本镇使用;但东亭和玉泉镇留给本镇使用的财政收入占总收入的比重则分别为41%和46%;平乐和向阳镇的该项比重更高,分别为59%和63%;金积镇被认为是同上级主管部门保持最良好关系的镇,所以,有83%的财政收入可以用作本镇的财政支出。7个镇中,只有新舟镇情况例外,它的财政支出是财政收入的133%,这主要是由于遵义县政府对新舟市场建设的扶持和地方经济发展的重视所致。

其二,只要乡镇政府向上级上缴的财政税收比重大,那么,预算外收入和自筹资金就在本镇的财政支出中占据相对更为重要的地位。也就是说,财政3项支出的结构是因镇而异的,总十庄镇的自筹资金占总支出额的65%,平乐与东亭镇分别为39%和50%。

二、被调查乡镇20世纪90年代中后期财政收入和支出的增长

1994~1999年,案例调查地区乡镇的财政收入增长表现出各自不同的态势。从图5—5可以看出,在玉泉、平乐、新舟、金积、万石和总十庄这6个镇中,玉泉镇、金积镇、万石镇和平乐镇的财政收入保持了较为稳定持续增长的态势,年平均增长率在10%以上;总十庄镇的财政收入增长趋势不明显,年平均增长率在1%左右;而新舟镇的财政收入则持续下降,年平均增长率是-3.8%。其中,万石镇在1998年增长十分剧烈,主要是因为这一年集体企业开始改制,其变卖的资产计入了乡镇财政收入。

1994~1999年,案例调查地区乡镇的财政支出增长也表现出各自不同的态势。从图5—6可以看出,在玉泉、平乐、新舟、金积、万石和总十庄这6个镇中,各镇的财政支出总体上都处于增长趋势,而且财政支出水平和财政收入水平基本上相适应,财政支出增长的速度大于财政收入增长的速度。其中,支出增长最快的是总十庄镇,年平均增长速度达到55%,而且总十庄镇也是各个镇中财政支出一直大幅低于财政收入的乡镇,其财政收入大量上缴,造成城镇面貌近10年几乎没有任何变化。其他各个镇的支出增长速度基本相似,年均增长率在10%左右。2000年,万石、金积和总十庄3个镇的财政是有盈余的,其他各个镇的财政支出都高于财政收入,乡镇财政处于亏损状态。

176　中国农村工业发展及其区域效应

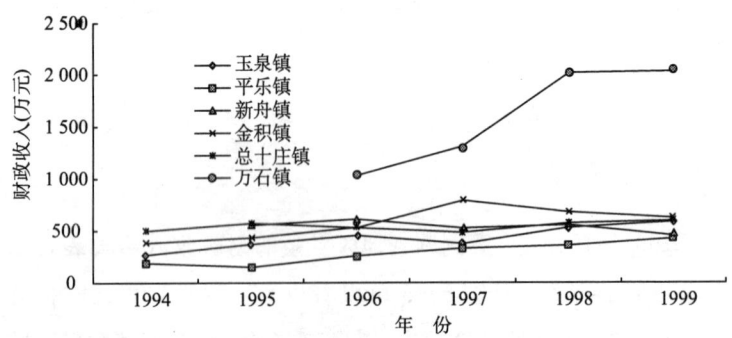

图 5—5　被调查乡镇 1994～1999 年收入变化

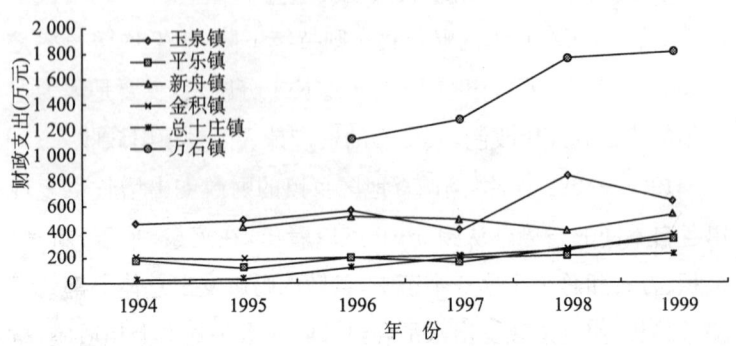

图 5—6　被调查乡镇 1994～1999 年支出变化

三、被调查乡镇 2000 年财政收支情况

与 1992 年、1993 年相比，2000 年获得的关于调查乡镇的财政收入情况不是十分详细，大体上只能区分为两部分。一部分是地方税收。主要包括增值税、企业所得税、个人所得税、农业四税、契税、罚没收入、专项收入等。这一部分相当于 1992 年、

1993年的预算内收入,是乡镇财政的主要来源。第二部分是乡镇统筹和企业上缴的利润。乡镇的统筹款由镇经营管理站管理,乡镇企业管理费和利润由镇企业办管理,由于大量企业由集体改为民营,实际上很多乡镇的企业办已经很少收取企业管理费和利润提留。因此,这一部分主要是乡镇统筹。一般的统筹合同内征收项目包括:民办教育、民兵训练、民办交通、计划生育、敬老院、优抚,以及村级三项提留,包括公益金、公积金和管理费。

从表5—13可知,2000年乡镇财政收入中的最主要组成部分仍然是各种税收。在我们进行调查的镇中,该项收入占乡镇财政总收入的60%到80%,与1992年和1993年相比,其占财政总收入的比重都有不同程度的下降,下降幅度达10%～20%;相比之下,预算外和自筹资金所占比重有一定幅度的上升,上升幅度达到10%～20%。

表5—13 2000年调查镇的财政收入情况汇总

名称	总计 万元	比重(%)	Ⅰ预算内(税收) 万元	比重(%)	预算外和自筹 万元	比重(%)
金积	524	100	333	63.5	191	36.5
总十庄	593.98	100	449.76	75.7	144.2	24.3
平乐	420	100	268	63.8	152	36.2
向阳	791.3	100	603.2	76.2	188.1	23.8
新舟	460.24	100	309.9	67.3	150.3	32.7
玉泉	585	100	475	81.2	110	18.8
万石	1 825.7	100	881.8	44.8	943.9	55.2

进一步解剖所有调查镇财政收入的来源,我们可以清楚地看到,与1992年相似,税收始终是财政收入的最主要来源,工商税收是决定地方财政收入状况的关键税种。在建制镇,企业上缴的税收占财政收入的30%到将近70%。其中最主要的税种有企业所得税、增值税。可见,农村企业,尤其是农村工业企业是乡镇财政收入的重要来源,如万石镇的工商税占全镇税收的70%。农业税收的比重根据各地工业化程度的差异而有所不同,在工业化水平相对较低的镇,如总十庄镇、新舟镇等,农业税在整个财政收入中的比重分别达到20%和30%,金积镇农业税所占比重为10%;而在工业化程度较高的平乐镇、向阳镇和万石镇,农业税收在财政收入中的比重也达到10%左右,只有玉泉镇较低,为3%(表5—14)。尽管工商税仍然是乡镇税收的主体,但其所占的比重在各个镇都有不同程度的下降,而农业税除了在一些农业镇继续占有较高的比重外,在一些工业较为发达的镇的比重也有所上升。这说明,在20世纪90年代中后期,调查的建制镇的乡镇企业发展相对较慢,对地方税收增长的贡献能力减弱。

表5—14 2000年调查镇的预算内收入构成情况汇总

单位:万元

项目	玉泉镇	向阳镇	总十庄	金积镇	新舟镇	平乐镇	万石镇
工商税	255	474.28	318.8	246	100.8	119.17	268.06
城建税	170	23.33	3.17	17	0	4.46	0
房产税	15	6.3	12	17	5.03	4.94	3.19
印花税	1	10.75	0.1	2	0	0.43	0

续表

项目	玉泉镇	向阳镇	总十庄	金积镇	新舟镇	平乐镇	万石镇
车船税	3	1.27	0.15	0	0.97	0	0
屠宰税	2	5.06	2.74	0	23.1	21.06	0
农业税	15	55.91	29.7	51	134.99	40.77	166.05
特产税	0	0.38	82.5	0	28.12	10.05	2
契税	4	0	0.6	0	3.36	1.34	0
罚没收入	0	3.62	0	0	13.53	4.12	0
专向收入	10	22.28	0	0	0	0.61	72.24

与1992年相比,税收以外的收入占整个财政收入的比重有不同程度的上升,一般达到20%～50%。这部分款项除万石镇外,其他各镇主要来自于乡镇统筹,而来自于乡镇企业的管理费和上缴的利润几乎为零。万石镇乡镇企业中,集体企业比重比较大,且企业的发展势头比较好,并且集体企业改制变卖的资产也构成了预算外收入的主体;而在其他乡镇,集体企业比重很小,因其在改制过程中集体企业被以极低的价格卖给了个人,所以其预算外收入只能来自乡镇的统筹,这部分收入的比重增加,说明这些地方的政府在乡镇企业发展受阻、税收减少的情况下,面对日益增加的财政支出,不得不靠向农民收取各种费用来增加财政能力。根据谭秋成的研究,预算外收入和自筹资金占乡镇财政收入的比重是逐渐递增的,1986年还只有11.83%,而1992年增至28.54%,1996年则上升到35.42%。这与我们典型调研的结果基本一致,1999年新舟镇的统筹费用占农村总收

入的24%,全部是从农民那里征收获得。即便如此,在我们调查的6个镇中,政府已经很难有资金投入镇区基础设施的改造。

与1992(1993)年相比,调查镇财政支出的变化各有特点。在表5—15中,财政支出仍然被分解为预算内和预算外两部分,总体上来说,预算外支出得到一定的控制。其中平乐和玉泉镇的支出结构变化很小;金积和向阳镇财政支出中预算外支出有一定的增加;而万石、总十庄和新舟镇的预算外支出相对比重减少。

表5—15 2000年调查镇的财政支出情况汇总

名称	总计		预算内		预算外和自筹	
	万元	比重(%)	万元	比重(%)	万元	比重(%)
金积	429	100	261.9	61	167.1	39
总十庄	593.98	100	449.76	75.7	144.2	24.3
平乐	341.38	100	195.48	57.3	145.9	42.7
向阳	1 593.5	100	1 298	81.5	295.5	18.5
新舟	524	100	500	95.4	24	4.6
玉泉	642	100	642	100	0	0
万石	2 168	100	1 553	71.6	615	28.4

进一步分析各个镇预算内支出的构成可以看出,无论在任何一个乡镇,教育费和行政管理费所占的比重都是比较高的,这两项支出一般占总支出的40%以上,其中总十庄镇达到93.7%,只有向阳镇所占比值较低,只有8%,这种情况的出现十分罕见,当地政府也没有给出明确的答复。向阳和万石两个

镇在农业和工业生产上的支出比重也较高,其中向阳镇达到80％以上(表5—16),这两个镇工业的实力在所调查的镇中是最强的,其集体工业还占较大的比重,因此财政对工业的投入较多。

表5—16　2000年调查镇的预算内支出构成情况汇总

单位:万元

项目	玉泉镇	向阳镇	总十庄	金积镇	新舟镇	平乐镇	万石镇
农村生产	0	543.3	0	17	0	0	168.77
农林水利	23	3.52	1.34	3.5	31.84	4.03	0
文体广播	4	7.5	0	7.4	14.6	3.75	0.78
教育费	353	94.26	170.97	140	332.55	105.47	663.85
卫生费	3	0.66	1.4	0	46.03	1.43	2.21
行政管理费	107	22.16	39.22	34	72.07	45.56	474.29
公检法支出	24	0	0.59	0	3.17	0	0
城市维护费	116	0	0	20	0	0	243.94
专项支出	12	26.72	0	40	0	0	0
工业生产	0	600	0	0	0	0	114.81

分析我们调研的7个典型镇2000年财政收入与支出情况,与1992年相比已经发生了明显的变化:其一,在1992年,一般情况下,镇政府的财政支出数额明显少于其财政收入总额;而在2000年,镇政府的财政支出在一些乡镇已经高于财政收入,很

多乡镇的财政状况极为恶化,如向阳镇的财政支出是收入的 2 倍,新舟、万石和玉泉镇的财政也存在一些赤字;总十庄、平乐和金积镇的财政状况稍好一些,但财政支出和收入的比例也比 1992 年有所提高。这反映了最近一段时间内我国乡镇机构的急剧膨胀,吃财政饭的人员逐年增多,给乡镇财政带来极大的压力,特别是乡镇在教育经费上的支出很大,成为多数乡镇的负担,很多乡镇存在拖欠教师工资的现象。其二,农村工业对乡镇财政的贡献有所减少,特别是在企业普遍进行改制后,过去集体企业上缴的利润提留不复存在,同时乡镇企业目前经营状况的恶化,也使地方税收增长缓慢;与此同时,对农民各项费用的征收有所加强,乡镇征收的各种费用成为乡镇收入的主要来源,农民负担加重与乡镇工业发展的受阻以及集体企业改制有一定的关系。其三,预算外支出受到一定控制,乡镇财政管理有所加强。

第四节　劳动力市场与职工迁移

对农村工业企业与区域劳动力市场的研究,主要依据是 1993 年和 2000 年分别对 7 个建制镇 2 100 多名企业职工的问卷调查。1993 年和 1994 年的夏季,分别在 7 个建制镇的 32 个镇办、3 个村办和 3 个私营工业企业中进行了问卷调查。在每个被选择的企业中,都要求对其全部职工进行书面问卷调查。每个镇平均有 300 名职工接受了问卷调查;2000 年和 2001 年的夏季又对上述 7 个镇的(其中东亭镇调整为万石镇)15 家集体企业和近40家私营企业的职工进行了问卷调查,每个镇回收问卷约300份。

一、就业的增长情况、劳动力的来源及就业

(一) 被调查乡镇职工人数的增长

通过对获取的资料进行分析发现,在所调查的乡镇,20世纪90年代中后期乡镇企业就业职工又有一定程度的增长。其中,新舟镇的镇办企业职工人数从1993年的1 054人增加到1999年的3 897人;金积镇从1992年的706人增加到1999年的5 609人;玉泉镇从1993年的2 171人增加到2000年的6 741人;万石镇从1991年的7 065人增加到2000年的7 437人。总之,每个镇镇办企业的职工人数都有一定的增长,但增长存在一定的差异。中西部地区乡镇企业劳动力人数增长较快,而东部地区乡镇企业劳动力增长较慢,这显然与东西部乡镇工业的产业结构和产业的资本有机构成有着很大关系。

一般来说,东部的乡镇工业资本有机构成高,企业产业层次也较高,很多地区的乡镇工业已经由原来的劳动力密集型向资本、技术密集型方向转化,即使是传统的劳动力密集型产业,由于设备的更新和技术的改进,也使企业对劳动力的需求大幅减少;而中西部农村工业基本上还停留在较低的发展水平,其丰富的资源和劳动力是其得以发展的基础,劳动力密集型产业比重比较大,对劳动力的吸引能力还比较强。王小鲁等人对我国东西部农村工业吸引劳动力的能力的研究也表明,未来东部农村工业对劳动力的吸引能力将减弱,而随着西部大开发等有利于西部政策的实施和产业的跨地区转移,中西部地区农村工业对劳动力的吸收能力会有所增强(王小鲁等,2000)。

(二) 被调查乡镇农村工业企业的职工来源变化

1993年的调查表明,在农村企业职工来源构成中,有两个明显的特点(表5—17)。其一,经济发达的东亭镇,外来职工特别是来自于江苏省其他县及外省的职工的比重明显高于其他镇,达48%;其二,其他另外6个镇外来职工的比重一般为8%及以下,在职工来源构成中作用不大。总十庄镇所有外来职工的比重为18.4%,其中,大多数(65.5%)外来职工来自于晋州市的其他乡镇。金积镇也具有相似的情况,23.5%的职工是外来人口,其中66.6%是来自本县的其他乡镇,另外的29.0%是来自宁夏的其他县市。在其余4个镇中,只有5%~13%的职工是来自外地的。

与1993年的调查相比,在2000年农村企业职工来源构成中,有一些明显的变化(表5—18)。其一,与1993年相比,2000年农村工业企业的职工来自镇区外的比重有所上升,从19.4%上升到24.8%,上升了约5.6个百分点,其中上升幅度最大的是玉泉镇和平乐镇,分别达到20.7%和17.1%。与1993年类似,这些职工大多数来自于本县内另外的乡镇,来自省外的比重很小。其二,在来自本镇的乡镇企业的职工构成中,来自镇区范围内的职工数量有所增加,而来自镇下属的村的数量减少。其变化最剧烈的是总十庄镇和新舟镇,主要是因为这两个镇乡镇工业企业的发展几乎没有什么变化,原来镇属企业的家在村庄的职工基本上都将家迁移到了镇区。

第五章 农村工业与农村地区经济发展 185

表 5—17 问卷调查职工的来源情况（1993年,1994年）

项目	平乐	金积	新舟	向阳	总十庄	玉泉	东亭	总计
本镇(%)	27.2	30.1	38.2	22.5	19.4	73.1	25.9	33.7
本镇下属村(%)	59.9	46.4	56.2	65.0	62.2	18.6	26.2	46.7
本县其他乡镇(%)	11.3	15.7	2.6	5.8	12.4	3.8	10.9	9.4
本省其他县(%)	1.6	6.8	2.0	6.7	4.5	2.1	11.3	5.2
其他省(%)	0.0	1.0	1.0	0.0	1.5	2.4	25.7	5.0
合计(%)	100	100	100	100	100	100	100	100
有效样本数(个)	257	394	303	224	331	293	338	2 140

表 5—18 问卷调查职工的来源情况（2000年,2001年）

项目	平乐	金积	新舟	向阳	总十庄	玉泉	万石	总计
本镇(%)	25.06	25.7	57.3	24.2	61.2	67.6	21.9	40.42
本镇下属村(%)	44.94	38.1	33.2	52.7	23.9	3.3	47.4	34.79
本县其他乡镇(%)	19	22.1	6.5	6	12	6.6	16.4	12.66
本省其他县(%)	9.9	11.2	2.7	17.1	2.9	11.1	8.1	8.99
其他省(%)	1.1	2.9	0.3	0	0	11.4	6.2	3.14
合计(%)	100	100	100	100	100	100	100	100
有效样本数(个)	269	307	294	296	253	289	277	1 985

2000年的调查所反映出来的情况与1993年的调查基本类似。尽管农村工业企业吸引外来劳动力的能力有所增强,但是其所占的比例仍然不是很高,本镇的劳动力仍然是农村工业劳动力的主要来源,特别是在经济发展水平较低或处于平均发展水平的地区,首先是雇佣当地的劳动力,通常80%以上的农村企业职工是来自镇行政管辖区范围之内。农村工业企业对劳动力就业市场的影响,主要还是在本镇范围内,而对大的区域就业市场的影响还不是很强。国家统计局2001年对我国农村剩余劳动力的抽样调查也显示,2001年在省内转移就业的剩余劳动力比重上升较多,其中乡镇内转移人数大增。2001年农村剩余劳动力在本省内转移就业的比重达到65.8%,比上年上升7个百分点;转向外省的占34.0%,下降了7个百分点。这与我们的研究结果基本相一致。

(三) 被调查职工户籍变化情况

1993年,在调查的乡镇工业企业职工中,农业户口的占有较大比重,达到78.7%。其中玉泉镇是一例外,农业户口只占调查总数的25.9%(表5—19)。其主要原因是:一方面,许多参加问卷调查的职工,其父母在国有农场就业,因而这些职工持有城市户口;另一方面,大量的下乡知识青年被农村企业招工回镇,并恢复其过去的城市户口。一般来说,农业户口的职工主要是临时工和合同工,其占职工总数的85%左右。

2000年的调查(表5—20)与1993年的相比,其基本趋势一致,农业户口的职工所占比重仍然很大,达到66.7%,但与1993年相比,2000年的比例低了12个百分点,与之相应的是非农业

第五章 农村工业与农村地区经济发展

表5—19 问卷调查职工的户籍构成(1993年,1994年)

项目	平乐	金积	新舟	向阳	总十庄	玉泉	东亭	总计
农业户口(%)	93.3	79.3	90.9	82.7	95.8	25.9	82.4	78.7
非农业户口(%)	6.3	20.7	9.1	17.3	4.2	73.1	16.7	21.0
不明(%)	0.4	0	0	0	0	1.0	0.9	0.3
合计(%)	100	100	100	100	100	100	100	100
有效样本数(个)	268	400	307	226	335	301	352	2 189

表5—20 问卷调查职工的户籍构成(2000年,2001年)

项目	平乐	金积	新舟	向阳	总十庄	玉泉	万石	总计
农业户口(%)	85.3	59.8	76.3	72	80.9	11.4	81.4	66.7
非农业户口(%)	13.6	38.9	23.1	27.7	19.1	88.3	18.2	32.7
不明(%)	1.1	1.3	0.6	0.3	0	0.3	0.4	0.6
合计(%)	100	100	100	100	100	100	100	100
有效样本数(个)	269	319	321	296	253	290	269	2 017

户口的职工比重上升了 11.7 个百分点。其中除平乐镇外,其他各镇非农业职工的比重都上升了近 15 个百分点。

造成这种现象的原因主要有:第一,1995 年前后国家对小城镇户籍政策有所放松,使许多乡镇企业的职工通过农转非形式改变为非农业户口;第二,从调查职工的工作时间上可以看出,这次调查的职工工作时间 7 年以上的占 36.1%,工作时间较长的多是正式职工,其户口基本上都已经转为非农业户口;第三,这次调查的职工中中专及大专以上文化程度的职工比重高达 12%,其中约 77%具有非农业户口。

二、劳动力的有关情况:年龄结构、性别构成及文化素质

20 世纪 90 年代初,在我国农村地区,乡镇企业是提供非农产业就业机会的最主要渠道之一。那么,接受问卷调查的职工的年龄和性别构成如何? 在找到目前的工作之前,接受过什么样的学校教育? 或是从事过什么样的职业? 这是进一步探讨农村劳动力市场和就业问题的另一个重要内容。

1993 年调查的结果显示,在调查的全部职工中,年龄为 30 岁以下的职工占职工总数的近 70%。其中,主要是年轻的女性职工,即 56%的 30 岁及 30 岁以下的职工为女性,男性只占到 44%(表 5—21)。若结合人口的流动性质分析,那么具有户口变动的迁移人口的年龄构成,明显要比其他迁移类型组的人口年龄要大。我们下面还要根据其他资料对这一现象做进一步解释。简单地说,这些具有户口变动的迁移人口,主要是具有技能的职工,他们多是乡镇政府和当地企业为了发展农村企业而聘

请来的。

表 5—21　不同性别和来源的职工年龄结构(1993年,1994年)

年龄	男性	女性	带户口迁移	不带户口迁移	本地职工	总计
小于20(%)	17.6	34.3	14.1	32.6	25.9	25.7
21~25(%)	22.3	28.6	27.8	39.3	22.7	25.3
26~30(%)	20.2	17.2	19.5	11.6	19.8	18.7
31~35(%)	12.3	7.7	11.7	6.7	10.5	10.1
36~40(%)	10.1	6.8	11.7	3.2	9.0	8.5
41~45(%)	8.2	3.7	9.3	1.8	6.3	6.0
46以上(%)	9.1	1.7	5.9	4.9	5.6	5.6
总计(%)	100	100	100	100	100	100
有效样本数(个)	1 128	1 060	205	285	1 704	2 194

由于青年职工较多的缘故,职工的工作年限一般都比较短。职工总数中,23%的职工工作尚不满1年,24%的为1~2年,13%的为2~3年,40%的职工已经就业了3年及3年以上的时间。流动职工和带户口迁移的职工之间有着明显的区别。外来流动职工的工作年限,同当地职工及带户口迁移的职工的工作年限有所不同。当地职工中,工作年限在2年以下的职工比重为42%,而在带户口迁入的职工中,工作年限在2年以下的比重为50%,而在外来的流动职工中该比重值则高达76%。而且,外来流动职工不稳定的工作关系及较高的人员更换率也是

区别于其他类型的一个特点——随着生产的扩大或缩小,这些流动职工被招进或解雇。同时,流动职工自己也经常主动地更换工作,他们总是在寻求具有更好的工作条件或收入的工作。

与此相似,职工的受教育程度同职工的来源及户口的形式有着密切的关系。流动职工中受教育程度较低的人口占较大比重;另外,外来人口中,具有大专以上文凭的职工比重又明显地高于当地职工,而且,带户口迁移的人口这一特点更为明显。在带着户口迁移的职工中,干部或技术人员的比重不仅明显高于不带户口流动的职工而且也高于当地职工。这些人员常常来自国有单位或城市集体企业。

在职工总量中,考察职工以前所从事的职业构成,发现应届中学毕业生以及中学毕业后一直待业的学生比重很高,其中待业青年的比重占到6%。但在总量中占比重最大的职工是以往从事过农业劳动的,占45%。因此我们可以说,农村工业在吸纳农业剩余劳动力方面,发挥着重大的作用。

2000年的调查结果与1993年的相比,在职工的年龄、性别和文化素质方面均发生了一些显著的变化,主要体现在:第一,小于30岁的职工的比重有所减少,2000年这一比重为47.6%(表5—22),比1993年的70%下降了22.4个百分点,其中女性职工下降的更快一些。年轻职工数量下降说明了这几年农村工业企业招收的新的工人比较少,特别是招收的女性职工更少。带户口迁移的职工数量很少,其平均年龄也不比不带户口迁移的职工更大。

表 5—22　不同性别和来源的职工年龄结构(2000 年,2001 年)

年龄	男性	女性	带户口迁移	不带户口迁移	本地职工	总计
小于 20(%)	7.3	15.4	38.5	12.8	8.4	9.9
21~25(%)	15.3	19.6	7.7	24.8	17.2	18
26~30(%)	20.7	27.6	23.1	30.3	24.6	23.3
31~35(%)	16.7	17.8	0.0	9.2	17.7	17.2
36~40(%)	15.4	11	7.7	9.2	14.5	13.2
41~45(%)	8.9	4.6	7.7	1.8	6.6	7.1
46 以上(%)	15.7	4	15.3	11.9	11	11.3
总计(%)	100	100	100	100	100	100
有效样本数(个)	970	652	13	109	1 099	1 741

第二,职工的工作年限与 1993 年的调查相比有所增加,工作 3 年及 3 年以上的职工占 73.1%,只有 13% 的职工工作不足 1 年,6.1% 的职工工作 1~2 年,7.8% 的职工工作 2~3 年其中工作 3 年及 3 年以上的职工比 1993 年多了 33 个百分点。与 1993 年的情况一样,外来流动职工的工作年限,同当地职工及带户口迁移的职工的工作年限有所不同,外来职工的工作年限一般要比当地职工和带户口迁移的职工工作年限短。在当地职工中,工作年限在 2 年以下的职工比重为 23.2%,在带户口迁入的职工中,工作年限在 2 年以下的比重为 44.4%,而在外来的流动职工中该比重值则达 46.3%(表 5—23)。职工工作年限的增加反映了农村工业发展进入了稳定时期,其吸收新的劳动力的能力在下降。

表 5—23 2000 年问卷调查职工的工作年限

年限	带户口迁移	不带户口迁移	本地职工	合计
小于 1 年(%)	33.3	24.5	10	13
1~2(%)	11.1	8.2	5.9	6.1
2~3(%)	0	13.6	9.3	7.8
3~4(%)	11.1	11.8	11.1	13.8
5~7(%)	0	22.7	25.5	23.2
8~12(%)	22.2	10	17.5	17.3
大于 13 年(%)	22.3	9.2	20.7	18.8
总计(%)	100	100	100	100
有效样本数(个)	9	110	1 000	1 563

第三,与 1993 年相比,2000 年被调查职工的文化素质有了一定提高。其中小学和文盲职工的数量减少了近一倍,而大专以上文化程度的职工的比重从 1.2% 增加到 5.5%。其中不带户口迁移的职工文化素质提高的幅度最大,大专以上的比重提高了 25 个百分点(表 5—24),远远高于带户口迁移的职工和本地职工的提高幅度。这表明在目前的就业形式下,流动人口要获得在农村工业企业工作的机会,与以前相比必须要有更高的文化素质,那些低素质的劳动力越来越难以获得工作机会。

表5—24　1993年与2000年问卷调查职工文化素质的变化

项目	带户口迁移 1993年	带户口迁移 2000年	不带户口迁移 1993年	不带户口迁移 2000年	本地职工 1993年	本地职工 2000年	合计 1993年	合计 2000年
文盲及小学(%)	14.1	9.1	20.8	8.7	14.8	6.3	15.5	7.5
初中(%)	53.7	54.5	60.6	24.6	63.7	49.5	62.4	50.9
高中(%)	25.9	18.2	16.3	38.6	21.1	37.4	20.9	36.1
大专以上(%)	6.3	18.2	2.3	28.1	0.4	6.8	1.2	5.5
总计(%)	100	100	100	100	100	100	100	100
有效样本数(个)	205	11	289	114	1701	1103	2196	1726

第四,与1993年相比,2000年被调查职工在进入工厂工作前所从事的职业基本上没有发生太大的变化,农民和学生仍然是农村工业职工的主要来源,其比重达到59.4%,这一状况反映了农村工业企业仍然是我国农村剩余劳动力转移的主要途径。流动就业人口中的这一比例有所下降,仅占总数的42%(表5—25),这也从一个侧面说明,目前低素质的劳动力在外出工作中处于不利地位,农村工业企业对外来职工的素质要求越来越高。

表 5—25　1993 年与 2000 年问卷调查职工工作前的职业变化

项目	带户口迁移 1993 年	带户口迁移 2000 年	不带户口迁移 1993 年	不带户口迁移 2000 年	本地职工 1993 年	本地职工 2000 年	合计 1993 年	合计 2000 年
干部(%)	5.9	18.2	2.8	6.3	1.3	2.9	1.9	3.7
全民和集体职工(%)	15.2	27.3	11.2	8.9	8.8	8.8	9.7	7.8
农民(%)	36.8	36.4	46.0	29.5	46.2	43.2	45.3	46.7
私人企业人员(%)	5.4	18.1	6.7	17.9	5.0	12.3	5.3	13.0
学生和无业者(%)	30.4	0.0	30.2	12.5	35.4	19.3	34.2	16.1
其他(%)	6.3	0.0	3.1	24.9	3.3	13.5	3.6	12.7
总计(%)	100	100	100	100	100	100	100	100
有效样本数(个)	205	11	289	112	1 668	1 037	2 157	1 650

三、就业、劳动保护及生活状况

(一) 被调查职工的就业情况变化

1993 年的调查结果表明,务工的主要途径是自己申请或是通过亲朋好友的介绍,这两种形式占总量的 86%。而对于流动职工来说,多数是通过亲朋好友的介绍而获得工作岗位的(占 57.2%,表 5—26),这一发现证实了社会关系和"亲属网络"对流动职工的重要意义。2000 年的调查也显示,农村工业企业的招工途径并没有发生根本性的改变,亲友介绍和自己申请的比重仍然很高,占总量的 57.4%,但比 1993 年的 86% 减少了 28 个百分点,通过有关机构介绍获得工作的方式有所增加,达到 10.3%。这说明近年来,社会关系和"亲属网络"仍然主导着农村企业的招工方式,但是很多农村企业也开始通过中介机构招收职工,农村工业企业的用人开始趋于规范。

表 5—26　1993 年与 2000 年问卷调查职工获得工作方式的变化

项目	带户口迁移 1993 年	带户口迁移 2000 年	不带户口迁移 1993 年	不带户口迁移 2000 年	本地职工 1993 年	本地职工 2000 年	合计 1993 年	合计 2000 年
工作调动(%)	10.0	9.1	4.2	3.5	5.1	6.5	5.4	5.4
有关机构介绍(%)	15.0	0.0	8.8	10.5	4.5	10.4	6.0	10.3
自己申请(%)	41.5	9.1	27.7	7.9	47.2	15.3	44.1	14.6
亲朋好友介绍(%)	29.0	54.5	57.2	50	41.1	41.9	42.1	42.8
其他(%)	4.0	27.3	0.7	28.1	2.1	25.9	2.4	26.9
总计(%)	100	100	100	100	100	100	100	100
有效样本数(个)	200	11	285	114	1 666	1 031	2 151	1 156

与 1993 年相比,2000 年调查职工中合同工的比重有显著的提高(表 5—27),占总数的 42.9%,临时工的比重略有下降,特别是在流动职工中,合同工的比重大幅上升,占总数的 49.1%。这表明企业的用工制度比较规范,各地劳动合同的实

行情况比较良好,企业职工特别是外来职工也树立起了劳动合同的意识。

表5—27 1993年与2000年问卷调查职工工作方式的变化

项目	带户口迁移 1993年	带户口迁移 2000年	不带户口迁移 1993年	不带户口迁移 2000年	本地职工 1993年	本地职工 2000年	合计 1993年	合计 2000年
长期工(%)	43.1	27.3	18.9	25.9	37.4	28.4	35.4	28.4
临时工(%)	25.2	54.5	43.9	22.3	26.4	26.4	28.6	27
合同工(%)	29.2	18.2	35.8	49.1	31.2	43.3	31.7	42.9
其他(%)	2.5	0	1.4	2.7	5.1	1.9	4.3	1.7
总计(%)	100	100	100	100	100	100	100	100
有效样本数(个)	202	11	285	112	1 677	1 054	2 164	1 649

(二)被调查职工的工资变化

2000(2001)年与1993(1994)年相比,乡镇企业职工工资呈现出一定的增长态势。通过对调查的100多家企业2 027名职工的问卷分析,2000年他们的平均工资为497.16元人民币,比1992年高出100多元(表5—28)。

表5—28 1992年与1999年问卷调查职工不同组别的工资比较

项目	<100元	100~199元	200~299元	300~399元	400~499元	≥500元
1992年 总数(个)	104	663	628	419	130	90

续表

项目		<100元	100~199元	200~299元	300~399元	400~499元	≥500元
1992年	比例(%)	5.1	32.6	30.9	20.6	6.4	4.4
1999年	总数(个)	5	30	98	351	513	861
	比例(%)	0.2	1.5	4.7	17.3	25.3	42.5

在1992年,被调查职工中月收入低于300元的有1 395人,占全部有效问卷的68.6%,而月收入多于500元的仅有90人,占有效问卷数的4.4%;而到了1999年,月收入大于等于300元的职工达到1 725人,占全部有效问卷的85.1%,其中月收入大于500元的有861人,占有效问卷数的42.5%。

乡镇企业职工的工资水平有一定的地区差异,在调查的7个镇中,江苏省宜兴市万石镇职工的平均工资为880元,贵州的新舟镇的职工平均工资是407元,河北省总十庄镇的职工平均工资为463元,黑龙江省玉泉镇的职工平均工资为655元,宁夏回族自治区金积镇职工的平均工资为516元,四川省平乐镇的职工平均工资为442元,向阳镇为506元。调查的7个镇的职工工资水平呈现出明显的三大地带的差异,位于东部地区的万石镇职工工资水平最高,而西南的新舟镇的工资水平最低,两者的差距在一倍以上。

影响职工工资水平的因素很多,其中职工的性别、来源地、年龄、文化水平、工作性质等都对工资水平有一定的影响。第一,性别对职工工资有一定影响。一般来说,男性职工工资水平高于女性。通过对调查的 2 000 多份问卷的分析,显示男性职工的月平均工资为 546 元,女性仅为 435 元,相差 111 元。

第二,职工来源地不同,对职工工资水平也有一定的影响。来自本镇区内的职工的月平均工资为 505 元,而来自本镇下属的村的职工工资为 434 元,来自县内其他镇的职工工资为 515 元,来自省内其他县的职工工资为 531 元。来自镇外的职工工资略高于镇内和镇下属村的职工工资,主要原因是来自镇外的职工一般素质较高,都有一定的技能,而且这些职工一般工作时间也较长。

第三,职工的文化水平对职工工资的影响较大。一般来说,文化水平越高,其工资水平也越高。调查分析显示,文盲的月平均工资为 292 元,小学文化程度的月平均工资为 438 元,初中文化程度的为 459 元,高中文化程度的为 516 元,大专以上文化程度的为 668 元,可见,大专以上文化程度的职工工资是文盲职工的两倍多。

第四,职工的工作年限、年龄与职工工资水平的关系不是很明显。调查分析表明,工作不到一年的职工工资为 536 元,工作 1～2 年的工资是 507 元,3～4 年的是 608 元,4～5 年的是 481 元,5～6 年的是 488 元,6～7 年的是 492 元,7 年以上的是 465 元;就年龄来说,20 岁以下的为 473 元,20～25 岁的为 457 元,26～30 岁的为 505 元,31～35 岁的为 503 元,36～40 岁的为 518 元,41～45 岁的为 470 元,45 岁以上的为 540 元。这表明在乡镇企业实行多劳多得的情况下,职工工资与职工的年龄及其工作时间长短没有太大的关系,大多数乡镇企业还没有启用正规的人事制度和工资升级制度。

第五,职工的工作性质对职工工资有一定的影响。一般来说,正式工月薪是607元,临时工是402元,合同工是492元,其他为762元,正式工和合同工的工资要比临时工高。这里的正式工一般是集体性质的个人,很多目前已经转为合同工。

(三)被调查职工的劳动保障

1993年,在进行典型调查的镇中,就业不安定成为阻碍职工完全从农业经济劳动转变为非农业经济生产活动的关键因素。被问卷调查的农业户口的职工及家庭,都还保留着责任田,并亲自或是由自己的家属继续耕种。在2000年的调查中这种状况仍然存在,多数农业(80%)户口的职工还保留有责任田(表5—29)。这说明,近年来农村职工的就业不安定状况没有得到根本改变,土地在现阶段对于农村职工来说仍然具有重要的社会保障意义。在农村社会保障体系没有建立的情况下,大规模地实行土地私有化可能会诱发农村社会的不稳定。

2000年的调查结果与1993年的基本上类似,很多职工家中的土地并不是由自己耕种,而是由自己的配偶和父母耕种。这一比重比1993年还提高了8.3个百分点(表5—30),部分证明了在20世纪90年代中后期,随着非农业经济的不断提高,农业经济生产活动主要是留给了农村妇女。表5—30还表明,调查职工中将土地转给他人耕种的比例大幅上升,从1993年的2.4%上升到2000年的17.1%,这说明土地流转在我国农村地区已经发生,土地的集中现象开始出现。但是,这并不表明现阶

表 5—29 2000年问卷调查职工拥有耕地数量比重

耕地(亩)	>1	1~1.9	2~2.9	3~3.9	4~4.9	5~5.9	6~6.9	7~7.9	8~8.9	9~10.9	11~14.9	>15
2000年(%)	6.1	27.1	21.7	16.2	12.5	7.0	3.1	1.1	2.1	2.4	0.5	0.2

表 5—30 1993年与2000年问卷调查职工的农田耕种人的比重

项目	1993年(%)	2000年(%)
独自下班后耕种(%)	13.9	21.5
独自在企业假期耕种(%)	1.5	0
配偶(%)	9.5	20.6
父母(%)	22.5	19.7
其他家庭成员(%)	4.0	1.6
两类家庭成员(%)	28.2	15.3
三类以上(%)	18.0	4.2
转租,亲戚种等(%)	2.4	17.1
总计(%)	100	100
有效样本数(个)	1 705	1 154

段在我国大规模的推行土地集中政策的时机已经成熟。在农村社保体系没有最终建立的情况下,在部分发达地区推行土地流转的试点是现实的选择。

与1993年相比,2000年被调查职工的福利情况没有明显变化(表5—31),约有1/3的职工在企业中根本享受不到任何的社会福利;有1/3的人享受到了2~3项的企业福利待遇;领导管理者或企业技术人员的福利待遇较为优越。农村企业的福利待遇并不优厚,大多数企业仅仅是几元钱的洗理费等。在农村企业中,退休保险发展得还非常缓慢,只有约1.3%的问卷职工上了某种形式的养老保险,比1993年还低了0.7个百分点。

表5—31 1993年与2000年问卷调查职工的福利情况变化

项目	带户口迁移 1993年	带户口迁移 2000年	不带户口迁移 1993年	不带户口迁移 2000年	本地职工 1993年	本地职工 2000年	合计 1993年	合计 2000年
没有福利(%)	37.2	20	28.3	33	30.3	38.5	30.7	38.9
免费住房(%)	4.0	40	21.0	12.6	2.6	5.4	5.1	7
公费医疗(%)	8.0	0	12.7	12.6	15.9	12.6	14.7	11.4
医疗补助(%)	8.5	0	2.9	0	11.1	0	9.7	0
退休保险(%)	1.5	0	0.7	0	2.2	1.7	1.9	1.3
计划生育补贴(%)	4.0	0	0	0	0.9	1.9	1.0	1.4
其他补助(%)	2.0	0	2.9	13.6	3.3	18	3.2	17.8

续表

项目	带户口迁移		不带户口迁移		本地职工		合计	
	1993年	2000年	1993年	2000年	1993年	2000年	1993年	2000年
两项(%)	11.6	20	18.5	13.6	17.3	11.5	17.1	11.8
三项以上(%)	23.2	20	13.0	14.6	16.4	10.4	16.6	10.4
总计(%)	100	100	100	100	100	100	100	100
有效样本数(个)	199	10	276	103	1 637	905	2 112	1 467

乡镇企业提供给职工的社会福利并不主要取决于职工的来源,而是受"工作类型"所左右。66.1%的临时工没有任何社会福利保障,而50.5%的正式工、42.1%的合同工没有任何社会福利保障。

四、劳动力迁移过程

(一) 我国农村劳动力迁移的基本情况

1. 20世纪90年代农村劳动力迁移的特点

1993年的调查表明,在农村企业职工来源构成中,有两个明显的特点(表5—17)。其一,经济发达的东亭镇,外来职工比重,特别是来自江苏省其他县及外省的职工的比重明显高于其他镇,达到48%;其二,其他另外6个镇外来职工的比重一般为8%及以下,在职工来源构成中作用不大。总十庄镇所有外来职工的比重为18.4%,其中大多数(65.5%)外来职工来自晋州市的其他乡镇。金积镇也具有相似的情况,23.5%的职工是外来人口,其中66.6%是来自本县的其他乡镇,另外的29.0%是来自宁夏回族自治区的其他县市。在其余4个镇中,只有5%~13%的职工来自外地。

2. 21世纪初农村劳动力迁移的特点

与1993年的调查相比,在2000年农村企业职工来源构成中,有一些明显的变化(表5—18)。其一,与1993年相比,2000年农村工业企业的职工来自镇区外的比重有所上升,从19.4%上升到24.8%,提高了约5.6个百分点,其中提高幅度最大的是玉泉镇和平乐镇,分别达到20.7%和17.1%。与1993年类似,这些职工大多数来自于本县内其他乡镇,来自省外的比重很小。其二,在来自本镇的乡镇企业的职工构成中,来自镇区范围内的职工数量有所增加,而来自镇下属村的数量减少。其中变化最剧烈的是总十庄镇和新舟镇,主要是因为这两个镇乡镇工业企业的发展几乎没有什么变化,原来镇属企业的家在村庄的职工基本上都将家迁移到了镇区。2000年的调查所反映出来的情况与1993年的调查基本类似。尽管农村工业企业吸引外来劳动力的能力有所增强,但是其所占的比重仍然不是很高,本镇的劳动力仍然是农村工业劳动力的主要来源,特别是在经济发展水平较低或处于平均发展水平的地区,首先是雇佣当地的劳动力,通常80%以上的农村企业职工是来自镇行政管辖区范围之内。农村工业企业对劳动力就业市场的影响,主要还是在本镇范围内,而对大的区域就业市场的影响还不是很强。国家统计局2001年对我国农村剩余劳动力的抽样调查也显示,2001

年在省内转移就业的剩余劳动力比重上升较多,其中乡镇内转移人数大增。2001年农村剩余劳动力在本省内转移就业的比重达到65.8%,比上年上升7个百分点;转向外省的占34.0%,下降了7个百分点。这与我们的研究结果基本相一致。

(二) 影响我国农村劳动力迁移的因素分析

为了分析影响职工迁移的因素,我们对2000年获得的职工问卷进行了统计分析。主要是利用SPSS软件进行逻辑斯特回归分析。职工迁移意愿用0和1表示,0表示不愿意,1表示愿意迁移。我们认为,职工的年龄、来自的区域、性别、文化程度、家里的总人口、婚姻状况、出生地点、工作时间、通勤距离、工资多少、对迁入城市和子女未来的意愿的强烈程度等都会对农村企业职工的迁移意愿产生影响。

1. 不同类型职工迁移意愿的一般分析

对1 037名职工调查问卷的分析显示,希望迁入城镇的职工仅仅只占总数的34.2%,可见大部分职工不是很想迁入城镇居住。利用SPSS软件进行一般分析(表5—32至表5—36)可以看出,职工迁移意愿与职工的年龄关系不是很明显,36~40岁的中年人相对迁移比例稍高,与职工来源地、职工收入高低也没有很明显的关系,对于不同文化程度的职工来说,高学历的职工迁移的意愿也只是稍稍强于低学历职工。

对于不愿意搬迁的职工,调查的结果显示最主要的原因是因为家里有田地和房产需要照顾,其次是因为乡下居住条件和环境好于城里(表5—37)。可见,农民对土地和乡村环境的依恋是阻碍其迁移的最主要原因。以上分析还不能更详细地了解

第五章　农村工业与农村地区经济发展　205

表 5—32　不同年龄职工的搬迁意愿

项目	<20 岁	21~30 岁	31~35 岁	36~40 岁	41~50 岁	51~55 岁	>55 岁	总计
不愿迁	92	105	171	82	83	45	81	663
愿意迁	55	86	86	56	44	20	25	374
总计	147	191	257	138	127	65	106	1 037

表 5—33　不同来源地职工的搬迁意愿

项目	本镇	本县	本省	省外	总计
不愿迁	413	110	71	28	662
愿意迁	253	54	42	8	374
总计	666	164	113	36	1 036

表 5—34　不同收入职工的搬迁意愿

项目	<200 元	201~300 元	301~400 元	401~500 元	501~1 000 元	1 001~2 000 元	2 001~5 000 元	>5 000 元	总计
不愿迁	12	26	93	162	154	157	15	2	662
愿意迁	2	7	52	79	93	99	13	2	374
总计	14	33	145	241	247	256	28	4	1 036

表 5—35　不同工作时间职工的搬迁意愿

项目	<1年	1~2年	2~3年	3~5年	5~7年	7~10年	>10年	总计
不愿迁	120	58	65	77	113	73	113	663
愿意迁	59	23	30	53	85	51	48	374
总计	179	81	95	130	198	124	161	1 037

表 5—36　不同文化程度职工的搬迁意愿

项目	文盲	小学	初中	高中	大学	大学以上	总计
不愿迁	3	53	364	159	48	28	663
愿意迁	4	14	176	118	30	29	374
总计	7	67	540	277	78	57	1 037

哪些因素,尤其是职工自身的哪些特点影响了其迁移意愿,为了更好地分析影响农村工业企业职工迁移意愿的因素,我们利用SPSS软件对影响迁移意愿的因素进行逻辑斯特回归分析。

表5—37 不愿意搬迁的原因

项目	数量	比重(%)	累计比重(%)
对来回流动方式很满足	83	11.77	11.77
有田地和房产需要照管	262	37.16	48.93
镇上没有固定的工作	51	7.23	56.16
家里人多离不开	58	8.22	64.38
镇上很难租到房子住	21	2.98	67.36
来镇上口粮难解决	1	0.14	67.50
乡下居住条件好	136	19.29	86.79
希望能搬到其他地方去	55	7.80	94.59
其他	38	5.41	100.00
合计	705	100.00	100.00

2. 职工迁移意愿的回归分析

我们将职工迁移意愿作为应变量,应变量为虚拟变量,1表示愿意迁移,0表示不愿意迁移,把职工的年龄、来自的区域、性别、文化程度、家里的总人口、婚姻状况、出生地点、工作时间、通勤距离、工资多少、对子女未来关心的强烈程度等变量作为自变量。由于样本足够大,我们认为样本是正态分布的,可以进行回归分析。逻辑斯特回归分析的结果如下:

F迁移意愿(0,1)=—0.582—0.200(地区)—0.091(年龄)

$$-0.318(性别)+0.194(文化程度)$$
$$+0.114(对子女未来关心的强烈程度) \quad (5—1)$$

回归分析的结果表明,迁移意愿与被调查者来自的区域、年龄、性别、文化程度,对子女未来的关心程度有一定的相关性。来自不同地区的职工迁移意愿是不一样的,来自东部企业的职工(东部用1表示,中部为2,西部为3)迁移的意愿要强于西部企业的职工,而男性(用1表示)职工的迁移意愿要强于女性(用2表示),年龄越大的职工越不愿意迁移,文化程度越高的职工越愿意迁移,对子女未来关心更多的职工比关心少的职工更多地选择迁移。由此可见,为了吸引更多的职工从农村迁移到城镇,提高我国的城市化水平和质量,需要我们进一步提高农村地区职工的素质,改善迁入地区的生活条件,特别是教育条件,为农村职工子女提供更好的教育。

第五节 企业职工行为和态度的实证分析

乡镇企业发展环境的变化以及乡镇企业的改制过程必然会对企业职工的生活和工作态度以及职工的行为方式发生显著影响。樊杰和陶普曼在20世纪90年代中期对乡镇企业职工的研究表明,中国农村社会的结构正在发生着深刻的变化,农村社会的价值观和新的社会阶层正在形成。而 Xiaoyuan Dong 和 Paul Bowels 的研究也进一步显示,农村地区的乡镇企业职工在改制后其态度和行为都发生了一些变化,大部分职工的满意度增强,工作的参与性也得到不同程度的提高,在股份制改造的过程中,拥有股票的职工表现得更明显一些。

一、数据来源

分析是基于 2000 年对玉泉、万石、金积 3 个乡镇 50 多家企业的调研和对 1 000 多名职工的问卷调查,这些企业中既有规模在 300 人以上的较大企业,也有规模仅 10 多人的小型企业,调查对象主要是企业的一般职工,也包括部分的销售人员、中层管理者以及极少一部分高级管理者和私营企业主。为了调查不同地区职工态度和行为的差异及其影响因素,调查人员要求被调查者回答一系列的主观问题,包括职工对工作的满意程度、对居住环境和文体活动的满意程度、对生活目标的评价,以及对不同阶层地位的认识等方面。对于工作以及居住环境等的满意程度包括 12 个问题:就业机会、工作条件、收入水平、晋升机会、文化娱乐状况、医疗卫生条件、居住条件、受教育机会、商业条件、个人自由、家庭关系及联系、结婚择偶。调查人员要求职工用 1 到 5 五个数字表示,1 表示很满意,5 表示很不满意或很差。职工对生活目标重要性的判断,也包括 12 个问题:家庭幸福、工作晋升、高物质生活水平/高收入、职业进修机会、迁入大城市、使自己家庭有较高的社会地位、给子女创造一个好未来、对工作有兴趣、买高级小轿车、享受娱乐生活、国内旅游、国外旅游,用 1 到 5 五个数字表示,1 表示不重要,5 表示很重要。职工对农村各阶层地位的认识,包括对机关干部、经理、全民和集体企业职工、农民、个体户、私人企业主、私人企业雇员、科技人员 8 类阶层人员社会地位的认识,用1到4四个数字表示,1表示很高,4表示低。

二、一般统计分析

表5—38至表5—40的结果表明,目前乡镇企业职工对自身的自由和家庭状况都比较满意,对与工作相关的生产条件也比较满意,但对于生活条件如商业、娱乐、教育、医疗等条件不是很满意。在东部的万石镇,职工对工作和生活条件的满意程度要比中部和西部的玉泉和金积两个镇高一些。这表明在20世纪90年代末期,中国乡镇企业职工的个人自由很少受到限制,他们的工作条件也得到一定改善,但生活条件还有待进一步提高,这要求政府要协助企业进一步改善职工的生活条件,满足其日益增长的教育、医疗和文化娱乐的需要,这一点在中西部地区尤其需要加强。

家庭和子女在乡镇企业职工的生活目标中的地位非常突出,而获得更高的收入无疑是家庭幸福生活和子女未来的保证。3个镇的职工都认为迁进大城市、买高级小汽车和去国外旅游在他们的生活目标中是不重要的。这表明乡镇企业职工的价值观仍然比较传统,家庭和子女仍然是他们生活的最重要的组成部分,而且他们的生活目标也比较现实,对于目前离他们比较遥远的目标如买高级小汽车、迁进大城市等不感兴趣。东部地区万石镇的职工与其他两个镇相比,对迁进大城市和享受娱乐更不感兴趣,他们更关心自己的工作和收入状况,希望通过努力工作来改变生活。

表5-38 玉泉、万石、金积3镇职工对工作和生活条件满意程度的基本情况统计

项目	1 样本数(个)	1 比重(%)	2 样本数(个)	2 比重(%)	3 样本数(个)	3 比重(%)	4 样本数(个)	4 比重(%)	5 样本数(个)	5 比重(%)	有效样本 样本数(个)	有效样本 比重(%)	无效样本 个数(个)	无效样本 比重(%)
玉泉镇														
就业机会	28	9.7	50	17.2	66	22.8	32	11.0	41	14.1	217	74.4	73	25.6
工作条件	40	13.8	64	22.1	133	45.9	13	4.5	8	2.8	258	89	32	11
收入水平	27	9.3	43	14.8	150	51.7	34	11.7	7	2.4	261	90	29	10
晋升机会	5	1.7	8	2.8	71	24.5	57	19.7	44	15.2	185	63.8	105	36.2
文化娱乐	5	1.7	18	6.2	95	32.8	56	19.3	26	9.0	200	69	90	31.0
医疗卫生	3	1.0	24	8.3	77	26.6	58	20.0	49	16.9	211	72.8	79	27.2
居住条件	16	5.5	35	12.1	131	45.2	27	9.3	17	5.9	226	77.9	64	22.1
教育机会	4	1.4	14	4.8	105	36.2	38	13.1	38	13.1	199	68.6	91	31.4
商业条件	2	0.7	13	4.5	84	29	52	17.9	31	10.7	182	62.8	108	37.2
个人自由	28	9.7	50	17.2	94	32.4	8	2.8	12	4.1	192	66.2	98	33.8
家庭关系	56	19.3	89	30.7	40	13.8	4	1.4	4	1.4	193	66.6	97	33.4
结婚择偶	70	24.1	75	25.9	28	9.7	7	2.4	7	2.4	187	64.5	103	35.5

续表

项目	1 样本数(个)	1 比重(%)	2 样本数(个)	2 比重(%)	3 样本数(个)	3 比重(%)	4 样本数(个)	4 比重(%)	5 样本数(个)	5 比重(%)	有效样本合计 样本数(个)	有效样本合计 比重(%)	无效样本 个数(个)	无效样本 比重(%)
万石镇														
就业机会	36	13.0	72	26.0	84	30.3	17	6.1	3	1.1	212	76.3	65	23.7
工作条件	45	16.2	78	28.2	95	34.3	12	4.3	3	1.1	233	84.1	44	15.9
收入水平	26	9.4	50	18.1	129	46.6	21	7.6	1	0.4	227	81.9	50	18.1
晋升机会	14	5.1	21	7.6	104	37.5	35	12.6	10	3.6	184	66.4	93	33.6
文化娱乐	16	5.8	28	10.1	109	39.4	39	14.1	14	5.1	206	74.4	71	25.6
医疗卫生	19	6.9	41	14.8	109	39.4	23	8.3	12	4.3	204	73.6	73	26.4
居住条件	25	9.0	80	28.9	89	32.1	8	2.9	4	1.4	206	74.4	71	25.6
教育机会	13	4.7	64	23.1	98	35.4	26	9.4	1	0.4	202	72.9	75	27.1
商业条件	16	5.8	72	26	97	35	17	6.1	3	1.1	205	74	72	26
个人自由	54	19.5	85	30.7	66	23.8	6	2.2	2	0.7	213	76.9	64	23.1
家庭关系	65	23.5	89	32.1	47	17.0	5	1.8	2	0.7	208	75.1	69	24.9
结婚择偶	62	22.4	76	27.4	41	14.8	12	4.3	4	1.4	195	70.4	82	29.6

续表

项目	1 样本数(个)	1 比重(%)	2 样本数(个)	2 比重(%)	3 样本数(个)	3 比重(%)	4 样本数(个)	4 比重(%)	5 样本数(个)	5 比重(%)	有效样本合计 样本数(个)	有效样本合计 比重(%)	无效样本 个数(个)	无效样本 比重(%)
金积镇														
就业机会	50	15.7	106	33.2	113	35.4	5	1.6	6	1.9	280	87.6	39	12.4
工作条件	27	8.5	110	34.5	164	51.4	5	1.6	1	0.3	307	96.2	12	3.8
收入水平	10	3.1	56	17.6	220	69.0	11	3.4	1	0.3	298	93.4	21	6.6
晋升机会	5	1.6	21	6.6	120	37.6	71	22.3	21	6.6	228	74.6	81	25.4
文化娱乐	6	1.9	38	11.9	163	51.9	56	17.6	12	3.8	275	86.2	44	13.8
医疗卫生	5	1.6	37	11.6	144	45.1	63	19.7	14	4.4	263	82.4	56	17.6
居住条件	17	5.3	71	22.3	176	55.2	14	4.4	7	2.2	285	89.3	34	10.7
教育机会	11	3.4	56	17.6	162	50.8	39	12.2	6	1.9	274	85.9	45	14.1
商业条件	5	1.6	39	12.2	143	44.8	47	14.7	12	3.8	246	77.1	73	22.9
个人自由	37	11.6	93	29.2	132	41.4	12	3.8	4	1.3	279	87.4	40	12.6
家庭关系	78	24.5	144	45.1	51	16.0	11	3.4	0	0	284	89.0	35	11.0
结婚择偶	59	18.5	73	22.9	68	21.3	10	3.1	9	2.8	219	68.7	100	31.3

注释：满意程度分5等，1很满意，2比较满意，3一般，4比较不满，5很不满意。

表 5—39　玉泉、万石、金积 3 镇职工对生活目标重要性评价的基本情况统计

项目		1		2		3		4		5		有效样本合计		无效样本	
		样本数(个)	比重(%)	样本数(个)	比重(%)	样本数(个)	比重(%)	样本数(个)	比重(%)	样本数(个)	比重(%)	样本数(个)	比重(%)	个数(个)	比重(%)
玉泉镇	家庭幸福	0	0	0	0	3	1.0	24	8.3	205	70.9	232	80.0	58	20.0
	晋升机会	23	7.9	18	6.2	41	14.1	31	10.7	52	17.9	165	56.9	125	43.1
	高收入	9	3.1	10	3.4	41	14.1	51	17.6	79	27.2	190	65.5	100	34.5
	进修机会	13	4.5	23	7.9	40	13.8	43	14.8	58	20.0	177	61.0	113	39.0
	迁进城市	29	10.0	26	9.0	47	16.2	20	6.9	41	14.1	163	56.2	127	43.8
	家庭地位	22	7.6	21	7.2	40	13.8	40	13.8	51	17.6	174	60.0	116	40.0
	子女前途	1	0.3	4	1.4	7	2.4	40	13.8	165	56.9	217	74.8	73	25.2
	工作兴趣	5	1.7	8	2.8	36	12.4	62	21.4	77	26.6	188	64.8	102	35.2
	买小汽车	33	11.4	17	5.9	35	12.1	12	4.1	32	11.0	129	44.5	161	55.5
	享受娱乐	29	10.0	25	8.6	56	19.3	16	5.5	32	11.0	158	54.5	132	45.5
	国内旅游	23	7.9	14	4.8	51	17.6	21	7.2	35	12.1	144	49.7	146	50.3
	国外旅游	30	10.3	17	5.9	28	9.7	10	3.4	28	9.7	113	39.0	177	61.0

第五章 农村工业与农村地区经济发展 215

续表

项目	1 样本数(个)	1 比重(%)	2 样本数(个)	2 比重(%)	3 样本数(个)	3 比重(%)	4 样本数(个)	4 比重(%)	5 样本数(个)	5 比重(%)	有效样本合计 样本数(个)	有效样本合计 比重(%)	无效样本 个数(个)	无效样本 比重(%)
万石镇														
家庭幸福	3	1.1	2	0.7	6	2.2	31	11.2	153	55.2	195	70.4	82	29.6
晋升机会	28	10.1	15	5.4	51	18.4	47	17.0	21	7.6	162	58.5	115	41.5
高收入	14	5.1	14	5.1	50	18.1	49	17.7	50	18.1	177	63.9	100	36.1
进修机会	21	7.6	14	5.1	42	15.2	59	21.3	30	10.8	166	59.9	111	40.1
迁进城市	68	24.5	19	6.9	41	14.8	15	5.4	11	4.0	154	55.6	123	44.4
家庭地位	28	10.1	21	7.6	50	18.1	37	13.4	32	11.6	168	60.6	109	39.4
子女前途	3	1.1	2	0.7	4	1.4	58	20.9	118	42.6	185	66.8	92	33.2
工作兴趣	7	2.5	5	1.8	42	15.2	75	27.1	48	17.3	177	63.9	100	36.1
买小汽车	45	16.2	27	9.7	43	15.5	12	4.3	17	6.1	144	52.0	133	48.0
享受娱乐	40	14.4	30	10.8	60	21.7	18	6.5	9	3.2	157	56.7	120	43.3
国内旅游	36	13.0	25	9.0	64	23.1	26	9.4	14	5.1	165	59.6	112	40.4
国外旅游	56	20.2	28	10.1	41	14.8	13	4.7	11	4.0	149	53.8	128	46.2

续表

项目	1 样本数(个)	1 比重(%)	2 样本数(个)	2 比重(%)	3 样本数(个)	3 比重(%)	4 样本数(个)	4 比重(%)	5 样本数(个)	5 比重(%)	有效样本合计 样本数(个)	有效样本合计 比重(%)	无效样本 个数(个)	无效样本 比重(%)
金积镇														
家庭幸福	2	0.6	0	0	12	3.8	55	17.2	207	64.9	276	86.5	43	13.5
晋升机会	12	3.8	12	3.8	60	18.8	95	29.8	50	15.7	219	71.8	90	28.2
高收入	13	4.1	19	6.0	39	12.2	114	35.7	67	21.0	252	79.0	67	21.0
进修机会	9	2.8	19	6.0	48	15.0	109	34.2	64	20.1	249	78.2	70	21.9
迁进城市	46	14.4	42	13.2	65	20.4	42	13.2	22	6.9	217	68.0	102	32.0
家庭地位	15	4.7	29	9.1	56	17.6	88	27.6	51	16.0	239	74.9	80	25.1
子女前途	0	0	1	0.3	8	2.5	71	22.3	154	48.3	234	73.4	85	26.6
工作兴趣	4	1.3	8	2.5	46	14.4	128	40.1	64	20.1	250	79.4	69	21.6
买小汽车	67	21.0	34	10.7	47	14.7	12	3.8	18	5.6	178	55.8	141	44.2
享受娱乐	20	6.3	27	8.5	108	33.9	58	18.2	21	6.6	234	73.4	85	26.6
国内旅游	19	6.0	25	7.8	105	32.9	49	15.4	24	7.5	222	69.6	97	30.4
国外旅游	60	18.8	28	8.8	49	15.4	18	5.6	15	4.7	170	53.3	149	46.7

注释：满意程度分5等，1很不重要，2不重要，3一般，4重要，5很重要。

第五章 农村工业与农村地区经济发展　217

表5-40　玉泉、万石、金积3镇职工对社会各阶层地位评价的基本情况统计

项目	1 样本数（个）	1 比重（%）	2 样本数（个）	2 比重（%）	3 样本数（个）	3 比重（%）	4 样本数（个）	4 比重（%）	有效样本合计 样本数（个）	有效样本合计 比重（%）	无效样本 个数（个）	无效样本 比重（%）
玉泉镇												
机关干部	97	33.4	83	28.6	61	21.0	7	2.4	248	85.3	42	14.7
经理	110	37.9	93	32.1	38	13.1	7	2.4	248	85.3	42	14.7
农民	9	3.1	17	5.9	99	34.1	111	38.3	236	81.4	54	18.6
个体户	15	5.2	75	25.9	129	44.5	13	4.5	242	80.0	58	20.0
企业主	48	16.6	113	39.0	64	22.1	6	2.1	231	79.7	59	20.3
企业雇员	4	1.4	23	7.9	122	42.1	80	27.6	229	78.9	61	21.1
科技人员	126	43.4	96	33.1	19	6.6	2	0.7	243	83.8	47	16.2
万石镇												
机关干部	58	20.9	72	26.0	61	22.0	6	2.2	197	70.7	80	29.3
经理	51	18.4	108	39.0	42	15.2	2	0.7	203	73.3	74	26.7
农民	9	3.2	19	6.9	99	35.7	70	25.3	197	70.7	80	29.3

续表

项目	1 样本数(个)	1 比重(%)	2 样本数(个)	2 比重(%)	3 样本数(个)	3 比重(%)	4 样本数(个)	4 比重(%)	有效样本合计 样本数(个)	有效样本合计 比重(%)	无效样本 个数(个)	无效样本 比重(%)
个体户	9	3.2	62	22.4	114	41.2	5	1.8	190	68.6	87	31.4
企业主	23	8.3	105	37.9	60	21.7	2	0.7	190	68.6	87	31.4
企业雇员	4	1.4	34	12.3	127	45.8	21	7.6	186	67.1	91	32.9
科技人员	64	23.1	88	31.8	35	12.6	2	0.7	189	68.2	88	31.8
金积镇												
机关干部	64	20.1	102	32.0	106	33.2	5	1.6	277	86.6	42	13.4
经理	79	24.8	147	46.1	53	16.6	3	0.9	282	88.4	37	11.6
农民	11	3.4	18	5.6	134	42.0	115	36.1	278	87.1	41	12.9
个体户	11	3.4	99	31.0	156	48.9	9	2.8	275	86.2	44	13.8
企业主	54	16.9	137	42.9	75	23.5	9	2.8	275	86.2	44	13.8
企业雇员	7	2.2	17	5.3	182	57.1	68	21.3	274	85.9	45	14.1
科技人员	128	40.1	105	32.9	43	13.5	3	0.9	279	87.5	40	12.5

注释:1 很高,2 比较高,3 一般,4 低。

调查显示职工普遍认为科技人员的地位是最高的，机关干部、企业经理和企业主的地位也比较高，农民、个体户和企业一般雇员的社会地位被认为最低。这表明在我国农村地区以企业主、企业管理者为主体的经济精英、以机关干部为主体的政治精英和以科技人员为主体的知识精英正成为农村新的精英阶层，而农民和企业雇员成为社会的最底层，中国农村社会的分裂正在加剧。

表5—38至表5—40的结果只是对3个镇的职工行为和态度的差异进行了一般性的分析，不能很充分地解释3个镇的职工态度、行为差异产生的原因。自从1978年以来，我国农村地区的社会结构和价值观念发生了巨大的变化，这种变化受多种因素的影响，我们认为职工的年龄、来源地、性别、文化程度、工作年限、通勤距离、现在收入和是什么组织的成员会对职工的行为和态度产生较大的影响。因此，为了进一步分析职工的价值取向和态度行为的差异，研究者建立了多元回归分析模型，这些回归分别分析了职工工作和生活满意度、职工的生活目标以及对各阶层社会地位的认知与其来源地、年龄、性别、工作时间以及收入等变量之间的关系。

三、回归结果分析

(一) 对工作和生活满意程度的回归分析

为了更好地解释不同职工对其工作和生活满意程度认识上的差异，研究者对12个相关的因变量进行了多元线性回归。回归的结果比较令人满意，各回归方程对变量的解释都比较高，有

50%～90%的变量变化可以用回归方程来解释。

通过对万石镇的回归分析,可以看出,对工作和生活条件满意程度评价影响较大的因素是来源地、通勤距离、文化程度、职工工资和是什么组织成员,而年龄对所有因变量都没有影响,性别和工作时间仅仅对收入水平和工作条件有影响;对玉泉镇的回归分析显示,对工作和生活条件满意程度评价影响较大的因素是工作长短、通勤距离、文化程度、职工工资和是什么组织成员,而年龄对个人自由的满意为负影响,来源地不同仅仅对收入水平、文化娱乐和家庭关系的评价有影响;对金积镇的回归分析表明,对工作和生活条件满意程度评价影响较大的因素是年龄、性别、工作时间、文化程度、职工工资和是什么组织成员,其中年龄对5个因变量均有负影响,表明年龄越大对这些条件的满意程度越高。在东部的万石镇,职工来源地不同对其生活和工作条件满意程度的评价有显著的影响,来自镇区外的职工对就业机会、晋升机会、文化娱乐、医疗卫生、居住条件和教育机会的满意程度比较低,显然外来职工的生活条件和工作条件在万石比本镇职工要差一些;而在金积和玉泉镇外来职工比较少,来源地的影响也相对较弱(表5—41)。

(二) 对职工生活目标的回归分析

为了更好地解释不同职工对生活目标重要性认识的差异,研究者对12个相关的因变量进行了多元线性回归。回归的结果比较令人满意,各回归方程对变量的解释都比较高,有40%～90%的变量变化可以用回归方程进行解释。

通过对万石镇的回归分析可以看出,对职工生活目标重要

第五章 农村工业与农村地区经济发展 221

表 5—41 对职工工作和生活满意程度的回归分析结果

项目	就业机会	工作条件	收入水平	晋升机会	文化娱乐	医疗卫生	居住条件	教育机会	商业条件	个人自由	家庭关系	结婚择偶
玉泉镇												
年龄		0.14* (3.79)	0.14* (3.60)							−0.08** (−1.99)		
来源地			0.15** (2.14)		0.20** (2.31)						0.16** (2.50)	0.16* (4.21)
文化程度	0.26* (3.80)	0.15* (3.05)		0.17* (2.21)	0.23* (3.90)	0.19* (2.63)	0.21* (3.47)			0.15** (2.55)		
性别	0.36* (2.29)	0.36* (3.04)	0.75* (6.73)									
工作长短				0.10* (2.28)	0.12* (3.39)		0.11* (3.19)	0.14* (3.59)	0.11* (2.79)	0.11* (3.29)	0.12* (4.46)	0.11* (4.22)
通勤距离	0.19* (3.03)	0.20* (4.39)	0.12* (2.61)			0.17* (2.59)	0.19* (3.49)	0.15* (2.39)	0.14* (2.19)	0.14* (2.69)		0.10* (2.46)
现在工资				0.10* (1.63)		0.19* (3.39)	0.08* (1.69)	0.18* (3.79)	0.15* (2.79)	0.11* (2.19)	0.07** (1.93)	
组织成员	0.22* (4.50)	0.11* (3.15)	0.10* (2.79)	0.24* (4.56)	0.20* (4.36)	0.19* (3.75)	0.09* (2.25)	0.17* (3.62)	0.20* (4.15)	0.09* (2.32)		

续表

项目	就业机会	工作条件	收入水平	晋升机会	文化娱乐	医疗卫生	居住条件	教育机会	商业条件	个人自由	家庭关系	结婚择偶
R^2	0.65	0.78	0.81	0.65	0.70	0.71	0.73	0.69	0.64	0.65	0.60	0.54
有效样本(个)	273	277	278	276	274	274	273	274	274	272	274	275
万石镇												
年龄	0.19** (2.27)			0.32* (3.35)	0.25* (2.59)	0.30* (3.23)	0.22* (2.76)	0.28* (3.50)				
来源地	0.28* (5.50)		0.23* (4.10)		0.22* (3.09)	0.15* (2.21)	0.15** (2.57)	0.13** (2.06)	0.17* (2.92)	0.11** (2.22)		
文化程度		0.25* (2.50)	0.26* (2.50)									
性别		0.06** (2.36)	0.08* (3.02)									
工作长短	0.20* (3.09)	0.23* (3.98)	0.22* (3.50)						0.22* (3.50)	0.18* (3.50)	0.22* (4.60)	0.22* (3.92)
通勤距离		0.08* (2.30)		0.17* (5.16)	0.13* (3.17)	0.14* (3.60)	0.13* (3.78)	0.14* (4.69)	0.11* (3.20)	0.11* (3.78)	0.12* (5.50)	0.13* (5.23)
现在工资												

第五章 农村工业与农村地区经济发展 223

续表

项目	就业机会	工作条件	收入水平	晋升机会	文化娱乐	医疗卫生	居住条件	教育机会	商业条件	个人自由	家庭关系	结婚择偶
组织成员	0.12*(3.42)	0.09*(2.90)	0.11*(3.09)	0.25*(6.50)	0.19*(4.66)	0.18*(4.50)	0.14*(4.23)	0.20*(6.12)	0.17*(5.50)	0.14*(4.60)	0.16*(6.50)	0.15*(5.07)
R^2	0.73	0.79	0.79	0.70	0.75	0.74	0.74	0.76	0.77	0.74	0.73	0.67
有效样本（个）	239	240	241	243	242	242	242	242	242	242	243	243

金积镇

项目	就业机会	工作条件	收入水平	晋升机会	文化娱乐	医疗卫生	居住条件	教育机会	商业条件	个人自由	家庭关系	结婚择偶
年龄					−0.12**(−2.07)	−0.15**(−2.33)	−0.10**(−2.08)		−0.16**(−2.55)			−0.15**(−2.52)
来源地	0.19*(3.02)	0.20*(4.30)	0.37*(7.67)	0.25*(3.17)	0.28*(4.13)	0.39*(6.50)	0.28*(4.59)	0.25*(4.50)	0.16*(2.22)	0.18*(3.39)		0.19*(2.99)
文化程度	0.28*(2.82)	0.52*(7.12)	0.40*(5.12)		0.23**(2.18)		0.22*(2.30)					
性别			0.08**(2.18)		0.13*(2.93)	0.19*(4.00)	0.13*(3.19)		0.14*(2.77)		0.12*(2.39)	0.16*(3.39)
工作长短												

续表

项目	就业机会	工作条件	收入水平	晋升机会	文化娱乐	医疗卫生	居住条件	教育机会	商业条件	个人自由	家庭关系	结婚择偶
通勤距离												
现在工资	0.10* (2.37)	0.13* (4.09)	0.09** (2.42)	0.18* (3.09)	0.11* (2.23)		0.12* (2.73)	0.17* (3.87)	0.19* (3.39)	0.20* (4.97)	0.16* (4.39)	0.15* (2.79)
组织成员	0.11* (2.97)	0.07** (2.36)		0.22* (4.42)	0.17* (4.25)	0.22* (5.50)	0.08*** (2.42)	0.22* (5.50)	0.22* (5.50)	0.15* (4.39)	0.16* (5.39)	
R^2	0.76	0.89	0.89	0.74	0.84	0.79	0.84	0.82	0.77	0.80	0.79	0.60
有效样本(个)	289	293	291	295	292	294	292	295	293	294	295	294

注释：性别用数字1和2表示,1为女性,2为男性;职工来源他用数字1表示来自本镇,2表示来自本省的其他县,4表示来自其他省;组织成员用数字1表示同乡会成员,2表示职业联合会成员,3表示党员或团员。

性评价影响较大的因素是文化程度、职工工资和是什么组织成员,而性别、通勤距离和工作时间对所有因变量都没有影响,年龄仅仅对工作晋升、物质生活和进修机会有负影响,年龄大的职工认为高收入在他们生活中不重要,进修和晋升对他们也没有吸引力;对玉泉镇的回归分析显示,对职工生活目标重要性评价影响较大的因素是年龄、文化程度、工作时间、职工工资和是什么组织成员,其中年龄对工作晋升、迁进城市、享受娱乐和进修机会有负影响,对子女未来有正影响,表明年龄大的职工认为进修和晋升对他们没有吸引力,享受娱乐和迁进城市也不是很重要,子女的未来是他们更关心的问题;对金积镇的回归分析表明,对职工生活目标重要性评价影响较大的因素是年龄、文化程度、性别和是什么组织成员,其中年龄对家庭幸福、工作晋升、物质生活、进修机会、迁进城市、工作兴趣和享受娱乐有负影响,表明年龄越大对这些目标重要性的认知程度越低。在东部的万石镇和中部的玉泉镇,职工工资对其生活目标重要性的选择有显著影响,工资高的职工比较看重一些生活目标;而在金积和玉泉镇,年龄对很多生活目标重要性的选择有负影响,表明职工年龄越大,对其中一些生活目标就越不看重(表5—42)。

(三) 职工对社会各阶层地位认识的回归分析

为了更好地解释不同职工对农村地区社会各阶层地位认识的差异,研究者对7个相关的因变量进行了多元线性回归。回归的结果比较令人满意,各回归方程对变量的解释都比较高,有70%~90%左右的变量变化可以用回归方程加以解释。

表 5—42 对职工生活目标的回归分析结果

项目	家庭幸福	工作晋升	物质生活	进修机会	迁进城市	家庭地位	子女未来	工作兴趣	高级轿车	享受娱乐	国内旅游	国外旅游
玉泉镇												
年龄		−0.20* (−3.61)		−0.14** (−2.47)	−0.12** (−2.24)		0.15** (2.47)			−0.18* (−3.67)		
来源地									−0.21** (−2.23)			
文化程度	0.21* (2.77)	0.22* (2.97)	0.24* (2.97)	0.20* (2.57)				0.23* (2.87)		0.17* (2.47)	0.19* (3.07)	0.20* (3.08)
性别	0.75* (4.57)						0.78* (4.37)					−0.40* (−2.76)
工作长短		0.17** (3.97)	0.11* (2.47)	0.13* (2.77)	0.13** (3.19)		0.12* (2.67)	0.17* (3.77)	0.08** (2.11)	0.13* (3.17)	0.12* (3.17)	0.14* (3.84)
通勤距离		0.14** (2.07)		0.16* (2.27)		0.17* (2.37)	0.21* (2.77)					
现在工资	0.17* (2.97)	0.14** (2.27)	0.11* (1.77)	0.16* (2.37)	0.18* (3.47)	0.18* (3.97)	0.14* (2.27)	0.17* (2.67)	0.14* (2.97)	0.11* (1.97)	0.12** (2.57)	

续表

项目	家庭幸福	工作晋升	物质生活	进修机会	迁进城市	家庭地位	子女未来	工作兴趣	高级轿车	享受娱乐	国内旅游	国外旅游
组织成员	0.36* (7.00)	0.13** (2.47)	0.21* (3.97)	0.16* (2.97)	0.22* (4.57)	0.25* (4.67)	0.25* (4.37)	0.11** (2.09)	0.18* (3.97)	0.21* (4.47)	0.14* (2.97)	0.13* (2.79)
R^2	0.84	0.61	0.67	0.63	0.56	0.58	0.77	0.69	0.44	0.56	0.50	0.41
有效样本(个)	273	272	274	272	274	275	273	274	274	273	275	274
万石镇												
年龄		−0.25* (−5.76)	−0.15* (−3.15)	−0.18* (−3.83)								
来源地	0.35* (2.97)	0.33* (3.07)										
文化程度	0.37* (3.87)	0.33* (4.17)	0.50* (5.97)	0.44* (5.37)	0.41* (15.6)	0.48* (8.97)	0.44* (4.67)	0.34* (3.97)	0.43* (15.7)	0.47* (17.1)	0.41* (8.57)	0.41* (15.5)
性别												
工作长短												
通勤距离												

续表

项目	家庭幸福	工作晋升	物质生活	进修机会	迁进城市	家庭地位	子女未来	工作兴趣	高级轿车	享受娱乐	国内旅游	国外旅游
现在工资	0.22* (4.07)	0.20* (4.07)	0.18* (3.34)	0.18* (3.47)			0.22* (4.07)	0.18* (3.57)				
组织成员	0.25* (4.57)	0.15* (3.37)	0.19* (3.97)	0.19* (3.97)		0.16* (3.27)	0.24* (4.27)	0.22* (4.27)			0.14* (3.27)	
R^2	0.80	0.67	0.71	0.68	0.5	0.62	0.75	0.71	0.51	0.55	0.60	0.50
有效样本(个)	242	241	242	242	245	244	243	243	245	245	244	245
金积镇												
年龄	−0.17** (−2.51)	−0.48* (−6.20)	−0.27* (−3.42)	−0.35 (−4.60)	−0.15** (−2.25)			−0.22* (−3.20)		−0.24* (−3.65)		
来源地			0.26** (2.07)									
文化程度	0.42* (4.47)	0.66* (8.97)	0.41* (4.47)	0.55* (6.77)	0.32* (3.97)	0.33* (4.37)	0.46* (5.57)	0.43* (4.57)	0.36* (14.9)	0.29* (3.27)	0.32* (4.67)	0.36* (14.7)
性别	0.72* (5.37)		0.40* (2.67)	0.40* (2.73)	0.48* (3.47)	0.66* (4.35)		0.43* (3.07)		0.32* (2.37)	0.38* (2.87)	

续表

项目	家庭幸福	工作晋升	物质生活	进修机会	迁进城市	家庭地位	子女未来	工作兴趣	高级轿车	享受娱乐	国内旅游	国外旅游
工作长短		0.26*(4.47)	0.16*(2.64)	0.15**(2.47)			0.25*(4.07)					
通勤距离												
现在工资	0.27*(4.27)							0.17*(2.57)		0.22*(3.37)		
组织成员	0.13*(2.47)	0.14*(2.57)	0.16*(2.87)	0.20*(3.67)	0.11*(2.15)	0.12*(2.17)	0.23*(3.67)	0.17*(3.11)		0.11**(2.20)	0.13**(2.57)	
R^2	0.86	0.73	0.77	0.78	0.60	0.69	0.75	0.79	0.43	0.70	0.66	0.42
有效样本（个）	293	294	292	293	294	295	295	293	297	293	295	297

通过对万石镇的回归分析,可以看出,对职工评价社会各阶层地位影响较大的因素是文化程度、通勤距离、职工工资和是什么组织成员,而年龄性别和工作时间对所有因变量都没有影响,来源地仅仅对评价经理的社会地位有影响;对玉泉镇的回归分析显示,影响较大的因素是文化程度、职工工资和是什么组织成员,其他因素对社会各阶层地位的评价没有影响;对金积镇的回归分析表明,影响较大的因素是文化程度、职工工资、是什么组织成员和性别,年龄仅对农民社会地位的评价有负影响,年龄大的职工倾向于认为农民的社会地位更高,而工作时间对农民和个体户社会地位的评价有正影响,工作时间越长,越倾向于认为农民和个体户的地位低。仅万石镇,通勤距离对除机关干部以外的所有阶层的社会地位的评价有影响,通勤距离越远的职工越倾向于认为这些阶层的地位低;而在玉泉和金积镇,性别是影响各阶层地位判断的一个重要因素,男性倾向于给各个阶层较低的评分(表5—43)。

(四)几点结论

(1) 3个镇的职工对工作条件比较满意,对生活条件不是很满意,其中,东部的万石镇职工对其工作和生活的满意程度相对较高。影响乡镇企业职工对其生活和工作条件评价的主要因素是文化程度高低、工资的多少以及是什么组织的成员。未来,随着乡镇企业职工文化程度的提高、收入水平的增加和工会组织及党团组织的健全,职工对企业的工作和生活条件就会越不满意,因此进一步改善职工的工作和生活条件是企业和政府必须加强的一项重要工作。

第五章 农村工业与农村地区经济发展

表 5—43 职工对社会各阶层地位认识的回归分析结果

项目	机关干部	经理	农民	个体户	私人企业主	私人企业雇员	科技人员
玉泉镇							
年龄							
来源地							
文化程度	0.13* (2.97)	0.09** (2.00)	0.18* (2.97)	0.20* (3.91)	0.10** (2.11)	0.16* (2.61)	0.12* (3.11)
性别	0.24** (2.57)	0.30* (3.27)	0.50* (3.77)	0.24** (2.23)	0.24* (2.52)	0.45* (3.45)	0.22* (2.81)
工作长短							
通勤距离							
现在工资	0.11* (3.37)	0.10* (3.07)	0.14* (3.11)	0.13* (3.54)	0.15* (4.31)	0.15* (2.99)	0.07* (2.61)
组织成员	0.08** (2.47)	0.08* (2.77)	0.18* (4.37)	0.11* (3.23)	0.08* (2.61)	0.18* (4.51)	0.07* (2.85)

续表

项目	机关干部	经理	农民	个体户	私人企业主	私人企业雇员	科技人员
R^2	0.72	0.70	0.79	0.77	0.73	0.77	0.72
有效样本(个)	269	274	273	274	274	273	274
万石镇							
年龄							
来源地	0.22* (4.18)	0.14** (2.16)					
文化程度		0.21 (5.06)	0.21* (3.21)	0.22* (3.81)	0.17* (3.31)	0.20* (3.29)	0.12* (2.51)
性别							
工作长短							
通勤距离		0.13* (2.41)	0.18** (2.53)	0.13* (2.09)	0.13* (2.27)	0.14** (2.14)	0.14* (2.81)

续表

项目	机关干部	经理	农民	个体户	私人企业主	私人企业雇员	科技人员
现在工资	0.08* (2.81)		0.14* (3.51)	0.10* (3.01)	0.07** (2.34)	0.12* (3.24)	0.17** (2.34)
组织成员	0.13* (4.15)	0.13* (4.61)	0.23* (5.81)	0.16* (4.67)	0.15* (4.81)	0.19* (5.29)	0.12* (4.33)
R^2	0.69	0.73	0.78	0.75	0.72	0.76	0.68
有效样本(个)	240	242	242	242	242	242	242
金积镇							
年龄			−0.14** (−2.52)				
来源地	0.16* (2.95)	0.13* (2.65)	0.38* (5.75)	0.16* (2.85)	0.19* (3.81)	0.35* (6.05)	
文化程度				0.20* (2.28)	0.46* (5.76)	0.31* (3.25)	0.19* (2.59)
性别	0.24* (2.75)	0.21* (2.75)					

续表

项目	机关干部	经理	农民	个体户	私人企业主	私人企业雇员	科技人员
工作长短			0.16* (3.32)	0.11* (3.01)			
通勤距离							
现在工资	0.13* (3.45)	0.14* (4.15)	0.16* (3.11)	0.18* (4.55)	0.16* (4.38)	0.18* (4.55)	0.15* (5.65)
组织成员	0.09* (2.65)	0.08* (2.75)	0.14* (3.65)	0.14* (4.48)		0.09* (2.65)	0.13* (4.75)
R^2	0.78	0.80	0.85	0.85	0.84	0.90	0.74
有效样本(个)	289	294	292	292	262	262	295

(2) 调查显示职工的价值观念比较传统,普遍认为家庭和子女最重要,他们辛勤工作主要是希望通过自己的工作提高家庭收入水平,为子女创造一个好的未来,而迁进大城市对于他们是遥远的事情。这就要求未来的城市化不仅要注重大城市的发展,也要发展好中小城市,提高中小城市的公共服务,特别是教育水平,以吸引农民为了提高子女的教育水平而迁入小城镇。东部万石镇的职工更加关注工作和收入,对享受不感兴趣,体现出积极创业的生活目标。影响职工对生活目标重要性评价的主要因素仍然是受教育程度和是什么组织的成员,对于不同的乡镇,回归结果出现较大的不同。

(3) 中国农村社会的阶层已经出现重大改变,农民和无产者不再受到重视,以企业主、企业管理者为主体的经济精英、以机关干部为主体的政治精英和以科技人员为主体的知识精英成为农村新的精英阶层,而农民和企业雇员成为社会的最底层。文化程度和工资越高的职工越倾向于认为各阶层的地位都比较低,而且党员也存在这种认识,显示了这部分人对目前自身社会地位的不满。对于不同乡镇,影响因素也出现一定差异,在东部的万石镇,通勤距离是一个显著的影响因素;而在西部的金积镇,性别因素的影响很大。

第六章 农村工业发展与企业区位的变化及其对土地利用的影响

第一节 农村工业企业的区位变化

一、区位理论

(一) 区位论的研究内容

区位论是研究经济行为的空间选择及空间内经济活动的组合理论。简言之，就是研究经济活动最优空间的理论。

区位论研究的主题是区位主体与区位的结合。区位，在通常意义上，是指被某种事物所占据的场所或空间，是人类行为活动的空间。人类的行为活动与区位密不可分，如工业、农业、商业和其他产业活动都离不开区位，这些经济或社会活动实体都占据着一定的空间，并且具有排他性。这种被占据的空间并非是自然存在的，而是人类行为的空间选择结果的一种外在表现。区位是针对一定的事物而言的，而这一定的事物就是区位主体。区位主体主要是指与人类相关的经济和社会活动，如企业经营活动、公共团体或机关活动以及个人活动等。研究这些经济和社会活动的场所及场所选择过程的理论就被称为区位理论。

从区位论的定义可以看出，区位论包括两层内涵：一层是经济行为的空间选择；另一层是空间内经济活动的有机组合。前者可称之为布局空间论，后者可称之为经营空间论。这两种区位理论在研究程序、研究方法等方面存在着一定的差异。布局区位论是在区位主体已知的情况下，根据区位主体本身固有的特征出发，来分析适合该区位主体的可能空间，然后从中优选出最佳区位；经营区位论则与之相反，是在大的区位空间已知的情况下，依据该空间的地理特性、经济和社会状况等因素，来研究区位主体的最佳组合方式和空间形态。事实上，这两种区位理论并非截然分开，毫无关联，而是在研究内容上有着许多雷同之处，但是在研究问题的出发点上存在着差异。

实际上，区位论还包含有另一个层次上的提法，即政策区位论。政策区位论是根据区位理论提出区位经济发展的政策、方法和法规等，它涉及经济空间的整治、空间经济发展的政策等理论，基于布局区位论和经营区位论之上，如地域开发计划、都市综合发展计划等都属于政策区位论研究的内容。

可见，对于任何一个区位主体来说，选择什么样的区位空间，这属于布局区位论的研究范畴；对于任意一个区位空间而言，应该采用怎样的区位主体组合和选择则属于经营区位论的研究内容；而政策区位论就是研究如何编制区位空间发展规划的方案，所以要求对布局区位论和经营区位论两者的研究成果同时加以考虑。

人类自从产生以来，就主动或被动地从事着各种行为活动，而其行为活动在空间的表现形态又是多种多样的,这些多样化的空间表现形态就构成了区位论的研究类型,即区位类型。区位类型是在一定的区位动机驱使下资本在空间的沉淀所形成的。研究任何一种区位类型的布局都必须考虑到以下三个问题:区位现状分析、区位预测和区位决策。也就是说,科学的区位布局或区位经营可分为三个阶段:首先是要进行区位现状分析,然后在此基础上进行区位预测,最后进行区位决策并制定相应的政策。

(二) 经典区位理论及其研究的主要内容

区位论是经济地理学和区域经济学的主要理论,从杜能1826年发表《关于农业和国民经济的孤立国》开始,经过韦伯、克里斯泰勒、胡佛等人的发展,最终形成完整的理论体系。传统的经典区位论主要有三大基石:农业区位论、工业区位论和中心地理论。

1. 农业区位论

1826年德国农业经济和农业地理学家杜能(J. H. Thunen)出版了《农业和国民经济中的孤立国》(第一卷)(以下简称《孤立国》),提出了著名的农业区位论。其理论核心是:

第一,研究方法和研究条件的抽象化。杜能首先对研究的区域做了一系列假设:在肥沃的平原中央存在一个大城市,没有可供行舟的河流;平原由完全相同的土壤构成,到处都可耕作;离城市最远的平原是荒地,在此与其他国家分开;平原上无其他城市,周围的产品由城市供给,并且,城市的食品由围绕城市的平原供应。杜能的研究思维是抽象的和演绎的,但具体的研究方法是实证的。可以说杜能《孤立国》的研究基础是清楚的,并且来自于实践,而研究的思维是抽象的,解决的问题具有一般性。

第二,《孤立国》的研究结果。它阐明了农业土地利用类型和土地经营的集约化程度,不仅取决于土地的自然条件,更主要的是依赖于其经济状况,其中特别取决于它到农产品消费地的距离。杜能从运输费用、级差地租、产品价格等角度论证了孤立国及内部结构差异的存在形式和形成原因。他得出:农产品市场周围的土地利用类型以及集约化程度都是随距离而变化的,并围绕中心城市形成一系列同心圆,称作"杜能圈"。杜能圈有6个层,从中心向外土地利用方式是:自由式农业—林业—集约农业(轮作)—谷草式农业—三圃式农业—畜牧业。

第三,杜能理论的意义。杜能作为经济学者从空间角度对经济事物进行了研究,他的理论对农业土地利用的等质地域结构形成机制具有参考价值。从宏观上审视杜能圈我们会发现,农业地带性与杜能圈具有一定的吻合性。同时,杜能的研究对于工业区位论的形成和经济地理学分析方法的发展也具有重要意义。

自杜能以后很多经济学者和地理学者针对杜能理论的不足,对农业区位论又进行了广泛的研究。如达恩(S. Dunn)、廖什(Lösch)等学者从利润最大化、农业产品的一般均衡分析、地租与级差地租理论、市场竞争、自然条件的变化等角度对杜能的区位理论进行了修正,使农业区位论更加接近实际,更符合一般经济规律。

2. 工业区位论

从运输费用角度分析工业区位问题并将其系统化的是德国学者韦伯(A. Weber),但是对这一问题最早进行研究的是德国人龙哈德(Launhardt)。龙哈德是德国著名经济学家,他提出对工业区位论影响极大的重量三角形和"价格漏斗"模型。在他的重量三角形中,两个点代表原材料地,第三个点代表产品出售的市场,在三角形中找到距三个顶点的直线交点而吨公里数之和又是最小的位置即为最优区位。这是工业区位论最初的论证和早期模型。

1909年韦伯的《论工业区位》(第一部分:纯区位理论)发表,标志着工业区位论的正式诞生。韦伯理论的核心是通过对运输、劳动力和聚集因素相互作用的分析与计算,找出工业产品市场成本最低的地点作为企业布局的理想区位,因此,韦伯也被看作工业区位论中最低成本学派的鼻祖。

第一,韦伯为了研究方便提出一些假设,并规定了一些术语。他假设工业原料的供给地的地理分布是已知的;工业产品的消费地和规模已知;工业劳动力的供给地已知,劳动费用一定,且供给量无限。同时,他还定义了区位因子和聚集因子等术语。

第二,韦伯理论的研究成果。韦伯首先分析了运输费用对工业区位选择的影响,他认为要使工业生产取得最低成本,必须找到吨公里总和的最低点。运费差异的产生除了距离这一因素外,原材料的特性也是一个重要原因。韦伯将原材料分为局部性和遍在性原材料以及纯重和失重原材料,用三角形、多边形论

第六章 农村工业发展与企业区位的变化及其对土地利用的影响

证了不同类型原材料情况下最适宜的企业区位,然后,又考虑到劳动力、集聚这两个因素对企业布局区位的影响,从而对企业布局的区位提出修正。韦伯用等值线圈作为区位分析的工具,对后来学者影响较大。

韦伯之后西方的经济学家和经济地理学者又进一步发展了工业区位论。如瑞典学者帕兰特(Tord Palander)在《区位理论研究》一书中对韦伯的理论提出了批判,并提出了自己的区位理论:即地域市场分割和地域市场竞争的概念;美国学者胡佛(Hoover)进一步发展了帕兰特的理论,在其1948年出版的《经济活动的区位》一书中提出影响较大的等费用模式图,也研究了集聚因素与地域市场的关系;以郝特林(H. Hotelling)为主的区位相互依存学派研究了企业在尽可能扩大自己市场地域的竞争条件下,如何影响市场的地域形态;廖什在其1940年出版的《经济的空间分布》一书中,提出了一般均衡条件下的市场区位和市场网络的理论模型,其区位研究的目的是追寻利润最大化,而不是如韦伯等人追寻成本最低,按照廖什的理论,区域空间达到均衡时最佳空间模型是正六边形。其后的区位论学者基本上是在韦伯、帕兰特、胡佛、郝特林等人的区位论基础上进行修改和发展,其中做出重要贡献的学者有格林哈特(Melvin L. Greenhut)、艾萨德(Isard)、纳斯(H. O. Nourse)等。

3. 中心地理论

中心地理论(Die. Theorie der Zentralen Orte)也叫中心地方论或城市区位论,该理论由德国学者克里斯泰勒(W. Christaller)提出。在1942年出版的《德国南部的中心地》

一书中,克里斯泰勒从居民点、城市供应、行政管理、交通等主要职能出发,论证了城市居民点及其体系,深刻揭示了城市发展的区域基础和等级—规模的空间关系,将区域内城市等级和规模关系概括为正六边形模型。

克里斯泰勒的中心地理论是建立在市场原则基础上的空间均衡,由此他推导出中心地系统的六边形网络分布的特点。他分析了市场原则、交通原则和行政原则作用下的中心地系统的空间模型,并提出 K 值的概念。K 值代表在市场、交通、行政管理 3 个因素的作用下,中心地相对于其服务的区域排列关系及数量关系。在市场原则下,K=3,即一个中心地供应两个亚中心和区域;在交通原则下,K=4,表明一个中心地供应 3 个亚中心或区域;在行政原则下 K=7,即一个中心管辖 6 个亚中心或区域。在三原则中市场原则是基础,交通和行政原则是对市场原则的修正。

在克里斯泰勒中心地理论发表 7 年后,另一位德国学者廖什在 1940 年发表了《经济区位论》一书,提出了与中心地理论相似的中心地模型。廖什对中心地理论发展所做的贡献体现在他除了分析只供给一种货物时的空间均衡,还着重分析了供给多种货物时的空间均衡问题,提出了与克里斯泰勒的六边形空间结构系统不同的扇形空间结构系统。其后针对中心地理论的不足之处,贝利、加里森(Garrion)、贝克曼(Bechmann)、戴西(Dacey)、比维恩(Beavon)、马歇尔(Marshall)等人又做了进一步的发展。

（三）区位论研究的最新发展

区位论在第二次世界大战后获得较快发展，无论是农业区位论、工业区位论还是中心地理论都获得了较大的发展，而且该阶段对区位论研究的方法和内容也进行了拓展。

1. 农业区位论研究的最新发展

在农业区位论的研究上，达恩·奥托伦巴和阿伦索（Alonso）做出了巨大的贡献。达恩把区位主体分为3个研究层次，即企业水平、产业水平和社会经济总体水平来分析，而且他将分析的重点放在了产业水平，最后建立了农业区位的一般均衡模型。并且在分析的方法上由静态研究发展为动态研究，力图使自己的区位理论与现实相符合。达恩在现代农业区位理论的研究上达到了一个新的高峰。阿伦索的理论不仅仅局限于农业区位论，其对土地经济学特别是城市地租理论的发展也做出了较为重要的贡献，他建立的土地利用和地价的一般均衡模型是城市经济学的基础理论之一。

2. 工业区位论研究的最新发展

在工业区位论的研究上，艾萨德、毛森斯和肯尼等学者以古典工业区位论为基础，运用替代原理分析区位的均衡，对一般区位理论的发展研究取得引人瞩目的成绩。地理学者格林哈特在1956年出版了《工厂区位——理论和实践》一书，在这部书中，他综合了古典的费用理论和企业间的相互依存关系理论，把区位理论和垄断理论有机地集合在一起。地理学者史密斯在劳斯顿的研究基础上，把韦伯的古典工业区位论的费用思想引申为空间费用曲线，并将之与廖什的空间收入曲线相结合，建立了收入空间界限理论,试图通过收入的空间边界分析来寻找"最佳区位"、"接近最佳区位"和"次最佳区位"。史密斯的区位理论摒弃了他之前的区位论过分抽象的特点,将收入和费用与空间相结合,提出了收入空间界限理论,研究了不同条件下收入空间的变化。

古典区位理论假定社会和经济活动的行为主体是"经济人",即人们掌握了所处环境的一切信息,并且有以稳定的选择水平对所有事物进行正确选择的能力。但事实上,人们对其生存环境的信息所知是极其有限的,其行为决策的标准与其说是利益的最大化,还不如说是心理满足的最大化。地理学者普雷德把满意人的概念引入工业区位理论,建立了更加接近现实的区位行为研究理论,他运用行为矩阵来研究区位选择,重视不完全信息和非最佳化行为对区位选择的作用。

3. 中心地理论在第三产业和城市区位理论研究上的发展

在零售业、批发业和城市区位理论的研究上,地理学者贝利、戴维斯、加纳、毕维恩、维斯、贝克曼、帕尔、戴西、斯坦因和社会学家施坚雅等对中心地理论的发展做出了重要贡献。贝利和加纳对零售业区位和中心地理论进行了研究,戴维斯和毕维恩对城市内部商业中心地理论的系统发展,维斯对批发业区位理论的研究,贝克曼、帕尔和戴西对中心地等级系统模型的发展,斯坦因和社会学家施坚雅对集市区位的研究,瑞典地理学家哈格斯特兰对空间扩散等问题的研究,他们的理论学说构成了现代区位理论的重要组成部分。区位理论在研究服务设施和住宅区位上也取得许多成绩,特别是随着第三产业的发展,服务设施区位研究的意义也越来越重要。如各种事务所(银行、咨询机构和软件公司等)和行政办公机构在大城市区位布局中的地位与日俱增,研究这样一类地区的区位问题成为现代区位理论研究的一个新趋势。

近年来,国际贸易和国际金融学者、斯坦福大学教授保罗·克鲁格曼对区位论和贸易理论的研究非常引人注目,他提出了"新经济地理学"的概念,主要从区位论的不完全竞争、规模经济和收入递增等角度研究经济行为,对区域经济学、城市地理学和国际贸易学做出了极大的贡献,也在当今国际社会再次掀起经济学者关注区位理论的新浪潮。

二、农村工业企业区位演变分析的理论基础

(一) 理论框架

我国农村工业的区位选择一开始就表现出与传统工业区位理论不一致的地方,它既没有布局在原料地,也没有布局在接近市场的地方,更不是布局在运输成本最低的地区,而是自然地布局在其所属的乡村。与此相联系,中国农村工业出现了分散化的布局现象。

韦伯的工业区位论主要考虑工业企业的区位成本最小化或利润最大化,实际上农村工业在乡村地区的分散分布恰恰也是为了寻求最小生产成本。考虑到我国实际情况,在农村工业发展的早期,影响工业区位的因素中除了运输成本、集聚因素、原料成本以外,交易成本和固定投入成本对农村工业生产成本的影响也是比较大的。令 $j=1,2,3,\cdots,n$ 为对既定商品具有固定

需求 μI 的消费者区位,农村工业企业布局在 i 地,投入成本为 F_i(F_i 主要由土地、厂房和机器设备等固定投资构成),生产原料成本为 c_i(假定 c_i 是一常数,在城市和乡村是不同的),交易成本为 M_i(主要由企业的生产交易活动而产生),主要包括量度费用、信息费用、讨价还价及保障承诺的各种费用、界定和保护产权的费用等,所以在 i 处厂商的生产成本为 $F_i + M_i + c_i * q$。最后假定从地点 i 运往消费者 j 的单位产品的运输费用为一个常数 t_{ij},q_{ij} 为商品从 i 地运往消费者 j 的运输量。相应地,与生产成本、运输成本和交易成本相联系的企业总成本可以记为:

$$T = \sum_{j=1}^{n}(c_i + t_{ij})q_{ij} + F_i + M_i \qquad (6-1)$$

农村工业企业区位问题,也就是布局在不同地点 i 的总成本最小化的问题。农村工业最初区位选择和区位变化可以用公式(6—1)获得解释。

(二) 影响早期农村工业区位选择的因素

由公式(6—1)可知,厂商的总成本主要由原料成本、运输成本、投入成本和交易成本构成,作为追求最大利润的厂商,将会把工厂布局在总成本最低的区位。在我国农村工业发展的早期,大多数工业企业属于劳动密集型产业,其初始的投资规模很小,生产规模也不大,因此与生产量 q 相关的生产和运输成本也较小,对总成本影响更大的则是工厂创办时的投入成本以及由于制度不完善而产生的交易成本。此时,影响我国农村工业企业区位选择的主要因素是工厂的建设成本 F_i 和交易成本 M_i。

$$F_i + M_i > \sum_{j=1}^{n}(c_i + t_{ji})q_{ij} \qquad (6-2)$$

第六章 农村工业发展与企业区位的变化及其对土地利用的影响

从交易成本这一影响区位选择的重要因素来看,在改革开放初期,我国的市场经济发育程度很低,私人很难拥有创办企业所需的资源,导致早期私人独立创办企业非常困难。在城市,私人更是缺乏创办企业所必需的各类资源,早期的城市居民无法以个人的名义与其他财产拥有者签订合约以获得创办企业的权利,也没有类似乡村政府的社区为私人提供合作,此时城市的交易费用无限大。而在农村地区,乡村政府对经济的管制相对较松,个人通过与社区集体政权的合作,使资源的获得成为可能,从而使私人可以通过集体的形式创办新型的企业。企业布局在农村社区内部,借助集体的力量,用费用相对较低的社区内部交易替代费用相对较高的市场交易,交易成本被大大降低;农村工业布局在社区,通过与社区的合作,可以分散和转移一部分市场交易的风险。另外,农村工业企业的创办者多数是社区内的组织和个人,其在本社区内兴建企业可以最大限度地利用包括地缘、亲缘等非正式的关系,建立其非正式的社会合约,通过各种非正式合约的建立,企业可以获得熟识的社会成员的广泛参与和支持,可以更好地适应社区的文化环境,从而也达到降低交易成本的目的。

从土地等投入成本这一影响我国农村工业区位的另一重要因素来看,在我国农村工业发展的初期,企业多属于劳动密集型产业,大部分企业是手工操作,在购买机器上的投资就很少,土地和厂房在实际上就构成了投资的主体。因此,土地和厂房价格在我国农村工业发展的初期,对于区位选择有着比较大的影响。在农村地区,存在着农村土地集体所有制(乡镇、村和村小组三级所有),这种制度对农村工业企业使用本社区的土地提供了较大的优惠,由于农村工业企业和社区之间的合约关系,早期农村工业企业使用本社区土地是不付费的,上级组织占有下级的土地只要付出较少的费用。即使在实行土地有偿使用后,农村工业企业使用本社区的土地一般比使用城市土地和其他社区土地费用低。并且,企业用地的审批手续也比较方便。同时,布局在农村地区的企业,其厂房在初期基本上也是由集体社区无偿或以很低的价格所提供,把区位选择在农村社区内可以减少大量的建设成本。正是由于受到交易成本和建设成本的共同制约,早期的非国有工业的区位选择呈现出一定的社区属性,既不是集中分布于城镇地区,也没有明显的市场和原材料的指向性。

(三) 农村工业企业区位演进的影响因素分析

随着市场经济体制在中国的逐步确立,市场交易和私有产权受到保护,个人可以通过一定的渠道获得资源建立私营企业。在城市里,民营企业的创办成为可能,私营经济所具有的制度优势使依附于社区存在的农村工业企业不再具有交易成本方面的优势。布局在农村地区已经不再能够大幅度减少交易成本,从而使得在城市和农村地区企业的交易费用 M_i 发生了较大变化,城市提供的良好产业环境和市场环境可能降低这一费用。同时,随着我国土地制度的改革,农村的土地使用受到严格管理,而且土地价格也在提高;与之相反,一些城市的开发区由于种种优惠的政策,土地的综合使用价格甚至低于农村地区,农村地区的土地价格优势亦不复存在。

第六章　农村工业发展与企业区位的变化及其对土地利用的影响

农村工业企业的演进过程也对企业的区位变化产生了很大影响。改革开放初期,农村工业一般多为技术层次低、生产规模小、生产工艺落后的小型加工企业。一些经营好的企业加大了在资金、技术和人力资源方面的投入,开始不断壮大,成为规模较大、技术装备水平较高的农村工业企业;而那些经营差的企业,一部分由于市场竞争的加剧而消失,另一部分在市场压力不大的情况下得以继续存在;与此同时,又有新的小型企业开始出现,它们无论是在规模上还是技术水平上都较初期的小型企业有所提高,这种周而复始的演进过程的最终结果是形成了稳定的金字塔形企业规模结构(图6—1)。数量很少的企业成为大型集团公司,完成了由农村工业向现代工业的转变,其区位选择有一些也相应发生了变化,大城市成为其总部首选的区域,这些企业已经不再是严格意义上的农村工业企业,如江苏的春兰集团、浙江的万向集团、广东的科龙集团等;而大量的中小企业随着演进的进行,技术水平也会相应提高,并最终演进成为现代工业类型的中小企业。农村工业企业的演进在两个方面影响了其区位(公式6—3):第一,当企业规模扩展大时,随着其产量q的增加,使原料和运输成本在总成本中的比重上升,当产量q增加到一定值时,原料和运输成本成为决定企业区位的首要条件,企业继续布局在农村地区,会因为运输量的增加而加大运输成本;第二,企业的演进所导致的规模加大和技术进步,对企业的经营管理活动提出更高要求。农村地区由于缺少产业和人口的集聚,企业很难获得准确的市场信息,也很难得到技术和人力资源方面的支持,企业继续布局在农村地区会因为这些因素造成生产和管理成本的上升,妨碍企业向更高的层次演进,企业为了自身演进的需要必然会将工厂向城镇迁移。

$$F_i + M_i < \sum_{j=1}^{n}(c_i + t_{ji})q_{ij} \qquad (6—3)$$

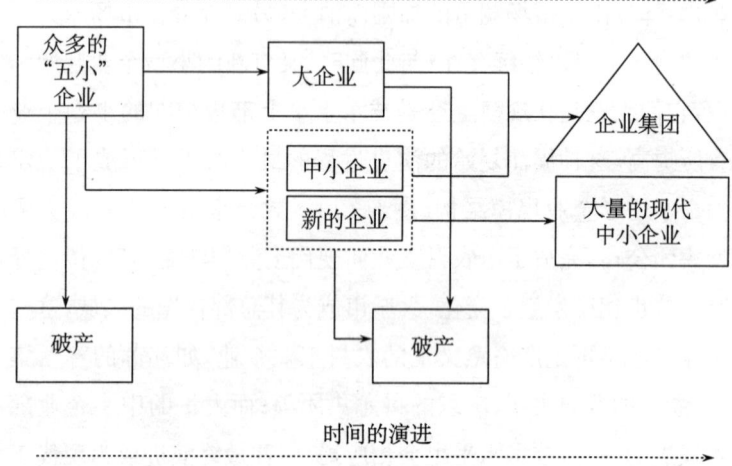

图6—1 农村工业企业的演进过程

三、区位演进外部因素的实证分析

为了调查农村工业企业选择企业布局地点的主要影响因素,研究设计了一个主观调查问卷,问卷共由 16 个项构成,包括:劳动力成本,土地的可获得性,地理位置,交通条件,原料供应,市场容量,与本地企业的合作,人才供应,信息的可获得性,生产性服务水平,融资难易程度,政府服务水平,本地的优惠政策,对环境污染的限制程度,生活环境的适宜度,社会文化环境

第六章　农村工业发展与企业区位的变化及其对土地利用的影响

等。按照调查问卷的设计,被调查企业分别对16项因素的重要性程度给予评价,即很重要、较重要、一般、较不重要、不重要,对企业的评价分别赋值5,4,3,2,1。

统计分析的目的是为了明确影响我国农村工业区位选择的外部因素。考虑到调查的样本量较大,因而可以认为样本数据为正态分布,可以进行假设检验。这里我们利用SPSS软件的分析功能,首先根据各因素得分值排序,判断其相对重要性,然后采用因子分析,确定主因子,最后运用方差分析和T检验来检验总体假设。

首先,根据各个因素的平均值,我们可以得到影响我国农村工业企业区位的外部因素的排序(表6—1)。在所列的16个因素中,有9个因素平均分超过了4.0。排名前4位的因素是靠近原料、靠近市场、本地的优惠政策和政府服务水平。这几个因素既涉及企业的要素投入和销售,也涉及投资环境,特别是政府给予的减免税等方面的优惠政策以及政府服务水平。第二组重要的影响因素包括靠近人才、靠近信息中心,显然企业区位选择越来越多地考虑到人才和信息获得的便利程度,特别是农村工业在进行升级时考虑这两个因素比较多;交通条件、劳动力成本和融资难易程度对农村工业企业的区位选择影响也比较大,交通和劳动直接影响企业的生产成本,融资对企业生产影响也较大,特别是在目前劳动力成本和油价飞速增长的时代,这些因素将越来越重要。

表 6—1　影响农村工业企业区位选择的各因素的重要性

因素	位次	平均值	标准差
靠近原料	1	4.447 1	0.820 7
靠近市场	2	4.301 8	0.825 8
本地的优惠政策	3	4.275 7	0.829 6
政府服务水平	4	4.238 3	0.802 5
靠近人才中心	5	4.161 7	0.787 5
靠近信息中心	6	4.153 0	0.800 7
交通条件	7	4.127 3	0.795 9
劳动力成本	8	4.120 0	0.811 1
融资难易程度	9	4.098 8	0.912 8
土地的可获得性	10	3.962 2	0.944 2
生产性服务水平	11	3.946 4	0.815 2
地理位置	12	3.936 2	0.854 8
对环境污染的限制程度	13	3.832 6	1.049 8
生活环境的适宜度	14	3.755 1	0.900 5
社会文化环境	15	3.724 1	0.858 6
与本地企业的合作	16	3.588 9	0.985 7

对16个影响因素进行相关分析的结果表明，各投资动机之间存在一定程度的相关性。因此，有必要采用因子分析的方法找出主要的影响因素。采取主成分分析和Varimax直角转轴法进行因子分析。

采用主成分分析和Varimax直角转轴法提取4个因子,所有4个因子的特征值都大于1,这4个因子共可以解释59.4%

第六章 农村工业发展与企业区位的变化及其对土地利用的影响

表 6—2 各因素之间的相关性分析

项目	1	2	3	4	5	6	7	8	9	10	11	12	13	14	15	16
1	1.000	0.331	0.243	0.289	0.276	0.238	0.219	0.223	0.158	0.195	0.198	0.184	0.228	0.199	0.255	0.199
	.	0.000	0.000	0.000	0.000	0.000	0.000	0.000	0.000	0.000	0.000	0.000	0.000	0.000	0.000	0.000
	950	922	933	934	926	922	907	925	918	924	920	933	932	928	922	920
2	0.331	1.000	0.329	0.273	0.227	0.174	0.210	0.293	0.275	0.278	0.278	0.308	0.289	0.325	0.309	0.305
	0.000	.	0.000	0.000	0.000	0.000	0.000	0.000	0.000	0.000	0.000	0.000	0.000	0.000	0.000	0.000
	922	925	915	914	906	908	895	908	902	908	905	915	913	911	906	905
3	0.243	0.329	10.000	0.623	0.219	0.220	0.280	0.205	0.259	0.278	0.160	0.276	0.227	0.241	0.235	0.251
	0.000	0.000	.	0.000	0.000	0.000	0.000	0.000	0.000	0.000	0.000	0.000	0.000	0.000	0.000	0.000
	933	915	940	935	922	922	907	922	917	921	917	930	929	926	921	918
4	0.289	0.273	0.623	1.000	0.295	0.269	0.246	0.223	0.296	0.254	0.249	0.313	0.271	0.241	0.279	0.233
	0.000	0.000	0.000	.	0.000	0.000	0.000	0.000	0.000	0.000	0.000	0.000	0.000	0.000	0.000	0.000
	934	914	935	943	927	926	910	927	921	925	920	934	934	931	924	921
4	0.276	0.227	0.219	0.295	1.000	0.469	0.124	0.300	0.263	0.221	0.290	0.200	0.343	0.265	0.185	0.141
	0.000	0.000	0.000	0.000	.	0.000	0.000	0.000	0.000	0.000	0.000	0.000	0.000	0.000	0.000	0.000
	926	906	922	927	935	921	907	919	915	920	914	925	923	921	915	913

续表

项目	1	2	3	4	5	6	7	8	9	10	11	12	13	14	15	16
6	0.238	0.174	0.220	0.269	0.469	1.000	0.281	0.359	0.330	0.274	0.317	0.250	0.314	0.196	0.196	0.217
	0.000	0.000	0.000	0.000	0.000	.	0.000	0.000	0.000	0.000	0.000	0.000	0.000	0.000	0.000	0.000
	922	908	922	926	921	931	907	920	917	922	914	925	923	922	917	917
7	0.219	0.210	0.280	0.246	0.124	0.281	1.000	0.376	0.325	0.342	0.222	0.275	0.231	0.295	0.380	0.397
	0.000	0.000	0.000	0.000	0.000	0.000	.	0.000	0.000	0.000	0.000	0.000	0.000	0.000	0.000	0.000
	907	895	907	910	907	907	917	910	906	910	904	913	912	910	907	905
8	0.223	0.293	0.205	0.223	0.300	0.359	0.376	1.000	0.568	0.502	0.338	0.355	0.348	0.241	0.304	0.346
	0.000	0.000	0.000	0.000	0.000	0.000	0.000	.	0.000	0.000	0.000	0.000	0.000	0.000	0.000	0.000
	925	908	922	927	919	920	910	934	919	925	919	929	929	928	923	920
9	0.158	0.275	0.259	0.296	0.263	0.330	0.325	0.568	1.000	0.578	0.347	0.383	0.340	0.307	0.339	0.402
	0.000	0.000	0.000	0.000	0.000	0.000	0.000	0.000	.	0.000	0.000	0.000	0.000	0.000	0.000	0.000
	918	902	917	921	915	917	906	919	928	919	917	925	925	923	918	915
10	0.195	0.278	0.278	0.254	0.221	0.274	0.342	0.502	0.578	1.000	0.309	0.457	0.338	0.343	0.383	0.397
	0.000	0.000	0.000	0.000	0.000	0.000	0.000	0.000	0.000	.	0.000	0.000	0.000	0.000	0.000	0.000
	924	908	921	925	920	922	910	925	919	933	920	930	928	926	921	918
11	0.198	0.278	0.160	0.249	0.290	0.317	0.222	0.338	0.347	0.309	1.000	0.418	0.411	0.247	0.313	0.262

第六章 农村工业发展与企业区位的变化及其对土地利用的影响 255

续表

项目	1	2	3	4	5	6	7	8	9	10	11	12	13	14	15	16
12	0.000	0.000	0.000	0.000	0.000	0.000	0.000	0.000	0.000	0.000	.	0.000	0.000	0.000	0.000	0.000
	920	905	917	920	914	914	904	919	917	920	931	926	927	923	916	916
	0.184	0.308	0.276	0.313	0.200	0.250	0.275	0.355	0.383	0.457	0.418	1.000	0.625	0.335	0.403	0.379
13	0.000	0.000	0.000	0.000	0.000	0.000	0.000	0.000	0.000	0.000	0.000	.	0.000	0.000	0.000	0.000
	933	915	930	934	925	925	913	929	925	930	926	944	939	935	929	924
	0.228	0.289	0.227	0.271	0.343	0.314	0.231	0.348	0.340	0.338	0.411	0.625	1.000	0.386	0.393	0.350
14	0.000	0.000	0.000	0.000	0.000	0.000	0.000	0.000	0.000	0.000	0.000	0.000	.	0.000	0.000	0.000
	932	913	929	934	923	923	912	929	925	928	927	939	943	934	928	925
	0.199	0.325	0.241	0.241	0.265	0.196	0.295	0.241	0.307	0.343	0.247	0.335	0.386	1.000	0.668	0.449
15	0.000	0.000	0.000	0.000	0.000	0.000	0.000	0.000	0.000	0.000	0.000	0.000	0.000	.	0.000	0.000
	928	911	926	931	921	922	910	928	923	926	923	935	934	938	928	922
	0.255	0.309	0.235	0.279	0.185	0.196	0.380	0.304	0.339	0.383	0.313	0.403	0.393	0.668	1.000	0.633
16	0.000	0.000	0.000	0.000	0.000	0.000	0.000	0.000	0.000	0.000	0.000	0.000	0.000	0.000	.	0.000
	922	906	921	924	915	917	907	923	918	921	916	929	928	928	931	921
	0.199	0.305	0.251	0.233	0.141	0.217	0.397	0.346	0.402	0.397	0.262	0.379	0.350	0.449	0.633	1.000
	0.000	0.000	0.000	0.000	0.000	0.000	0.000	0.000	0.000	0.000	0.000	0.000	0.000	0.000	0.000	.
	920	905	918	921	913	917	905	920	915	918	916	924	925	922	921	928

的总方差。第一、第二因子分别解释16.19%和15.94%的总方差,第三、第四因子分别解释13.88%和13.45%的总方差(表6—2)。第一个因子主要包括对环境污染的限制程度(0.785)、生活环境的适宜度(0.827)和社会文化环境(0.665),这几个因子反映了企业布局地方的基本背景环境,我们称之为背景环境因子。第二个因子主要反映与本地企业的合作(0.529)、人才可获得性(0.74)、信息的可获得性(0.758)、生产性服务水平(0.725),我们称之为技术服务因子。第三个因子主要包括靠近原料、靠近市场、融资难易程度、政府服务、本地的优惠政策,主要反映了投入销售情况以及政府的服务环境的好坏,因此我们称之为投入销售和政府服务因子。第四个因子包含劳动力成本、土地成本、地理位置、交通条件,反映了企业生产的成本和对地理位置的依赖情况,我们称之为成本、地理位置因子(表6—3)。

表6—3 影响农村工业企业区位选择的外部因素的因子分析

因子	因子荷载量	特征值	转轴后因子荷载量	主成分方差贡献率	累积方差贡献率
因子1		5.819	2.59	16.186	16.186
对环境污染的限制程度	0.785				
生活环境的适宜度	0.827				
社会文化环境	0.665				
因子2		1.359	2.551	15.94	32.12

续表

因子	因子荷载量	特征值	转轴后因子荷载量	主成分方差贡献率	累积方差贡献率
与本地企业的合作	0.529				
人才可获得性	0.740				
信息的可获得性	0.758				
生产性服务水平	0.725				
因子3		1.239	2.220	13.877	46.00
靠近原料	0.726				
靠近市场	0.611				
融资难易程度	0.588				
政府服务	0.501				
本地的优惠政策	0.641				
因子4		1.095	2.152	13.448	59.452
劳动力成本	0.552				
土地成本	0.502				
地理位置	0.815				
交通条件	0.755				

表6—4 单因素方差分析

项目	方差分析	因子1	因子2	因子3	因子4
产业类型	F值	0.251	6.090*	1.634	0.918
	显著性	0.778	0.002	0.196	0.400
经济类型	F值	3.346*	1.185	1.338	1.708
	显著性	0.005	0.315	0.246	0.130

续表

项目	方差分析	因子1	因子2	因子3	因子4
职工人数	F值	4.982*	4.102*	1.523	4.152*
	显著性	0.002	0.007	0.207	0.006
创立时间	F值	0.106	0.395	3.379*	1.093
	显著性	0.900	0.674	0.035	0.336
企业类型	F值	3.685*	4.621*	2.507*	3.586*
	显著性	0.003	0.000	0.029	0.003
营业收入	F值	6.365*	2.470*	0.959	2.057
	显著性	0.000	0.043	0.430	0.085
原始区位	F值	2.337	0.737	4.256*	1.266
	显著性	0.097	0.479	0.014	0.282

注释：*表示在5%水平上检验显著。

从表6—4中我们可以得出以下结论：

首先，我们认为农村工业企业的行业类型也会对其区位选择产生一定的影响。我们将调查的企业分为第一、第二和第三产业，假设农村工业企业区位选择因子的相对重要性对于三次产业结构而有所差异，第二和第三产业显然对区位的要求更高一些。方差分析的结果部分支持了我们的假设，因子2的假设检验在5%水平上显著，其他因子的重要性并不因三次产业结构的不同而变化。因子2是技术服务因子，属于第二、第三产业的企业对包括人才和信息的可获得性、生产性服务业的发展水平以及当地的企业合作网络的要求更高一些。我们检验开业时间的不同是否对农村工业企业区位选择因子的相对重要性产生影响。

将农村工业企业的开业时间划分为1992年之前、1992～1997年之间以及1997年以后。这种开业时间的划分是根据中国改革开放的时空格局和我国农村工业发展历程而确定的。我们的假设是农村工业企业区位选择因子的相对重要性在这三个时间段有所差异。方差分析的结果部分支持了我们的假设，对4个因子的检验，只有因子3的假设检验在5%的水平显著，其他因子的重要性并不因企业创立的时间不同而变化。第三个因子是投入销售和政府服务因子，创立时间不同的企业对接近原料和市场的要求不同，一般来说新创立的农村工业企业，市场环境已经发生了变化，其技术和管理水平也相对较高，对靠近原料和市场的要求更高，同样，新创立的企业正处于成长期，更希望政府在融资、优惠政策和办事效率方面给予更大的支持。

其次，我们将企业的经济类型分为国有、集体、私营、外资和合资、股份制以及其他6类，方差分析的结果表明，因子1假设检验在5%的水平显著，其他因子与经济类型关系不大。表明对环境污染的限制程度、生活环境的舒适度以及社会文化环境的状况因企业的经济类型其因子的重要程度也会产生较大的差异。一般来说外资企业或较大的股份制企业对背景环境的要求较高，希望当地有较宽松的环境政策，有良好的生活条件和社会文化环境。我们将企业类型分为劳动力密集、资本密集和技术密集3类，分析的结果表明，4个因子假设检验在5%的水平都显著。表明所有影响区位的因素的重要程度都会因企业的技术类型产生差异。一般来说技术密集型企业对这些区位因素要求更高一些，而劳动力密集型企业的区位要求更低一些。

第三,我们将企业的营业收入分为4个等级,小于100万元的微小企业、101~1 000万元的小企业、1 001~5 000万元的中小企业、5 000万元以上的中型企业,方差分析的结果表明因子1、2在5%的水平显著。这表明当地的背景环境、技术服务的水平等因素与企业营业收入的规模大小有一定的关系,营业规模越大的企业这些因素的重要程度就越高。将企业的职工人数分为4个类型,小于20人的微小企业、21~50人的小企业、51~100人的中小企业、100人以上的中型企业,方差分析的结果表明因子1、2、4都在5%的水平显著。这表明当地的背景环境、技术服务的水平、该地区的地理位置、人力和土地成本等因素与企业人数规模的大小有很大的关系,规模越大的企业这些因素的重要程度就越高。

第四,我们认为企业的原始区位也会对农村工业企业区位选择的影响因素的重要性产生影响。我们将调研企业区位分为布局在行政村、在镇区、在县城及开发区3类,方差分析的结果表明只有因子3在5%的水平显著,其他因子都不能通过检验。这表明当地融资的难易程度、政府服务水平的高低和本地的优惠政策的幅度,以及靠近原料和靠近市场的状况这些影响农村工业区位的因素的重要性,与企业布局在村里、镇里和县城及开发区有很大关系,布局在开发区的企业更多考虑靠近原料和市场,考虑到优惠政策的优惠程度和政府的管理服务水平等。

总之,靠近原料、靠近市场、本地的优惠政策、政府服务水平是影响农村工业企业区位的最重要因素。此外靠近人才、靠近信息中心、交通条件、劳动力成本和融资难易程度等,也是影响农村工业区位选择的重要因素。由于因素之间存在一定程度的相关性,根据因子分析,影响农村工业区位选择的因素可以归纳为背景环境、生产技术服务、投入销售和政府服务以及成本、地理位置因子。方差分析表明这些因素因企业开业时间的不同而存在差异,产业类型、企业技术类型和经济类型的差异可能会导致它们的区位选择的不同。人员规模、经济规模和原始区位的不同也会对企业的区位选择产生一定的影响。

第二节 农村工业发展对土地利用的影响

一、土地利用与土地利用变化

(一) 土地利用

地球表层系统最突出的景观标志就是土地利用与土地覆盖(land use/land cover)(史培军,1997)。土地利用系统是土地系统的子系统,其系统的原动力和阻碍力均来自于人类,它是一个深受人类影响的系统。土地利用具有强烈的目的性,它不仅仅是一种状态,更重要的是它体现了人和自然相互作用的过程,是一种社会经济现象;人类是土地利用的主体,土地是人类利用的客体和对象。

近年来对土地利用的定义更侧重体现人、地之间的互动关系。土地利用从土地作为主体,反映土地状态的变化以及土地的功能等不同的角度被赋予了不同的定义。联合国粮农组织

(FAO)定义土地利用为"由自然条件和人的干预所决定的土地功能"。《地理学词典》的解释是:"土地资源在现有生产上的利用状况、利用方式及其今后合理利用方向、途径的总称。"土地作为对象,人类对土地施加一定的影响。在对土地利用的认识中,越来越重视人类对土地的影响力,重视人类作为行为主体的能动性和主观性。英国G.G.迪肯森等(1984)认为:"土地利用是指土地上的人类活动及土地被利用的目的。"《现代地理学词典》中将土地利用定义为:"人类根据土地的自然特点,按照一定的经济、社会目的,采取一系列生物、技术手段,对土地进行长期性或周期性的经营管理和治理改造活动。它既是一个把土地的自然生态系统变为人工生态系统的过程,也是一个自然、经济、社会诸因素综合作用的复杂过程。"(左大康,1990)《现代农业中的土地利用》一书将土地利用定义为:"人类为了从土地获取物质或精神的需要对土地实行永久或周期性的干预。土地利用是人类和自然互动作用的结果,是劳动者和劳动对象结合起来的过程和结果的表现。在对土地利用的定义中,应该强调两方面的结合,反映劳动对象的客观性和劳动者主观意向的结合。"土地利用是"一个自然、经济、社会诸因素综合作用的复杂过程"(左大康,1990)。任一单方面的投入都不可能带来土地利用水平的提高。

  土地利用是研究人地系统的切入点(樊杰,2003),简单地说,人系统与地系统的相互作用形成了人地复合系统。研究人地关系的主要难点问题,并不在于人系统和地系统两个相对独立的系统之间的相互作用,而是两个系统更多地以复合形态——人地复合系统的形式存在,复合系统内部的作用与反作用、主动与被动行为、直接与间接影响等关系错综复杂,从而制约着从整体观和系统观认识人—地关系的内在作用机理。从地域系统的视角研究人地关系,应当有3个重要方面的内容:第一,不同空间尺度的区域(图6—2,A1、A2、A3三个区域),人—地系统相互作用的规律及其尺度间的转换规律;第二,相同(近似)大小的区域(A、B两个区域系统)之间人地关系作用的差异性及其特征;第三,A、B两个人地复合系统之间的相互联系与作用机制及其由此形成的"A+B"系统的整体性。当然,如果再加上从时间维度认识以上三者的变化规律,便更有助于对人地关系地域系统研究的深化。以上所有作用过程和结果的可见形式,从平面效果看主要是土地利用结构与变化、从立体效果反映主要是综合景观形态的演替。或者说,土地利用结构与变化是人地关系地域系统的平面投影,研究土地利用应当成为从综合与系统的视角探讨人地关系地域系统的一个重要的切入点。

(二) 土地利用变化

所谓土地利用变化主要是指土地利用结构的变化,这个变化主要有两种,一种是特定地块上的土地利用类型的转变,例如农用地转变为建设用地;另一种是特定的土地利用类型在不同地域上的转变,也就是分布的变化。土地利用的变化是导致土地状态变化的最主要动因(B. L. Turner et al,1994),主要有两种类型:渐变(modification)和转换(conversion)(刘彦随,1999)。渐变是指一种土地利用类型内部条件的变化,转换是由一种土地利用类型转变为另一种土地利用类型。这两种变化类型作用于土地生态环境的变化表现在两个层次上：系统性（systematic）变化和积累性（accumulative）变化。前者是指全球性变化，后者是指区域性变化，区域性变化的积累效果会影响到全球土地生态环境变化。

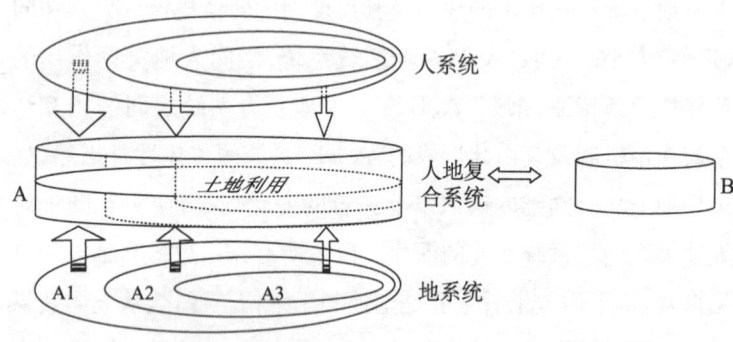

图 6—2　人—地关系地域系统与土地利用

已有的土地利用方式会影响以后的土地利用方向，一些土地利用的方式转化比较容易，而有些则几乎不可能。因此，土地利用方式的可逆性较小，例如，农用地向建设用地的转化就比较容易，而建设用地向农用地尤其是耕地的转化就比较困难。土地利用的这种较小的可逆性决定了研究土地利用的必要性和重要性，人类在改变土地利用方式时必须慎重考虑。

二、土地利用变化的人文驱动机制分析

　　土地利用变化是自然、社会、经济等多种因素综合作用的结

第六章 农村工业发展与企业区位的变化及其对土地利用的影响

果,作为生产资料的土地,其利用方式的变化是人类行为的必然结果,人类利用土地的过程实质上是自然—人类—社会(经济)相互作用、相互联动的系统运行过程。从土地经济学角度来说,土地利用系统能够持续存在的基本条件是经济收益不断提高。由于不同土地利用类型之间经济效益的差异,直接导致土地利用系统的变化和土地在不同利用类型之间的转化。在土地经济学里,土地应如何利用,大半是由土地的生产物在市场所获得的价格确定的。土地利用的一个真实因素——利用土地的动机是预期收入。土地的经济使用意味着,把一切在经济上可供应用的土地按照比例相应地使用到它的各项用途中去,务使一切需求都得到最适当地满足。经济的,或者说比例的原理支配着土地利用的公私政策。在私人经营企业的制度下,最好的分配比例就是能够为投资者带来更高收益的比例。

早在17世纪后期,威廉·配第就提出了地租理论。1826年杜能在《孤立国》中,首次系统论述了土地的位置与农业生产和地租的相关性,并提出了区位地租学说,将区位租金定义为生产者由于区位优势而获得的收益。区位租金的定义式为:

$$Lr_{ij} = Q_i(p_i - c_i) - Q_i f_i k_j \qquad (6—4)$$

Lr_{ij}是j地生产i农产品的区位租金,Q_i是产量(吨或普示而),p_i和c_i分别为每单位农产品的价格和生产成本,f_i是每单位农产品的运费(如每公里),k_j是产地j与市场之间的距离。即使土地的生产条件很好,其经济租金也将随运输成本的上升而下降。交通网随着某些方向发展,是因为人们有此需求,这种需求愿望,比起天然屏障或天然通道,是一个更加重要的因素。

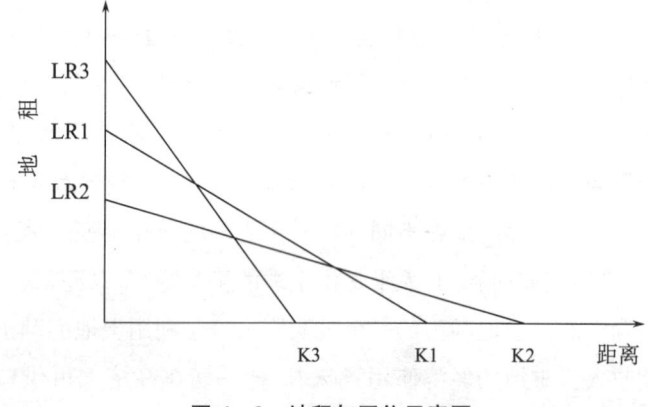

图 6—3 地租与区位示意图

地租在形式上可分为级差地租和绝对地租。其中,级差地租是土地利用因其区位条件或投资状况的不同而产生的。马克思的《资本论》认为:"级差地租实质上终究只是投在土地上的等量资本所具有的不同生产率的结果。"从历史上看,农业用地的扩张可归因于运费的下降而引起的生产成本下降,市场可进入性增强。从图 6—3 中可以看出,从 LR1 到 LR2 市场附近租金的降低可能导致农业用地的减少。土地用于其他方面,如城市用地,这会带来更多的利润。在市场中心附近,农产品种植获利能力降低。虽然 LR2 距离市场近,获利能力高于距离远的区域,但在进行农业区位选择时,我们选择较远的区域,因为那里的机会成本为零。机会成本在市场中心处最高,逐次向外降低。收入之所以高只是因为获利高的土地仍用于农业,但它的竞争能力低于其他商业用途,比如用于零售业,单位面积上的收益大于绝大多数的农业用地方式。因此,一旦有获利更高的土地利用方式出现,农业或其他的利用方式将淘汰。同样,如果农业或其他利用方式的获利能利高于目前利用方式,则这块土地将转为农业用地。总的说来,农产品生产成本的不断下降,使区位均衡由 LR1 转到 LR3。经济人根据土地区位租金的改变而选择不同的用地方式,在经济发展的初期交通和市场是主要改变区位租金的经济因素。宏观经济环境通过制约着经济人的决策,影响土地利用的变化。

由于土地具有用途多样性、社会经济位置的可变性和分割合并的可能性这三大人文特征,同一块土地具有多种可利用方式,在不同时期同一块土地的利用方式可转变。在人类自身消费需求不断增长的同时,人类社会发展在产业经济活动层面和社会生活活动层面的分异,使土地利用的驱动机制发生了根本的转换。

(一) 土地利用变化的经济驱动

人类活动的区位选择主要基于经济效益因素、继而构成了土地利用变化的驱动力。对该主题的研究始于 18 世纪的西方农业经济学家。1817 年理查德(D. Ricardo)提出了一般地租概念。1826 年杜能提出了级差地租理论。此后,20 世纪 20 年代的柏林克曼、30 年代的胡佛以及第二次世界大战后的艾萨得、阿伦索、博芬特尔等都曾做过进一步的研究和发展,他们将地租理论扩大到社会经济各个方面对土地利用的需求和利用中。作为一种经济活动的土地利用,遵循着一定的经济规律,其根本法则是土地的"最有效使用原则",即土地总是趋于采取能产生最

268 中国农村工业发展及其区域效应

大收益的利用方式。从理论上将任何一块土地的利用必须满足土地所有者获取最大利润的愿望,而土地使用者总是选择能给自己带来最大收益的区位来生产生活。

产业结构演替和城乡聚落结构的变化,符合了土地利用效益最大化的要求,这不仅成为保障工业化和城市化进程的基本前提,也导致了过去两个多世纪中土地利用结构发生了剧烈的变化(图6—4)。不同的土地利用方式遵循着区位租金定理,区位租金曲线决定着生活和生产场所的选址。城市用地的扩张越来越多地占用农用地,农村土地利用结构中经济作物的种植比重显著增加,工业企业从市区外迁而让位于第三产业,城市核心

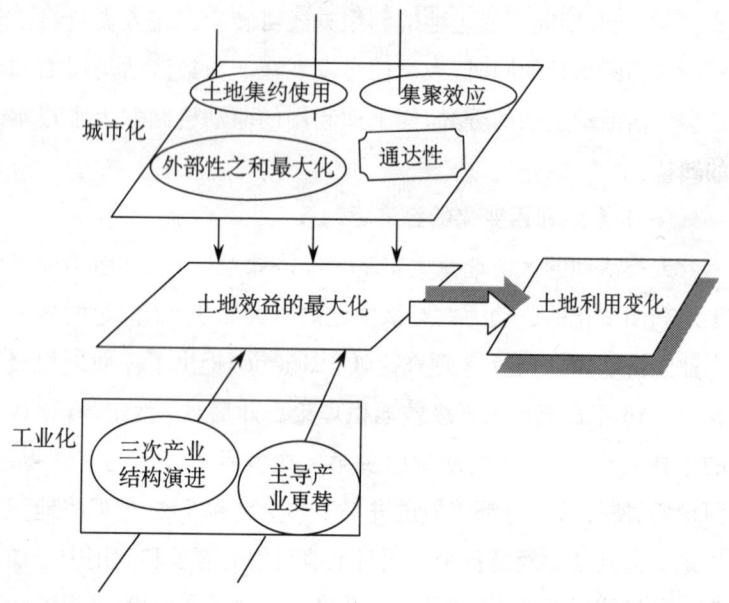

图6—4 城市化、工业化与土地利用关系

区逐步由一般商贸业转变为包括金融保险等在内的高级服务业,等等,这些过程,是高地租土地利用方式替代低地租土地利用方式的过程。当然,在现实中,一些非经济的因素会影响到土地利用的方式,如国家政策、消费者偏好等。非经济因素对土地利用方式的影响除了强制性手段之外,主要是通过改变区位租金来影响土地利用结构。其中,国家土地政策如何利用调整级差地租的杠杆引导土地利用目标的实现,是非经济因素经济化操作的重要方式。此外,从驱动力视角探讨土地利用的经济收益问题,应重视土地通达性与外部性的影响,这将成为人文(经济)地理学研究土地利用的两个重要内容。通达性是影响级差地租的因素之一,城市土地利用空间结构清楚地显示出,城市中心及城市外围主要干道两侧因可达性高,级差地租和地价就较同等距离的其他土地要高。区域和城市空间结构中,对不同规模等级的中心节点和其间的联系网络的布局,将通过对土地级差地租的格局的影响而进一步影响到土地利用结构。土地利用的外部性是由于一块土地的利用而对周围的土地利用所产生的正、负收益。土地的外部性呈距离递减规律。邻近商业中心的居住用地由于能够获得便捷的服务(商业区给居住区带来的正外部性)而抬高的地价,可能又因人流过多和交通不畅(商业区给居住区带来的负外部性)而被抵消。增加正外部性,实现土地利用正外部性之和的最大化,是提高土地利用额外效益的主要途径,这应当成为进行土地利用规划、合理布局生产与生活活动等不同功能区的基本理念。

图 6—5 综合给出了反映土地利用级差地租、土地利用政

策、可达性及外部性所共同作用形成土地利用基本结构的基本原理。位置级差地租阐明了城市区域距中心不同距离位置的土地产生的地租不同,每一种利用方式和利用强度有不同斜率的地租曲线。这揭示了不同位置的土地具有不同的价值,相应地确定不同的价格以使土地得到合理的利用。在单位面积上投入强度大,产出量大,能支付高额地租的利用方式可以置于城市中心位置。

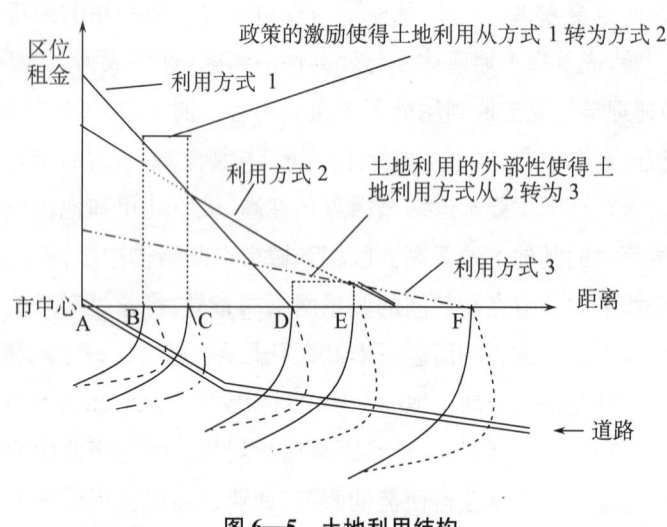

图6—5 土地利用结构

(二)制度对土地利用变化的驱动

政策体制在驱动土地利用变化中具有极其重要的作用,如世界上大多数发展中国家政策体制转变下的经济高速增长和快速的城市化过程牺牲了城乡交错带的部分优质良田;国际环境

第六章　农村工业发展与企业区位的变化及其对土地利用的影响

条约《京都议定书》和《21世纪议程》等对未来区域土地利用变化有巨大驱动作用。在中国,土地利用很大程度上受到制度驱动。现阶段,中国西部脆弱生态区的"退耕还林、还草"成为政府在土地管理上的主要政策取向,是1998年夏季长江流域的特大洪水和2000年春季北方地区的沙尘暴等环境强信号驱动的结果。同时,1997年、1998年采取全面冻结审批新增建设占用耕地的断然措施,以及此前提出的不得借农业结构调整为由,把基本农田退为林地、园地、养殖水面,并就开发区、科技园区、大学城进行清理的措施,也主要源于人们普遍认为中国的粮食安全受到威胁和"21世纪谁来养活中国人"的论断。制度驱动因素中,文化、宗教及传统因素尚缺乏定量的深入研究,但从总体上看,土地利用的变化过程也包含着传统文化的变迁,而文化、宗教及传统是一种使区域土地利用方式保持稳定的力量,它对于遏制盲目垦荒、滥砍滥伐和保护生物多样性等,具有一定的积极意义。

作为生产资料,土地具有典型的外部性,且土地的价值量化变化较大,所以土地本身是管制的对象。但土地又不仅是生产资料,它的意义更重要的在于为人类生产生活的其他要素提供了载体,因此土地利用又常成为管制其他要素的手段。土地是我国国土资源中从政策法规到规划和具体管理力度最大的资源种类之一。目前,从人文地理视角迫切需要研究的土地管制问题有两类,其一,直接针对土地利用的管制,如实现土地可持续利用的管制范畴与形式、土地合理利用的规划原理与政法保障、土地利用结构变化的调控政策体系等;其二,通过土地利用约束或引导其他项目合理布局的管制,特别随着我国计划经济向市场经济的转型,政府可支配的资源范畴发生了根本的变化,土地作为一个重要的可调配资源,如何通过健全的土地政策管制区域发展及产业布局,将是新时期面向国家重大需求的重要命题。

三、农村工业化对土地利用的影响——江苏无锡万石镇的实例

(一)万石镇土地利用现状

1. 土地利用结构

2000年全镇土地总面积65 721.3亩。农业用地43 789.7亩,占总面积的66.6%;其中耕地42 554亩,占64.75%;人均耕地1.55亩,高于宜兴市人均耕地0.9亩水平。园地879.2亩,占1.34%,以桑田为主;林地356.55亩,占0.54%。万石镇农村工业发达,城乡居民点密布,建设用地比重大,居民点及独立工矿用地9 115亩,占总面积的13.87%。其中工业用地2 285.5亩。交通用地2 258.4亩,占总面积的占3.44%,超过了一些发达国家1985年水平(英国平均为2.4%,法国平均为2%,日本平均为2.8%)。如图6—6所示。

万石镇地处长江中下游,土地利用程度高,农业生产发达,素有"鱼米之乡"的美称,土地肥沃,交通便利,历史悠久。2000年全镇耕地面积42 554亩,其中灌溉水田38 296.2亩,占耕地总面积的90%;旱地4 166.4亩,占9.8%;菜地91.4亩,占0.2%。根据2000年万石镇资料,土地利用率达99.8%;1999

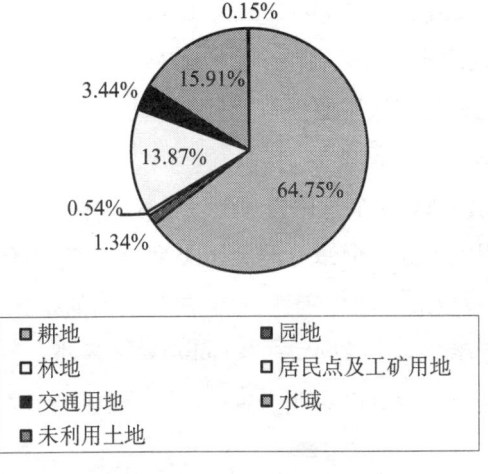

图6—6 2000年万石镇用地构成

年全国平均水平为51.32%,沿海地区为90.0%(王书华、毛汉英,1999),显然万石镇的指标明显高于全国平均水平,也高于沿海平均水平,意味着该区人类活动的强度较大。土地利用程度高,耕地的垦殖指数60.9%,超过全国平均水平(9.9%)的6倍、接近世界平均水平12.2%的5倍(杨桂山,2001)。耕地的生产度较高,人均贡献国家粮食居全市前列。

万石镇土地利用多样,农业用地所占比例高。用吉布斯·马丁(Gibbs Mirtin)多样化指数来测度土地利用结构的多样化,2000年万石镇值为0.465,远高于同一时期宜兴市0.26的水平。选用优势商指数来描述一个地区(或其亚区)各土地利用类型在其高一级区域内的优势程度,可以揭示该地区产业专业化优势的问题。2000年万石镇在整个宜兴市内耕地优势商指数为 2.17,城镇及工矿优势指数为 1.43,交通用地优势商指数为 1.38。这说明万石镇在整个宜兴市耕地优势非常明显,城镇及工矿用地以及交通用地都高于全市平均水平。

2. 土地利用空间差异

万石镇下属 23 个行政村(图 6—7),各村在土地利用的结构上存在很大差异。全镇土地利用类型中公路(不包括农村道路)的变差系数最大,独立工矿用地在各村中的差异也较大,变差系数接近 1.4;耕地和水域的空间差异性最小。万石镇在全市范围内是一个相对以农业为主的镇,其农业产值在全镇国民

图 6—7 万石镇行政区划

生产总值中的比例高于全市平均水平。农业用地占较大的比重,全镇耕地所占比例为64.75%,村与村之间差异较大,降西村耕地比例高达72.26%,而漕桥村和大尖村的耕地比例只有47%。

交通用地在各村的差异非常大,大尖、余庄和漕南是交通用地比例最高的3个村庄,分别为6.67%、6.45%和5.75%;比例最低的贝市村仅为0.52%,这种差异直接导致了独立工矿用地的不平均分布。在非农用地中,独立工矿用地多沿交通线展开,尤其是锡宜公路两侧。位于漕南村、余庄村和大尖村的两个工业园区,一个石材市场是全镇主要的工业用地,这三个村独立工矿用地分别为:7.93%、8.98%、19.56%。原南漕镇镇区漕桥村的工业用地所占比例也很高,为9.46%。剩下的几个村的工矿用地都小于5%,有3个村庄的用地量为零。农村居民点也沿公路线展开,漕桥村和万石村作为原镇区,居民点所占比例最高,分别为16.43%和16.49%。后洪、西塘两村的农村居民点用地所占比例最低为7.1%和7.3%(表6—5)。

3. 近20年来万石镇土地利用变化基本情况

万石镇近年来土地变化突出表现在耕地面积的减少,城镇工矿用地的增加,尤其是沿交通线两侧商品房建设和商业、企业用地数目猛增。在1982~1992年全镇年均减少耕地140亩,在1992~1996年年均减少耕地250亩左右。万石镇1996年到2000年耕地面积年均变化率为4.138%。农业内部结构调整用地,发展园地505亩,发展花木403亩。

表6—5　2000年万石镇各村土地利用结构

单位：亩，%

村庄名称	土地总面积	耕地	园林地	农村居民点	独立工矿用地	特殊用地	公路	农村道路	水域	未利用地
万石	3 254.7	56.81	6.27	16.49	1.2	0.28	0.73	3.95	14.16	0.11
小塘	2 472.9	64.05	1.19	7.94	3.1	0.25	0	3.55	19.86	0.07
大头	3 222.5	49.34	0.33	14.11	19.56	0	3.2	3.47	9.58	0.41
华山	2 411	64.87	5.12	9.84	1.51	0	0.14	2.49	16.03	0
祥下	3 253.9	66.92	0.29	10.46	0	0	0	2.15	19.87	0.3
西塘	4 184	66.7	2.37	7.3	2.93	0.34	0	3.34	17.01	0
后洪	3 100.3	64.27	5.1	7.1	0.59	0	0	2.47	20.23	0.25
塘田	3 323.4	67.66	4.06	6.08	0	0.17	0	2.63	19.25	0.16
余庄	3 621.3	62.31	0.57	8.84	8.98	0	4.3	2.15	12.51	0.33
余境	4 474.6	67.46	1.84	11	2.15	0	0.54	3.48	13.51	0.02
东风	2 900.8	66.85	5.73	8	4.44	0	0	3.36	16.31	0.008
漕南	4 157.6	55.82	3.29	11.48	7.93	0.04	3.25	2.5	15.4	0.3
漕桥	2 977.2	47.82	2.89	16.43	9.46	0	1.65	3.2	18.39	0.15

续表

村庄名称	土地总面积	耕地	园林地	农村居民点	独立工矿用地	特殊用地	公路	农村道路	水域	未利用地
万金	3 546.7	72.4	0.34	8.5	1.64	0	0.22	1.75	15.03	0.13
降西	1 770.5	72.26	0.08	8.75	0.75	0	0.69	2.27	15.01	0.19
杏里	1 671.8	72.17	0.54	8.11	0.39	0	0.26	2.26	16.21	0.07
芦漕	2 353.4	71.78	0.9	8.66	0.94	0	0.32	1.64	15.68	0.08
新亚	2 038.4	69.49	0.15	8.67	1.05	0	0	2.33	18.26	0.04
黄土寺	3 139.6	70.5	0.47	12.17	2.17	0	0.03	0.93	13.46	0.27
贝市	2 213.7	70.58	0.38	11.18	0.36	0	0	0.52	16.91	0.06
马庄	1 985.3	65.45	0.1	11.53	0.88	0.05	0.24	3.31	18.28	0.15
双坝	2 032.5	70.71	0.04	11.86	0	0	0	2.56	14.83	0
周沿	1 615.2	69.78	0	10.26	4.56	0	1.5	1.58	11.97	0.36
变差系数		0.106	1.141	0.270	1.398		1.655	0.345	0.172	

各年耕地减少数量差异很大,耕地的减少呈现出集中化趋势。同时占用耕地的区位也呈现集中化。余庄和大尖村紧靠镇区和锡宜公路,拥有很好的经济发展区位优势,是目前建设用地的大村。目前余庄拥有华东最大的石材市场,大尖村也划出一大片地作为工业园区。1992年全镇工业用地336.02亩,占用耕地332.298亩,其中余庄村耕地减少105.585亩,大尖村占用耕地168.578亩。1994全镇工业占用耕地34.569亩,其中大尖村占了72%。2001年基建用地基本上都是非耕地,大尖村用地210.24亩(表6—6)。

表6—6 万石镇1991~2001年耕地面积减少情况

单位:亩

年份	1991	1992	1993	1994	1995	1996	1997	1998	1999	2000	2001
减少面积	17	332.298	11	34.569	15	37	78.27	47	92	143	711

根据万石镇2000年和2001年统计资料显示,在这两年间耕地减少面积变化巨大,2000年耕地减少143亩,2001年,耕地减少面积达到711亩,增长幅度为397.2%。减少的耕地在使用方向上存在较大差异,2001年减少耕地中有88.6%用于交通用地。除此之外,镇村集体基建占地是历年来主要的用地方向。如果除去2001年公路占地,两年来镇村集体基建占地的比例分别为63.0%和93.0%。

(1)建设用地变化。原南漕镇从1976年起用地总数呈上升趋势,1979年到1989年期间用地量增长了12倍多,1991年到 2000 年用地增长速度相对前 10 年来说开始放缓,但 10 年间仍增加了 557.569 亩。在这 20 多年中用地数量并非匀速增长:1979 年、1987 年、1991 年和 1996 年是用地数量猛增的年份。1979 年用地数由 1977 年的 3.420 亩增加到 19.965 亩;1987 年用地总数是 1986 的 14 倍,为 264.780 亩;1991 年用地量为 1 023.650亩,而 1990 年是 12.720 亩。近 10 多年来,随着经济的快速发展,尤其是城镇化与交通基础设施建设进程加快,各项建设占用耕地越来越多,呈现快速扩张的趋势。1996 年到 2000 年万石镇的农村居民点独立工矿用地年变化率为 1.32%,交通用地年变化率为 0.045%。2001 年,交通建设占用耕地 630 亩,占当年用地总量的 88.6%。

万石镇由于稠密的人口、发达的经济和较高的生活水平,使得建设用地在各种土地利用中所占比例较大。各类建设用地(包括交通、工矿与居民点用地)占用比例达 17.31%(长江三角洲地区平均为 14.8%),是经济同样发达的京津唐地区平均水平的 1.75 倍,大大超过全国 2.5% 的平均水平(1985 年)。其中,交通用地比例为 2.3%,已达到国际上一些人多地少的发达国家的平均水平。据 1996 年土地变更调查资料显示,在工业用地中,其建筑密度仅为 21%,容积率只有 0.33,而农村居民点建筑密度仅为 24%,容积率为 0.44。

(2)农民宅基地。20 世纪 80 年代初至今,当地农村共经历了 3 次宅基地建设热潮。1982 年全镇年末住房面积约为 421 亩,1996 年扩大到 1 312.7 亩。1983 年全镇人均住房面积为 18.07 平方米,1987 年人均 21.66 平方米,到 20 世纪 90 年代末期达到人均135平方米。而同期人均占地面积从1982年的19.8平方米,提高到1987年的人均35.53平方米,到1996年更达到人均建设用地161平方米,万石镇开始出现空心村和一户多宅等现象。农民盖房的动机、房屋功能和坐落区位等因素因建设时期不同而不同,新建的住房主要是沿公路线展开,呈带状分布。村庄形态由传统的团状向条状结构变化,村庄占地面积扩大。如今房屋不只是住所,农民建房更多地考虑气派和家庭生产的需要。80年代农村房屋建设呈全面铺开局势,全镇各个村庄农民宅基地的面积都大面积扩展,90年代起沿交通线和镇区外围的村庄房屋建设占了全镇农村建房的主要用地。90年代房屋建设主要集中在余庄、万石和大尖村。

4. 土地利用的空间格局变化

近20年来万石镇的土地利用空间格局各村变化不一。万石镇所属各村耕地减少的速度与建设用地增加也存在较大差异。20世纪70年代万石镇企业用地主要集中在以下几个村:周沿村24.877亩,余庄村3.808亩,大尖村3.563亩,华山村2.819亩,万石村2.635亩,后洪2.617亩,漕桥村1.886亩。到了20世纪80年代初期,企业用地主要集中在余庄村2.057亩,大尖1.822亩,东风1.51亩。漕南村在1985年和1986年建设厂房3.67亩。1986年漕桥村大规模建设,占地22.2亩。1992年余庄工业用地109.585亩;大尖村工业用地186.758亩,分别占当年工业用地总量的29.9%和51%。

2000年万石镇各村工业用地面积最大的5个村为(表6—7):余庄村,171 923.2亩;大尖村,146 489.8亩;漕南村,

132 132亩;漕桥村,112 901.4亩;万石村,52 221.6亩。可见历年工业用地均集中在余庄、大尖、漕南、漕桥和万石村。这5个村都紧靠交通线和镇区,其中漕桥村和万石村是合并前的镇区。而漕南村和大尖村分别开辟出一个工业园区,占地为200多亩和1 500亩。距离集镇2公里左右的余庄村拥有华东最大的石材市场,绵延5公里。漕桥村和万石村是农村居民点集中建设地,1997年审批漕桥村新建联建房15.1亩,审批漕南村新建住房7.3亩。建设用地向集镇和交通线集聚。

表6—7 截至2000年万石镇各村工业用地面积

单位:亩

漕桥	芦漕	万金	降西	漕南	黄土寺	西塘	余境	东风
112 901.4	14 063	5 372.2	10 550.17	132 132	22 363.6	7 830	41 445.3	12 023.7
贝市	马庄	大尖	余庄	万石	祥下	后洪	塘田	
4 114	12 736	146 489.9	171 923.2	52 221.6	2 223.4	9 833.8	9 922.9	

5. 万石镇土地利用问题

伴随着农村工业化进程加速,万石镇的土地利用问题显现出来,建设用地成为主要的用地方向。交通沿线和镇区周边是土地利用变化最剧烈的区位。

(1)乡镇企业扩张过程中土地利用效率问题。乡镇企业从20世纪80年代初发展以来其布局呈现小集中—大分散—大集中的发展模式。80年代初乡镇企业多分布在镇区和村中心,90年代中期企业改制后,企业的布局由最初的集中布局开始扩散,向村庄和农户转移。但是90年代中后期,政府明文规定乡镇企业必须向工业园区集中。目前乡镇企业已开始集中分布在工业园区和镇区。乡镇企业扩张过程中普遍存在土地利用低效现象。1996年原南漕镇工业用地亩产均产值仅87万元。造成这种局面的原因主要有两个,一个是乡镇企业内部用地的浪费,另一个是企业在集聚的过程中(主要是集中到工业园区)土地利用的低效。企业在建设用地审批时追求宽打宽用,审批主管部门对审批把关不严,没有做好具体的规划工作。开发区、工业小区部分项目的土地虽然征用了,但一直晒太阳,荒芜闲置多年;工业园区等级越高,规模越大,浪费土地的问题越严重。

万石镇目前有两个较大的工业园区,分别坐落在南漕村和大尖村。南漕村的工业园区占地面积比大尖村工业园区面积小得多,大约为后者的1/7,但是南漕村工业园区建立年代早于大尖村工业园区,而且前者已经完全开发利用规划面积,而后者的已开发面积仅为100多亩,占规划面积的6.67%。对于工业园区存在着规划面积过大、土地利用效率不高的现象在整个宜兴市非常严重。

目前宜兴市共有工业园区39个,其中省级以上园区2个,县级园区2个,乡镇级园区35个。不同等级的工业园区土地利用度和创造的价值存在很大的差异。全市工业园区占地总面积为104.3平方公里,其中省级以上园区规模很大,占地面积为县与乡镇工业园区的35倍,县、乡镇园区平均占地面积为1平方公里左右,规模较小。全市工业园区已开发利用面积为21平方公里,占总面积的20.13%。省级以上园区开发利用度非常低,仅为9.86%,县、乡镇园区土地利用度比较高,为42.04%。在土地利用效率上,全市工业园区平均每平方公里增加值为1 382.04万元,省级以上园区的增加值最低,为754.93万元,县级园区创造的增加值为875万元,而乡镇园区土地创造的价值为省级和县级园区的3.5倍。乡镇工业园区入园企业总数978个,占全市企业的14.03%,实现利润总额22 563万元,占全市工业企业利润总额的18.20%。

(2)土地利用的经济效益问题。杜能在《孤立国》中提出了级差地租概念,分析了土地的效益不同决定的土地利用方式,万石镇华东石材市场中心和外围地区房屋价格的差异是级差地租的具体体现。目前交通线在农村经济发展中起着至关重要的作用,不仅影响到工业用地,而且对农村聚落的布局也影响显著。虽然农业用地是土地利用的大头,但是工业和商业用地是土地利用产出最大的部分。万石镇土地利用的最大变化就是农用地向建筑用地的转换。沿交通线和镇区周边的耕地转换为工业用地的概率最高。锡宜公路附近的余庄和大尖两村与镇区紧密相连。在1992年分别有105.58亩和168.578亩耕地转化为工业用地,分别占全镇当年工业用地审批总量的28.8%和46.1%,耕地占用远高于其他村庄。土地利用方式影响经济效益,而经济效益又决定了土地利用方式。

(3)土地利用的社会效益问题。中国的问题是农村问题,20世纪的农村问题是土地问题,21世纪的农村问题是就业问题(温铁军)。土地所具有的社会属性决定了土地利用存在社会效益问题。万石镇位于宜兴、无锡、武进三地的交界处,交通便利,具有区位发展的优势。万石镇的乡镇企业发展迅速,本地劳动力已经无法满足当地的发展需求,外来人口在劳动力中占的比重越来越大。尤其是工业园区和石材市场的外来人口更多。同时,在村庄里也有一部分外来人口从事着农业生产活动,承包耕地和果园。外来人口的增加一方面促进了当地经济的发展,如一些外来人口承包了当地农民的土地进行耕种,减少了抛荒现象;另一方面,外来人口也需要一定的生产生活空间,他们在当地租房生活,在当地工作,必然影响到当地的土地利用;再者对外来人口的管理也关系到地区的社会稳定与发展。

(4)土地利用的环境效益问题。土地作为环境要素是指土地这个生态系统具有自我消化废弃物、不断更新的功能,但是环境所具有的这种能力存在一个阈值,一旦超过这个临界值,土地系统就难以维护和生存。此外土地具有生产功能,并且具有持久性,但是土地肥力的保持不是无条件的。乡镇工业造成的环境污染逐年增加。乡镇工业化学需氧量、粉尘和固体废物排放量占全国工业污染物排放总量的比重均接近或超过50%,已经成为环境保护的突出问题和影响人体健康的主要因素之一。大量农药、化肥的不合理施用,农田生态仍呈恶化趋势,再加上土壤板结、砂浆等障碍因子未能得到改良,严重影响了土地效益的提高。化肥流失加剧了湖泊和河流等水体的富营养化,造成地下水和蔬菜中硝态氮含量超标,影响土壤自净能力。农药污染破坏生态平衡,威胁生物多样性。1996年万石镇粮食平均亩产444公斤,属中等偏下水平。工业用地亩均产值仅39.2万元,低于全市平均水平。

农村及城镇生活污染日益突出,生活垃圾处理是一个崭新的问题,但是这个问题随着农村生活水平的提高而显得越来越重要。我们在万石镇的调查发现,一方面是生活垃圾数量的增加,生活垃圾被随意抛弃在河塘或低洼地,不仅影响环境卫生,而且造成河道淤积,污染水体;另一方面是农民对生活质量要求的提高。另外,虽然工业垃圾问题受到的关注增加,并且也出台了相应的措施,但是农村工业垃圾还是很重要的污染源。万石镇20多年来土地利用的数量结构和空间格局具有农村工业化初期地区所具有的普遍的变化态势。这20年来万石镇的耕地数量持续减少,大量耕地转变成建设用地、农村宅基地,尤其是独立工矿和交通用地快速增加占用了大量耕地。这导致了农村生态环境的急剧变化,农村生态恶化在加剧。

(二) 万石镇农村工业发展对土地利用的影响

苏南地区农村工业化是伴随着乡镇企业发展而展开的。发展乡镇企业是万石镇工业化的主要手段。乡镇企业的发展提高了农民的生活水平,诱发了农村生活方式的转变;改变了农村以单一种植业和农业为主的经济结构;新的经济组织及"农民企业家"的出现也带来了农村社会结构的变化。乡镇企业对农村土地利用的影响分为两方面,一方面乡镇企业规模的扩大占用大量的土地;另一方面乡镇企业促进了地区经济的发展,农民收入水平提高,从而使生活用地如宅基地和城镇建设用地数量急剧上升,同时也改变着不同用地方式的布局。因此,对于苏南地区而言,乡镇企业的发展和农村土地利用变化之间存在着很重要的关系。

由于2000年万石镇和南漕镇合并,数据的统一存在问题,以下分析如未特别注明,则指合并后资料。根据原南漕镇历年用地统计,用地总数不断增加,年际间变化很大。南漕镇从1976年起用地总数呈上升趋势,从1979年到1989年11年间用地总数增长了12倍多,1991年到2000年用地相对前10年来说增加速度减慢,但仍增加了557.569亩。在这20多年中用地数量也不是匀速增加,1979年、1987年、1991年和1996年是用地数量猛增的年份。1979年用地数由1977年的3.420亩增加到19.965亩;1987年用地总数是1986年的14倍,为264.780亩;1991年用地量为1 023.650亩,而1990年是12.720亩(图6—8)。

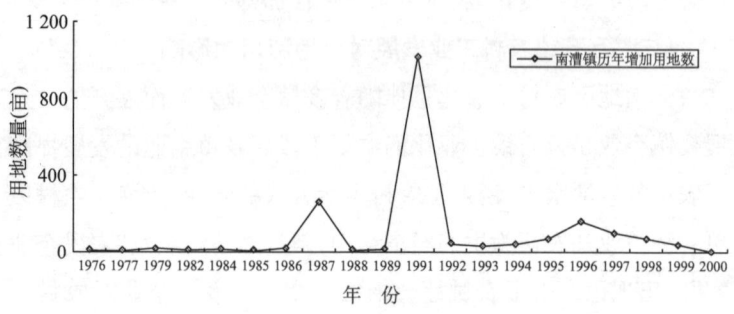

图6—8　南漕镇历年增加用地数

南漕镇历年用地除1997年外都是基本占用耕地(表6—8)(以上数据可能和现实有些出入),主要的用地方向有乡镇企业集体用地、国家建设征用土地和宅基地。1979年、1986～1988年、1992年、1997年和1999年,乡镇企业集体用地占用地总量的80%以上。20世纪70年代末到80年代初的主要用地方向是国家建设征用土地。1991年宅基地占地950.3亩,1993~1995年和1998年宅基地占用地总量的30%以上。

表6—8 万石镇1991~2001年耕地面积减少情况

年份	1991	1992	1993	1994	1995	1996	1997	1998	1999	2000	2001
减少面积(亩)	17	182	11	34	15	37	7 827	47	92	143	711
面积减少率(%)	0.034	0.366	0.022	0.069	0.030	0.075	15.870	0.113	0.222	0.346	1.725

万石镇1992年工业用地总量为366.867亩,其中耕地占90.58%。1994年万石镇工业用地为40.439亩,其中大量为耕地,约为34.569亩,占用地总量的85.48%。1998年万石镇工业占地基本全为非耕地,占总量为210.24亩。

根据宜兴市土地管理局下达的"宜土补使(91)第551"号文件,"关于同意宜兴市南漕工业联合公司等单位补办使用土地手续的批复"中的资料,原南漕镇在1976年至1985年间据有关文件可查,工业用地29.294亩,其中耕地7.41%。漕桥村是原南漕镇的镇区,1986年是镇区大规模建设时期,全年共审批工业用地23.7亩,占用的都为耕地,与表6—8显示的数据相吻合。同时20世纪70年代末到80年代初许多村委扩改建办公用房,平均占地0.875亩,共7.877亩;其中0.922亩为耕地,占用地总数的11.7%。根据宜兴市土地管理局下达的"宜土补使(91)第775"号文件,"关于同意宜兴市个体劳动者协会万石分会等单位补办使用土地手续的批复"中的资料,工业企业占地

27.699亩,其中占用耕地17.08%,村委建设办公场所以及电灌站等公共设施建设用地15.179亩(不包括原南漕镇用地),占用耕地6.07%。

（三）工业用地布局变化

万石镇的乡镇企业发展可简单概括为3种状态,伴随着不同的发展状态企业用地的数量和布局模式不同,随着乡镇企业规模的扩大—缩小—再扩大3种状态,企业用地布局经历了大分散、小集中到大分散,再到大集中的3种模式状态。工业占地总量不断增加,但用地布局开始集中化(图6—9)。

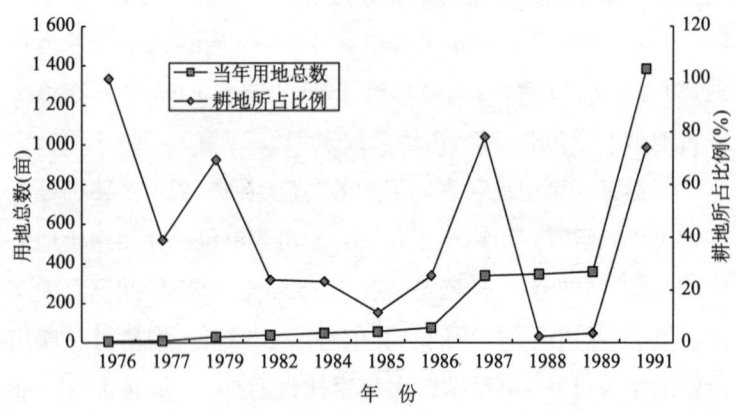

图6—9 南漕镇历年用地总量和占用耕地比例

20世纪70年代末乡镇企业开始全面发展,80年代乡镇企业遍地开花。这一时期乡镇企业发展生机旺盛,虽然在整个80年代,乡镇企业的发展有些坎坷,但企业具有强大的发展动力,工业总产值保持着42.64%的年均增长速度,尤其是1983年至

1988年为高速增长期。这一时期乡镇企业的个数增加,但乡镇办工业占了主导地位,占工业企业总产值的74.5%。私营企业无论从企业数还是产值都无法与乡镇办工业相比。乡镇企业规模较大,1990年企业平均人数为50人。

但由于20世纪80年代乡镇企业的发展强调"离土不离乡,进厂不进城",所以这一时期乡镇企业基本的布局形成大分散小集中的模式,在镇区和中心村都有企业形成"村村点火",但还未"户户冒烟"的布局模式,这种局面的形成主要是因为农村基层政府,特别是乡村政府是乡镇企业主要的投资和推动主体。一方面,他们为了促进当地经济繁荣,直接体现政绩,必须将乡镇企业置于方便控制的辖区内;另一方面,将企业布局在自己管辖的区域,在"集体经济"的旗帜下,乡镇办企业使用的土地其资产属乡镇集体经济组织,村及村办以下企业使用的土地其资产属村集体经济组织或村民委员会,这样可以减少土地、厂房等投入成本,同时,也降低了企业与外部交易的成本,这在当时市场经济发育的初期是十分重要的。正是这种原因导致万石镇早期农村工业企业的区位具有更强的社区属性,工业区域的区位主要受到农村政府区位的影响。

20世纪90年代前期和中期是乡镇企业动荡发展时期(图6—10)。这一时期由于企业所有制从集体所有改为股份制和私人企业,乡镇企业的布局进一步趋向于分散,形成"村村点火,户户冒烟"局面。1998年,全国乡镇企业80%分布在自然村,只有20%分布在城镇;万石镇1998年乡镇办工业和村办工业及私营企业产值比为4.2∶3.5∶2.3,而1991年这三者的比例为7.45∶

2.50∶0.05。乡镇企业改制后村办工业数目激增,而私营企业也得到了飞速发展。改制后企业的所有制性质及发展时期决定了这一时期企业规模减小。这一时期土地的工业用地年占用量起伏较大。无锡市1990年9月到1991年底,对乡镇企事业单位用地确权发证工作中,共对单位用地颁发土地使用证6 257张,其中国有土地1 249张,集体土地5 008张。发证土地面积1 700多万平方米,折合25 513亩。万石镇1992年工业用地总量为366.867亩,其中耕地占了90.58%。1994年万石镇新增工业用地40.439亩,其中大量为耕地,约为34.569亩,占用地总量的85.48%。1998年万石镇工业占地基本全为非耕地,占地总量为210.24亩。工业用地来源的转变主要是由于国家政策原因(1997年国家下达了占用耕地冻结令),而用地总量的变化主要是,1992年受整个国家宏观经济环境过热的影响,全国各地工业用地大幅增长,万石镇也不例外;而20世纪90年代中后期耕地数量的减少是因为受当时亚洲金融危机以及苏南乡镇

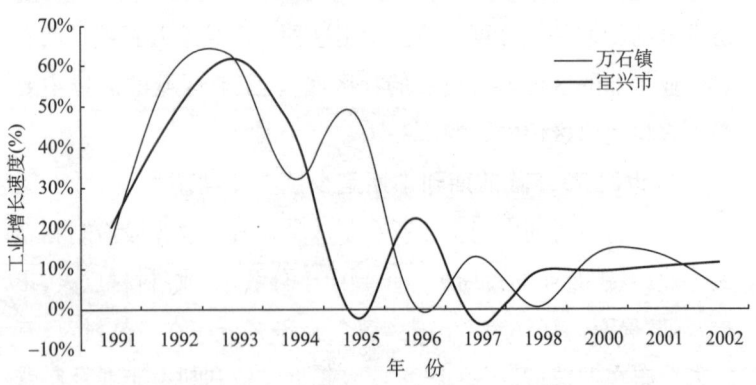

图6—10 1991~2002年万石镇和宜兴市工业增长速度

第六章 农村工业发展与企业区位的变化及其对土地利用的影响

企业改制对苏南当地生产经营的影响很大。

受我国市场经济外部环境变化的影响,同时也是农村工业自身演进的内在需要,在20世纪90年代后期万石镇农村工业的区位选择发生了较大的变化,表现在:

第一,规模大的企业开始向城市转移。对于规模较大的农村企业来说,农村地区已经不能为其发展提供足够的支持,为了尽快地获得信息和先进的生产技术,很多大型企业把它们的总部和技术含量较高的生产部门迁移到城市,特别是一些大城市之中。如万石的宏博集团等大企业打算将总部迁到无锡市区。

第二,农村工业向条件较好的生产区域集聚,形成新的城镇地带。万石镇很多规模中等的企业向城市迁移成本较高,因此它们选择在镇区内条件较好的区域集聚,使农村工业的布局适度集中。目前万石镇主要有两个较大的工业园区,宏博工业园区和万石镇工业新区。这两个工业园区都紧靠锡宜公路,不仅充分利用了交通优势,同时也利用了靠近镇区这一区位优势。其中万石镇漕南村宏博工业园区位于原南漕镇镇区外围,建立较早,在20世纪80年代中期就有了很大的规模。目前占地面积300多亩,布局有各类企业20家,销售3 000万元以上的企业1家,2 000万元以上的2家(图6—11)。调查的实际情况表明,宏博工业园区内4家较大的化工企业实际上由数十家规模不等的独立化工厂组成,它们共用厂名,共同进行污染物的处理。这些企业集聚的好处,一是离锡宜公路较近,可以减少运输成本;二是由于化学企业的上下游生产联系紧密,集中布局有利于生产的组织,而且集中布局也使中小型化学工业企业的污染治理成为可能。

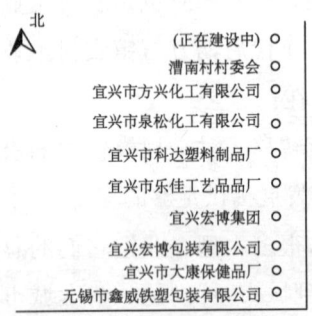

图6—11　1999年宏博工业园区企业分布

第三,一些企业继续布局在农村地区。目前,万石镇还有一些企业分散布局在农村地区。例如,以农村人口和农业生产为市场对象的加工业,其布局在农村地区可以靠近市场区,节约运输成本,同时也利于对市场变化做出快速反应。对生产技术要求不高、场地需求不大、一家一户可以完成的家庭工业大多分散布局,如万石镇贝市和漕南的塑料编织袋加工业,这样可以节约大量生产成本。

第三节　农村工业化与城市化

中国农村城镇化模式基本上是农村社区、乡镇企业、农民家庭或个人等民间力量发动的一种由市场力量诱导的制度变迁模式。它是农业剩余的压力(数量庞大的劳动力剩余及资本和农产品剩余)和农民追求收益最大化的动力综合作用的结果。在市场机制作用下,农村城镇化的过程主要由农村经济利益主体在响应产业非农化获利机会时自发倡导、组织促成的。因此,农村城镇化一般都是从乡村工业开始,通过发展乡村工业,让农民直接享受到工业、非农化的利益,进而逐步实现城镇化。在这一过程中,市场化始终是农村城镇化的内在推动力。

一、我国农村地区城市化的特点

(一) 城镇非农建设用地扩展迅速,城镇无序发展导致内部空间结构混乱

改革开放释放出了巨大的农民创造力和农村活力,最主要的表现就是农村地区企业的急剧膨胀。由于受农村资金、人才、技术和管理等因素所限,乡镇企业在发展的过程中形成了数量众多、但布局分散的特点,造成其占用土地面积的集约化程度较低,出现了乱批工业园区和大量侵占农用耕地的现象。乡镇企业自20世纪80年代大发展以来,已经占用了近1亿亩耕地。农村地区的企业职工人均占用土地面积数超过城市职工的10倍,每增加一个职工就需占用158亩土地。农村企业的迅猛发展促成了农村地区小城镇建设的热潮。仅在1990~2000年,我国农村建制镇就由约1.1万个增至1.97万个,而且各地在小城镇建设的过程中相互攀比,比规模、比场面,追求城镇的小而全,搞小城镇大建设,导致农用耕地急剧减少。

城镇工业的迅速发展,为城镇空间拓展、基础设施建设等提

供了动力。但由于以前乡镇规划缺失或执行规划中的偏差,使得工业用地在镇区内无序蔓延、遍地开花。各工业企业内自行建造职工宿舍,围绕企业又形成了商贸服务业等,使得镇区出现了居住、工业、商贸等用地分布较乱,不利于集约利用土地和城镇职能的发挥。工业用地无序蔓延使得镇区普遍存在用地不集约、人均用地过大的现象。各城镇外延发展的同时,尽管各城镇经济实力相应增强,但并没有使政府财政收入得到同步大幅提高,许多乡镇无力进行镇区改造,镇区公共基础设施陈旧、面貌落后,落后的镇区与现代化的工业区形成明显对比。

(二) 城乡差距不断扩大,城市与农村间的相互依赖增强

随着社会经济的进一步发展,我国城乡居民的收入水平普遍提高。2006年,我国城镇居民人均可支配收入达到15 179元,比上年增长19.7%;农村居民人均纯收入7 120元,比上年增长12.5%。与此同时,城乡居民收入水平的差距不断扩大,城乡居民收入比由2000年的1.79:1增加到2.13:1,且差距呈扩大趋势。另外,与城市居民相比,农村居民不仅收入低,而且享受的医疗、教育、社会保障等公共服务的水平也很低。

在我国一些地区,特别是城乡一体化程度较高的发达地区,城市和农村的边界日益模糊,至少在形式上已经模糊。在城镇周围具有乡村特色的农村地区会受到城市化的巨大压力,一些传统的乡村功能,如大规模的农业、林业以及自然保护的发展,受到工业化和城市化的侵蚀,正在逐步消失。因此,这些乡村空间发展的一个主要功能就是要实现城市发展和乡村开敞地带保护之间更加和谐的平衡,乡村从城市文化活动中受益,城市从乡

村获得娱乐和休闲空间。未来农村地区的发展越来越紧密地与其区域内的城市地区发展联系在一起,位于农村地区的小城镇是乡村发展中一个整体性的组成部分,确保城镇和乡村能以合作关系成功实施区域发展概念至关重要。

(三) 基础设施建设滞后,小城镇生活质量亟须改善

总体上看,相对于日益增长的经济社会需求,小城镇公路网密度、连通度尚显不足,对内对外辐射功能、衔接功能尚需完善,小城镇的公共交通刚刚起步,还不能满足人们日益增加的出行需求。在供水方面,小城镇多采用小水厂供水,供水压力不足,水质得不到有效保障,有些城镇还不通自来水,居民的饮水安全受到较大威胁。在排水方面,农村城镇地区尚未形成雨污分流的排水体系,管网覆盖率偏低,重点排污企业还存在偷排等现象,污水回收利用水平较低,很多小城镇尚未建立起比较完善的污水处理设施。

(四) 生态环境保护面临较大压力

农村工业企业为追求短期经济效益,极少愿意投入资金购置处理"三废"的设备设施。同时,由于农村企业规模普遍不大,投入资金建设处理"三废"的设备设施,势必增加生产成本,降低产品竞争力。因此,近年来农村工业企业的"三废"排放量成倍地增长,农村环境质量恶化与乡镇工业企业增长具有明显的同步性。就目前状况而言,一方面,农村工业企业产生的大量废弃物得不到有效治理,对环境产生极大的破坏,特别是对水环境和大气环境破坏尤其严重;另一方面,农村地区因生活活动产生的垃圾及废弃物,也给农村地区的环境质量造成巨大的压力,对农

村的可持续发展构成了重大障碍。

二、农村工业企业区位演进与城市化的关系

(一) 规模较大的企业开始由农村向城市转移,推动了当地城市化进程

在农村地区,数量很少的一部分企业成为大型集团公司,位于农村工业企业金字塔的顶部,它们基本上完成了现代企业的改造,完成了由农村工业向现代工业的转变,其区位选择也相应发生了一些变化,大城市成为其总部首选的区域。这些企业已经不再是严格意义上的农村工业企业,农村地区已经不能为其发展提供足够的支持,为了尽快地获得信息和先进的生产技术,很多大型企业把它们的总部和技术含量较高的生产部门迁移到城市,特别是一些大城市之中。这在东南沿海地区比较普遍,浙江和江苏的一些大型企业纷纷将其总部迁移到上海。如我调研的上虞市,已经有阳光股份、卧龙控股、龙盛股份等上市企业集团将公司的总部或研发基地转移到上海。在上虞市,更多的大企业主要集中布局在市里的省级经济开发区和上虞北部新区的精细化工园区,2004年,这两大园区已集聚企业530多家,工业产值175亿多元,占全市规模以上工业总产值的48%以上。由于上虞的大型企业大多是由过去的乡镇企业衍生而来,与当地社会存在着较为紧密的联系,特别是与地方政府之间联系较为紧密,大多数企业依然选择将总部留在市内,只是将研发和销售等部门设在上海,而将企业总部和生产部门留在本地。

1990年以前，上虞的城区主要集中在曹娥江江东地区，随着1992年开发区的兴起，一些企业开始向开发区迁移，上虞江西城市组团开始快速发展，企业的区位迁移推动了上虞城市向西的扩展。在整个20世纪90年代，上虞工业快速发展，特别是江西开发区工业快速发展，一些原先位于乡镇的农村工业企业，如阳光灯具、正元集团、卧龙集团等纷纷在开发区建立新厂，进一步推动了开发区的发展，此阶段上虞城市扩张最大的特点是开发区周边地区的快速发展。

（二）农村工业向条件较好的生产区域集聚，形成产业集群，集群与小城镇发展存在较好的互动关系

在农村地区，很多规模不是很大的中小企业向城市迁移有着较高的成本，因此它们选择在镇区内条件较好的区域集聚，使农村工业的布局适度集中。一般来说，工业发展较好的乡镇都建有工业小区，引导农村工业在区内集中。例如浙江农村工业形成集群生产方式，众多民营企业并非彼此孤立离散，而是紧密簇拥抱团，构成大小规模不等、专业特色鲜明的一个个民营企业群落。这些企业在空间上形成相对集中的地理空间布局，每一个民营企业群落都有一个空间分布密度特别高的"内核"，这个"内核"所占据的空间范围虽然只涉及整个企业集群区的很小一部分，但却囊括了整个企业群落的大部分优秀企业，集中了企业群落的主要经济功能。随着离企业群落核心部位的半径距离越远，民营企业空间分布的密度就会越低。企业集群在城镇地区的分布，推动了农村地区城镇化进程，但集群对城镇发展的推动作用存在很大的差别。

例如在上虞的4个中心镇(小越、崧厦、丰惠、章镇),每个中小镇有2~3个大小不等的产业集群,这些产业集群对当地城镇发展起到了巨大的推动作用。一方面,产业集群的发展增加了大量非农就业,促使城镇地区集聚了大量的人口,特别是外来人口,小越和崧厦的镇区人口已经占到全镇总人口的45%以上,这有力地推动了城镇规模的扩大;另一方面,产业集群的发展为当地贡献了大量的税收,成为地方财政收入的重要组成部分(表6—9),这也使地方政府有财力投入城镇基础设施建设,提升城镇化质量。产业集群的发展也在不断改变着城镇的空间结构,推动农村小城镇空间结构的优化。例如在上虞的崧厦镇,2000年前镇区主要位于北部的老城区,随着南部伞业工业功能区的建立和中国伞城的建立,城镇的中心开始南移,与上虞主城区的联系更加紧密,伞业集群推动了上虞崧厦镇的城镇发展。

(三)家庭工业分散化和大企业配件生产的分散化,使城乡伙伴关系加强

在国家鼓励发展非公有制经济的一系列政策指引下,我国东部地区,特别是家庭工业发展较好的浙江省,21世纪以来家庭工业如鱼得水、迅猛发展,在全省工业经济中比重已占到15.8%。现阶段家庭工业发展已呈现三大趋向:第一,行业分布相对集中。浙江省家庭工业生产涉及33个行业大类,但分布并不均衡,纺织业、通用设备制造业、金属制品业、塑料制品业和纺织服装(包括鞋、帽)制造业是家庭工业最集中的5个行业,其单位数和营业收入的比重都较高,分别占全部家庭工业的50.8%和51.8%。第二,经营规模不断扩大。经过近30年的发展,

第六章 农村工业发展与企业区位的变化及其对土地利用的影响

表6—9 上虞4个中心镇产业集群与城镇发展

名称	产业集群	集群工业产值（亿元）	总人口（万人）	集镇常住人口（万人）	外来人口（万人）	企业职工（万人）	工业用地（亩）	企业税收（万元）	财政收入（万元）
崧厦	伞业、灯具	69.6	10.78	2.77	2.1	3.31	2 650	6 489	8 278
小越	消防器材、五金	38.7	3.03	1.51	0.6	1.55	2 560	7 120	3 148
丰惠	轻纺、铜管铜材	37.0	5.70	2.20	1.0	1.8	3 000	8 000	4 395
章镇	化工、食品、纺织	17.0	4.32	0.83	0.2	0.66	650	1 600	3 714

2006年,总产值达到了6 008.76亿元,户均产值为89.8万元;员工的工资福利也快速上涨,从2005年的8 976元增加到2006年的12 158元,增长幅度达到35.4%。第三,区域分布呈块状特色。通过户帮户、村带村的形式,逐步形成了"一村一品"、"一乡一业"的连片发展经营区块。如新昌县大市聚镇西山村近80%的农户都有家庭工厂,全村共有劳动力1 100多人,其中有800人都在从事轴承生产加工。又如,绍兴县目前已经涌现出大量呈块状分布的家庭工业发展特色村,如兰亭桃源针织圆机专业村、齐贤增大窗饰家纺专业村、富盛倪家平绒纺织专业村等。

但是,目前在家庭工业发展中也存在以下3个问题。第一,家庭工业的产业层次基本上处于低端。家庭工业多以传统加工制造业为主,生产设备相对比较简陋,产品以贴牌或代加工为主,创新能力弱,形不成自己的品牌。劳动者素质在一定程度上影响了家庭工业的组织化、规模化、专业化发展和加工产品档次的提高。第二,指导和监管家庭工业缺乏高招实招。由于职能职责不明,目前家庭工业基本上处于自发状态,存在着"部门管不着,乡镇管不了"、"看得到管不到、看不到管不到"的现象,尤其是无照经营较为普遍。作为政府部门,在指导监管上,事先预防的少,等出了问题后,以罚代管的多,或一关了之。在发展引导上,缺乏有效的规划指导。由于发展空间狭小,规范引导不力,致使家庭工业自生自灭的现象时有发生,平均生存周期仅为3~4年。第三,家庭工业生产存在较多的消防安全隐患。家庭工业一般采用前店后厂的生产模式,生产用房、仓储用房与住房合用,是典型的"三合一"生产经营单位,消防安全隐患难以从根本上解决,成为事故的多发区、重灾区。

许多农村地区未来越来越紧密地与其区域内的城市地区发展联系在一起,位于农村地区的小城镇是农村发展中的一个整体性的组成部分,确保城镇和农村能以合作关系成功实施区域发展概念是至关重要的。未来农村地区一方面为城镇提供必要的农副产品和休闲空间,另一方面,依托家庭工业,农村地区还可以为城市工业提供必要的配套,从而使农村和城镇之间建立一种新型的伙伴关系。

三、农村城镇化模式转换

在我国的城市化过程中,农村地区的城市化进程和大城市不断向农村的扩张两种过程是同时存在的。当今,我国东部发达地区的农村城市化进程主要是在产业聚集的过程中,由产业或企业聚集产生的规模效应所引起的内部性收益逐渐外化,并对产业或企业所在区域发生影响的过程。其表现是,在一定地域空间上,某一产业以块状经济的形式较集中地发展起来。在这一发展过程中,由于企业在空间上的集中,企业之间的专业化分工与合作关系变得紧密起来。同时,又由于区域内产业的差异性和多样性提升了生产要素的外在性,那些存在外部溢出的行业产生了互补性交流。这样,在一定地域上就形成了专业化分工效应,以及由此带来的区域分工利益,并最终推动这一区域的城市化进程。浙江省的实践表明,在中国,工业化仍是农村城市化的主要动力,尤其是制造业及与其相关的社会服务业的发展表现出了很高的带动效应。

但是,由产业空间集中而产生的地方化经济效应不一定必然地导致城市化经济效应的结果,二者需要有一个转换过程。在中国,这个转换过程实质上就是由分散的城镇化模式转向集约型城市化道路的过程。农村地区城市化的深入推进,城市化质量的不断提升主要取决于两个基本条件,即城市基础设施的发展和市场化水平。其中,前者是必要条件,后者是充分条件。农村地区的城市化首先需要借助于一定的物质载体——城市公共设施和公共产业的长足发展。城市基础设施和公共产业构成了城市聚集机制运行的物质载体。城市对周边资源和经济要素的吸引、聚集的广度和深度,取决于相关基础设施例如交通、通信等的发达程度。因此,从这个意义上来说,城市化经济效应的发挥是经济组织与基础设施在一定空间范围内结合的过程。中国小城镇的城市化水平低和城市聚集度不高,社会基础设施和公共服务落后是一个重要原因。市场总是与城市联系在一起的,市场功能集中表现为城市功能,整个市场经济就是以城市为依托、开放式、网络式的经济。

总之,下一步农村工业化的深入推进,必将推进农村城市化的集约化进程,提升城市化质量。中国传统的农村城镇化战略走的是一条忽略资源有限性的粗放发展的道路。而集约型城市化则要求摆脱这种低质量的发展模式,走要素聚集、结构优化、运行高效、资源低耗、系统平衡的可持续发展的城市化道路。城市化过程中的"聚集经济效应"就是源于资源的集约使用和生产力的集中布局。

第七章　农村工业与中国区域经济格局

20世纪90年代我国农村工业发展水平的地区差异状况得到一定的改善，中西部地区依靠国家的扶持和自身的努力，与东部的差异在一定程度上有所缩小。但是，我国农村工业发展的东西差异依然存在，在今后可能还会有进一步扩大的可能，农村工业发展水平的差异，将在很大程度上影响我国经济格局的演变。因此，研究90年代中后期农村工业空间格局的变化，探讨不同尺度的空间分异特点，进而分析其对中国区域经济格局的影响，是本章研究的重点。

第一节　农村工业不同尺度的空间分异格局

探讨不同尺度农村工业的地域分异规律，对于解读我国当前区域经济格局形成的原因，并进一步预测我国空间经济格局可能的演变方向将具有十分重要的意义。本节将从国家、省份、市县和乡镇4个层面探讨农村经济的空间格局特点。

一、全国农村工业空间格局的变化

我们用农村工业发展重心轨迹的变化来反映我国农村工业总体空间格局的演变趋势,并解释 20 世纪 90 年代我国农村工业空间格局变化的特点及其原因。

(一) 农村工业重心转移轨迹的计算方法

农村工业产值分布重心的地理坐标可通过如下公式计算:

$$X = \sum_{i=1}^{n} G_i X_i / G_i \qquad (7\text{—}1)$$

$$Y = \sum_{i=1}^{n} G_i Y_i / G_i \qquad (7\text{—}2)$$

其中,X 为某年农村工业总产值的重心的纬度坐标,G_i 为 i 省农村工业总产值在全国的比重,X_i 为 i 省省会城市的纬度坐标,n 为计量的省区的数量,Y 为某年农村工业总产值的重心的经度坐标,Y_i 为 i 省省会城市的经度坐标。以此绘制出 1993~2000 年我国农村工业分布重心的迁移轨迹,反映农村工业分布格局的基本变化趋势。另外,再选取离散系数 C,即:

$$C = \delta / \overline{G} \qquad (7\text{—}3)$$

$$\overline{G} = \frac{\sum_{i=1}^{n} G_i}{n} \qquad (7\text{—}4)$$

$$\delta = \sqrt{\frac{\sum (G_i - \overline{G})}{n}} \qquad (7\text{—}5)$$

这里,用离散系数的变化来反映 20 世纪 90 年代中后期我国农村工业地域分布的集聚或分散程度变化的基本趋势(图 7—1)。

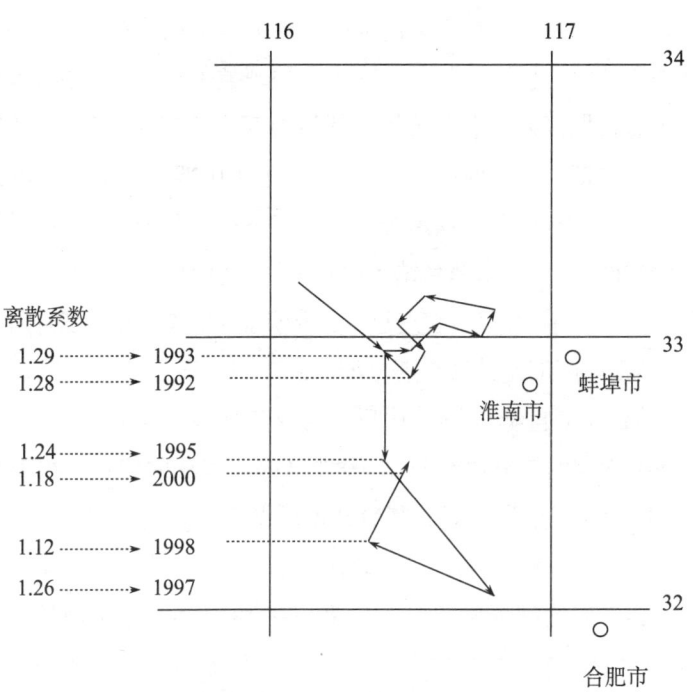

图 7—1 1993～2000 年我国农村工业空间分布重心
的转移及其分布的均衡状况

(二) 20 世纪 90 年代中后期农村工业重心变化的趋势及其原因

考察图 7—1 我们大致可以看出,与 1993 年相比,在 20 世纪 90 年代末期,我国农村工业的总体格局发生了如下变化:

第一,我国农村工业在 20 世纪 90 年代中后期与 80 年代相比,东西差距在总量上没有进一步扩大,在图上反映为我国农村工业的总产值重心东移趋势不明显。1995 年到 2000 年,中西部省区的农村工业总产值占全国的比重基本保持在40%左右，其中1997年达到44.4%。造成这种现象的原因，一方面是由于国家长期以来一直在政策上扶持西部乡镇工业的发展，并鼓励东部乡镇工业向西部转移，大大促进了中西部乡镇企业的发展；另一方面，中西部乡镇企业处于发展的初始阶段，其相对增长的空间较大，而东部乡镇企业在90年代中后期，特别是1997年的亚洲金融危机后，普遍进入结构调整时期，增长速度有所放慢，导致东西部差异没有进一步扩大。

第二，20世纪90年代中后期与80年代相比，农村工业总产值重心南移的趋势比较明显，表现出持续南移的特点。在1997年，重心南移达到最大值，其后开始缓慢北移。我国农村工业总产值重心的南移、农村工业的南北差异继90年代初期以来逐步扩大。造成这种现象的原因主要是在1992年邓小平南巡讲话后，我国南方的民营经济获得较快发展，特别是浙江和福建的农村工业在这一阶段获得较快发展。其中，浙江农村工业总产值占全国的比重由1993年的8.1%上升到2000年的15.1%，福建省农村工业总产值的比重由1993年的2.3%上升到2000年的5%，广东省也由占全国的5%上升到9%。这些省份农村工业比重的增加直接导致我国农村工业发展中南北差异的扩大。

第三，我国农村工业集聚和分散的趋势不是很明显。反映为农村工业总产值的离散系数变化不大，从1993年到1998年是一个减小的趋势，从1.28减小到1.12，反映了农村工业集聚程度有所增强；1998年后又开始增大，表明我国农村工业的分散程度有所增强。

二、典型省份的空间分异

在调查的省份内,农村工业向条件较好的地区集中的趋势明显。由图7—2、图7—3和图7—4可以看出,在我们调查的江苏、黑龙江和四川3个省内,这一趋势还是比较明显的。江苏主要向苏南的无锡和苏州集中,两地的农村工业增加值占全省的45%以上;黑龙江主要向以哈尔滨为中心的南部集中,其中仅哈尔滨一个地区农村工业的增加值比重就占到全省的近50%;四川省主要向以成都、绵阳、德阳和达县为中心的东部集中,成(都)—绵(阳)—德(阳)产业带内农村工业增加值占到全省40%以上。这些地区都是省内经济水平、交通条件和农村工业发展基础较好的地区。

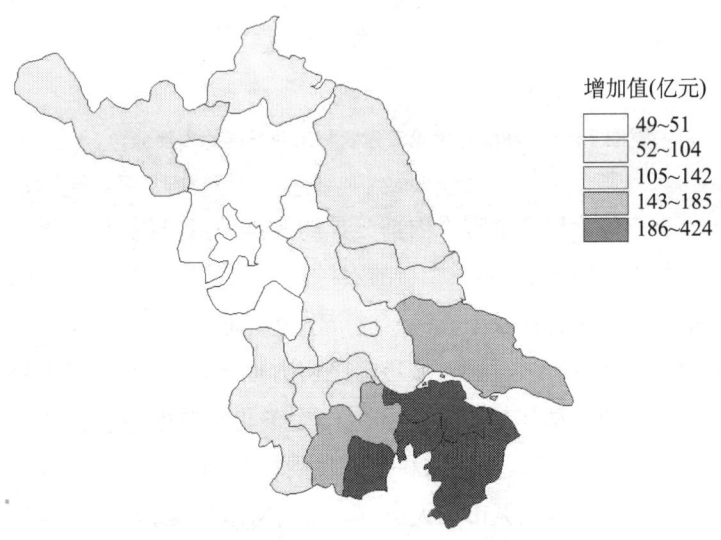

图7—2 2000年江苏省农村工业发展的内部分异

308　中国农村工业发展及其区域效应

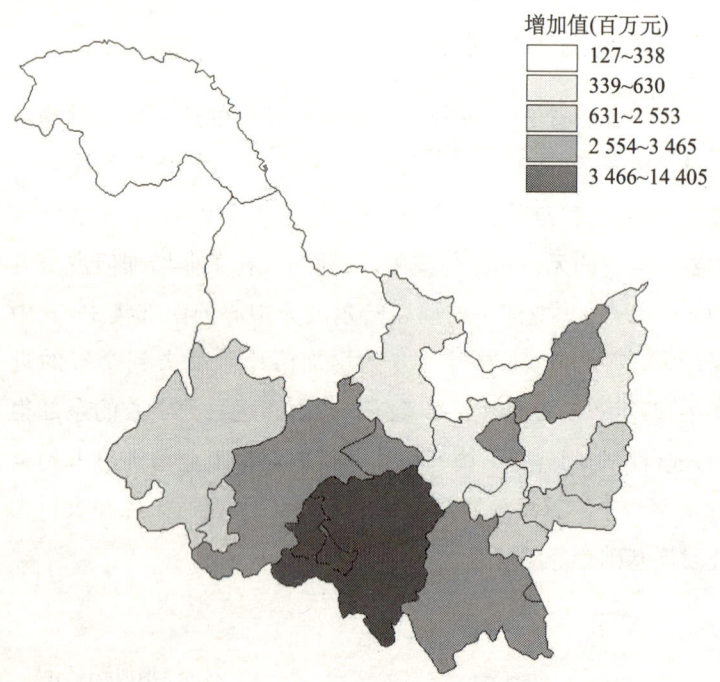

图7—3　2000年黑龙江省农村工业发展的内部分异

　　进一步分析3个省份内部分异的具体特点可以看出,黑龙江的集中度最明显,50%左右的农村工业都集中在哈尔滨市,而其他市的比重都比较小。哈尔滨市作为东北地区一个老工业基地,其工业发展比较均衡,城市经济实力也比较强,城市工业对农村工业的带动作用明显;同时,作为东北消费能力较强的城市,其强劲的消费需求对农村工业发展也起到了一定的促进作用。黑龙江的其他城市如大庆、鸡西、鹤岗作为典型的单一资源工业城市,其农村工业发展受到城市工业结构的严重限制;而齐

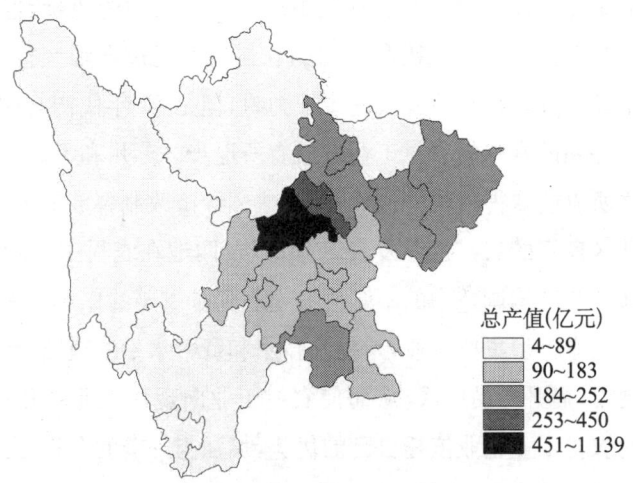

图 7—4 2000 年四川省农村工业发展的内部分异

齐哈尔、牡丹江等城市的经济实力不强,难以形成对农村工业的支持。

虽然四川省的集中度不如黑龙江高,但成都、绵阳、德阳和达县也占到农村工业近一半的比重。这4个城市都位于我国西部经济发展中占据重要地位的成都—绵阳经济带上,这一产业带内农业发达,交通优越,工业经济基础良好,这些都促进了该产业带内农村工业的发展。其他地区除宜宾外,农村工业发展水平都比较低,主要是因为这些地区经济发展水平非常低,不能很好地支持农村工业的持续发展。

江苏省近半数的农村工业增加值是由苏南的无锡和苏州创造的,南北差异是江苏农村经济发展的主要问题。尽管苏南地区的集体工业在20世纪90代中后期遭到人们的质疑,但曾经创造"苏南模式"的无锡和苏州的农村工业经过艰难调整,依然是推动江苏农村经济发展的主要力量,但是90年代初与这两个地区并列的常州的农村工业发展有所退步。苏州和无锡农村工业之所以能取得较快的进步,除了集体经济改制释放的力量外,本地区良好的农村工业发展基础,以及两地在农村工业规模结构和产业结构调整中的不断努力也起到了重要的作用。无锡主要是依靠大型集体企业,走提高技术和资金水平的道路,壮大企业规模,提升产品层次,从而使农村工业向现代工业转化;而苏州的农村工业企业依托自己的优势,加强与外资的合作,通过与外资的多种途径的合作壮大了自身的实力。

三、典型县市农村工业分异的演变

进一步考察调查县市的农村工业地域分布,从图7—5、图7—6和图7—7可以看出,在县(县级市)域范围内农村工业的集中程度不是非常显著。在四川省邛崃市,位居前两位的乡镇农村工业增加值的比重占全部的30%左右,在黑龙江省的阿城市,前两位的城区和玉泉镇的增加值比重不到25%,而在江苏省的宜兴市,前两位的乡镇工业增加值比重不到15%。县域范围内农村工业呈现出的这种分异特点主要是因为:第一,县内各乡镇经济发展水平的差距相对于省内差异来说一般都比较小;第二,各乡镇之间存在较强的模仿机制。一般来说,一个镇在某一方面取得成功后,其他乡镇很容易在制度、产业上进行模仿,往往在县域内形成若干产业的集群,例如邛崃各个镇的主导产业多为白酒制造,形成以白酒为主的产业群体。这种模仿机制最终使农村工业在各乡镇相对均匀的分布。对比这3个县市的差异情况,我们可以看出,其所处的大区域的背景对其分散程度也有一定影响,其中西部的邛崃相对集中程度要高一些,而东部的宜兴分散化趋势更强一些。仅仅从3个镇的情况我们并不能说明东部的分散化趋势就比西部强一些,但是在东部的县域内,乡镇之间发展的初始条件差异不是很大,各乡镇之间在产业和制度上的学习能力较之西部乡镇更强却是不争的事实。

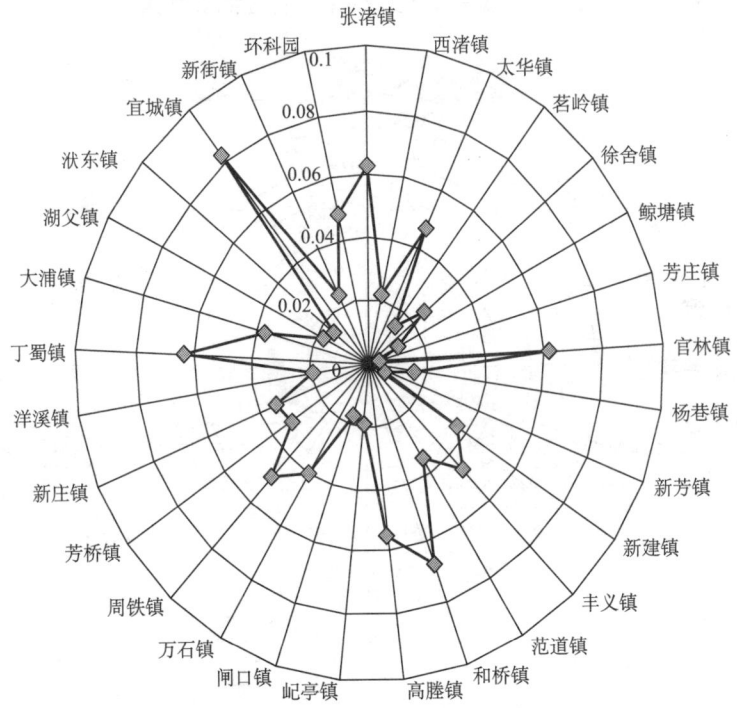

图7—5 宜兴市分乡镇农村工业增加值的比重

312　中国农村工业发展及其区域效应

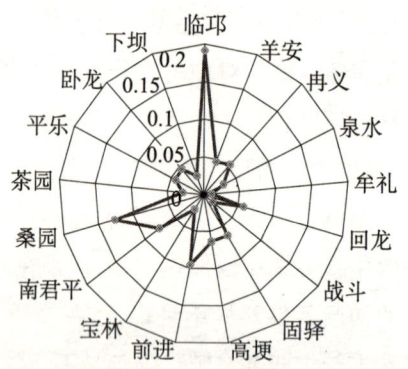

图 7—6　邛崃市分乡镇农村工业增加值的比重

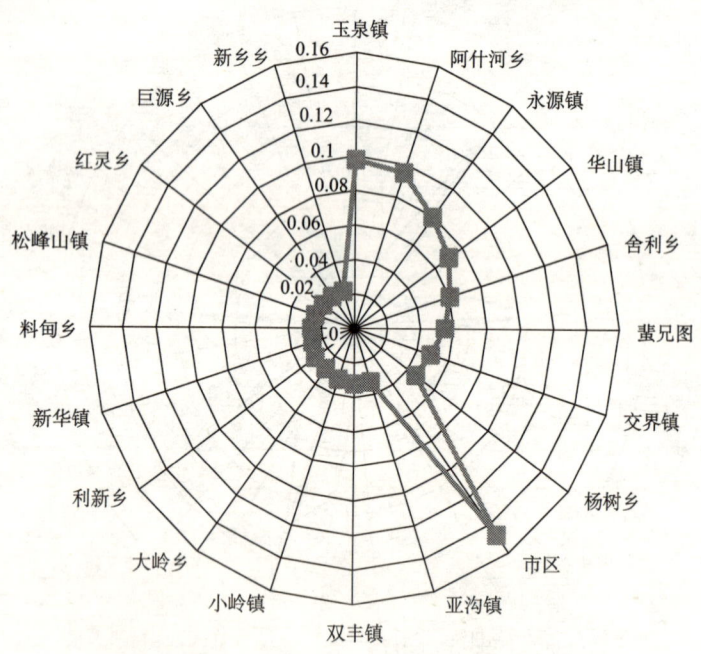

图 7—7　阿城市分乡镇农村工业增加值的比重

四、调查镇的变化

乡镇与县相比,其区域范围更小,内部的差异也应该更小,但是调查发现,平乐和万石两个镇的内部发展差异却很大。在万石镇,漕南村的工业总产值占到全镇的42%;而在平乐镇,第14村的私营工业总产值却占到全镇的72%(图7—8、图7—9)。造成这种现象的原因主要是:在乡镇内部,农村工业的布局更容易受到微观区位因素,例如交通和集聚因素的影响。平乐镇第14村是离省道最近的村,当地酒厂的运输量很大,酒厂布局在这个村可以减少大量的运费;而在万石镇,漕南村在锡宜公路旁边建有一个以化学工业为主的宏博乡镇工业园区,形成了大量化工类企业的集聚。另外,在很多农村工业不是很发达的地方,往往一个较大

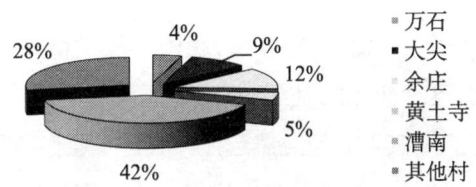

图7—8 万石镇农村工业的分村分布

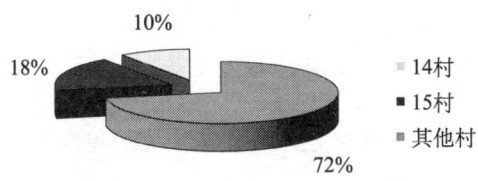

图7—9 平乐镇农村私营工业的分村分布

型企业的产值就占了全镇总产值的绝大多数,这个企业的布局对整个乡镇的农村工业的分异有很大的影响。如平乐镇的第 14 村就分布着该镇最大的君乐酒厂,其总产值占全镇近一半。

综上所述,在我国农村,工业在各个区域层面上存在不同的分异特点,总体上来说,省内的地区差异和乡镇内村之间的差异比较大,而省际间与县域内不同乡镇之间的差异相对要小一些。造成这种现象的原因是复杂的,一般来说,区域内经济基础的差异、农村工业发展初始状态的差异、区位条件的差异以及区域扩散机制的强弱都会在不同程度上对农村工业的地区差异产生影响。

第二节 农村工业对中国 20 世纪 90 年代经济格局的影响

20 世纪 90 年代中后期以来,我国区域经济格局发生了一些新的变化,这种变化既是国内、国际环境综合影响的结果,也是各地不同的发展策略的必然选择。农村工业作为我国国民经济的主要组成部分,其发展的格局也必然会对我国区域经济格局发生重大影响,未来我国农村工业发展的格局及其走向也将进一步影响我国经济格局的空间演进。

一、我国 20 世纪 90 年代区域经济格局的变化

(一) 省际间经济发展水平差距扩大的程度有所减缓,区域经济格局趋于稳定

自 1978 年以后,我国一些地区的经济一度出现了超高速增

长的现象。"八五"计划时期,这种现象依然延续。经过三年治理整顿之后到1991年,在全国经济增长开始回升的过程中,浙江、广东、海南、福建、山东、江苏、广西等沿海各省(自治区、直辖市),再次成为我国经济增长最快的地区,GDP年均递增长速度为12%～18%。1992年,邓小平同志的南巡讲话成为加速开放、搞活经济的动力。在中国经济建设再次出现新高潮之际,上述7省区表现出了更为强劲的经济增长势头,1993年其增长速度为18%～26%,这一年也成为我国历史上区域发展水平差异程度扩大幅度最大的一年。"八五"计划末期,经济增长"软着陆"措施启动;经济高速增长的省市区,回落幅度更大。

在持续10年左右的时间里,沿海的多数省份保持着两位数以上的国民经济增长速度,在有力地带动了全国经济发展的同时,也导致了我国东西部经济发展水平差距的不断扩大,区域经济格局发生了明显变化。计划经济时期重点建设的东北工业基地、传统的8大城市、"156"项重点工程、在华北和西北重点布局的铁路沿线地区,以及"三线"地区等,在全国的经济地位持续下降。而以长江三角洲和珠江三角洲地区为核心的东南沿海地区,尤其是浙江、福建、广东等在计划经济时期发展相对薄弱的省份,成为我国经济增长速度最快的地区,有力地支撑了国家整体经济实力的迅速提升。

进入"九五"计划时期之后,各省份的国民经济增长速度的差距开始缩小。同"八五"时期的实际增长速度相比,东部主要省(自治区、直辖市)在"九五"时期计划年均增长速度平均下调了6个百分点,一般为11%左右(表7—1)。除山西、内蒙古、黑

表 7—1　"九五"时期省市区 GDP 计划增长速度与实际完成情况比较

单位:%

省份	计划年均增长速度	实际增长速度	省份	计划年均增长速度	实际增长速度	省份	计划年均增长速度	实际增长速度
北京	9	9.9	安徽	12	10.1	贵州	9	8.7
天津	10	11.2	福建	11	11.9	云南	10	8.3
河北	11	10.9	江西	10	9.5	西藏	10	10.7
山西	12	8.4	山东	10	10.9	陕西	10.5	9.3
内蒙古	10	9.8	河南	10	9.9	甘肃	9	9.2
辽宁	10	8.6	湖北	12	10.6	青海	9	8.8
吉林	10	9.7	湖南	10	9.8	宁夏	9	8.5
黑龙江	8.9	8.8	广东	11	10.3	新疆	10.5	7.9
上海	12	11.3	广西	10	8.1	重庆		9.2
江苏	12	11.2	海南	14.9	7.2			
浙江	10	10.9	四川	10	8.6			

龙江、陕西、青海和宁夏等省(自治区、直辖市)"九五"计划增长速度高于"八五"时期的实际值外,多数中西部省份较之"八五"时期也适当放慢了增长速度。从实际效果分析,发达省份经济的高速增长受到遏制,相对落后的省份经济发展未出现进一步滑坡的迹象,地区间 GDP 递增速度的差距明显缩小。

结合人均 GDP 分析不同发展水平地区的 GDP 增长情况(表 7—2),可以得出以下结论。①人均 GDP 高于全国均值的省份,多数 GDP 增长速度也高于全国均值水平,即经济发达的沿海地区仍然保持较高的增长速度。②2001 年同 2000 年相比,人均 GDP 及增长速度均高于全国均值的省份数量减少,福建、辽宁、河北等沿海地区经济增长放缓。而人均 GDP 高于全国、GDP 增长速度低于全国均值的省份主要分布在我国的中西部地区,包括吉林、黑龙江、湖北和新疆等省区。③人均 GDP 低于全国、GDP 增长速度高于全国均值的省份,全都分布在我国的中西部地区;近年来,这类地区的重点逐步从中部向西北地区转移。2001 年,4 个省区全部分布在西部大开发的西北区范围内。④人均 GDP 和 GDP 增速都低于全国均值的省份,数量和具体构成相对比较稳定,除海南之外,全部集中分布在中、西部地区;尤其是西南地区一直处于发展速度较低的状况,同全国的发展水平差距不断拉大。

②类和③类省份的数量较少,一方面说明,1997~2001 年的 5 年中,经济增长速度同经济发展水平仍成正相关的关系,经济发达地区增长速度普遍较快,而落后地区一般增长速度较慢,区域发展的基本格局没有出现大的改变。另一方面也说明,还

表 7—2 20世纪90年代中后期人均 GDP 与 GDP 增长速度的省区市分类

项目	1997年	1998年	1999年	2000年	2001年
人均 GDP 及增长速度均高于全国均值	福建、上海、河北、天津、江苏、山东、浙江、广东	上海、北京、广东、天津、福建、浙江、江苏、山东、河北	上海、北京、天津、浙江、广东、福建、江苏、山东、河北	上海、北京、天津、浙江、广东、江苏、福建、辽宁、山东、河北、湖北	天津、北京、浙江、上海、江苏、山东、广东
人均 GDP 高于全国均值，但 GDP 增长速度低于全国均值	北京、辽宁、黑龙江	辽宁、黑龙江	辽宁、黑龙江	辽宁、黑龙江、新疆	吉林、黑龙江、湖北、辽宁、福建、河北、新疆
人均 GDP 低于全国均值，但 GDP 增长速度高于全国均值	新疆、湖北、山西、湖南、广西、安徽、江西、西藏	湖北、内蒙古、西藏	海南、宁夏、西藏、陕西	吉林、内蒙古、海南、宁夏、西藏	青海、宁夏、内蒙古、甘肃
人均 GDP 及增长速度均低于全国均值	海南、吉林、内蒙古、河南、广西、青海、云南、四川、宁夏、陕西、甘肃、贵州	新疆、海南、吉林、山西、河南、湖南、江西、重庆、安徽、青海、云南、四川、宁夏、广西、陕西、甘肃、贵州	甘肃、贵州、湖南、湖南、青海、河南、安徽、内蒙古、广西、云南、重庆、新疆、四川、山西	陕西、四川、湖南、青海、海南、甘肃、贵州、重庆、安徽、江西、山西、广西、云南	四川、河南、陕西、湖南、重庆、海南、江西、贵州、安徽、山西、广西、云南、西藏

注：在具体计算中，由于各省 GDP 增长速度普遍较实际值高，如，1997年全国 GDP 增长速度为 8.8%，只有 4 个省份低于该值；1998年全国为 7.8%，只有 1 个省份低于该值；1999年、2000年相应的数值分别是 7.1%（3 个省份）、8.0%（3 个省份），2001年全国为 7.3%，也同样只有 1 个省份低于该值。所以，计算中全国 GDP 增长速度采用各省区市 GDP 增长速度的算术平均值。

是有个别经济落后的省份,近年来实现了加速发展,对改变我国区域发展差异状况,发挥了一定的作用。但从①、④类省份数量的对比关系看,人均 GDP 和 GDP 增速都低于全国均值的省份数量接近全国半数,是最多省份的类型。这说明我国加速落后地区发展、缩小区域发展水平差距的任务依然非常艰巨。

(二) 城乡差距进一步扩大,经济向特大型城市和城市带集聚

1. 城乡差距进一步扩大

第一,城乡居民收入水平的差距有所扩大。反映城乡居民收入水平差距的最主要指标分别是城镇居民家庭人均可支配收入和农村居民家庭人均纯收入。2001 年,全国城镇居民家庭人均可支配收入为 6 869.6 元,农民家庭人均纯收入为 2 366.4 元。城镇人均收入是农民人均收入的 2.9 倍,目前已经达到历史最高水平。根据国际劳工组织发表的 1995 年 36 个国家的相关资料可知,城乡差距超过 2∶1 的国家只有 3 个,而中国便是其中之一。

第二,我国城乡居民不仅在收入统计上存在较大差距,在其享受的各种社会福利上也存在较大差距。因此,城乡居民实际收入差距应比统计上的收入差距还要大。目前,城市居民享受的住房补贴、物价补贴等各种补贴,以及各种社会保险如医疗保险、失业保险、最低收入保障等,是绝大多数农民都不能享受到的。城镇居民以社会福利方式获得的隐性收入难以准确估计。有人对 1994 年城镇居民享受的公有住房、公共医疗及保险福利几项进行统计,发现人均收入大致 1 081 元,相当于当年农民人均收入1 221元的83.4%。按照世界银行1997年的估计,如果考虑城镇居民享受的各种社会福利,城乡居民人均收入之比应为4∶1。

第三,城乡居民生活水平的差距迅速扩大。1999年城镇居民的人均消费水平为6 796元,而农民人均消费水平只有1 927元。城镇居民人均消费水平是农民人均消费水平的3.53倍。事实上,近十几年来城乡消费水平的差距一直在扩大。1985年城镇居民与农民人均消费水平之比为2.31∶1,1990年扩大到2.95∶1,1995年为3.4∶1,1999年达到3.53∶1。农民的消费水平原本基数就比较低,从20世纪90年代开始,农民消费水平提高的速度又明显低于城镇居民。1990年到1999年扣除物价因素影响,农民的消费水平提高77%,而城镇居民的消费水平则提高87%。农民的消费水平与城镇居民相比,相差9年左右。

2. 经济向特大城市及其产业带集聚

我国经济的空间格局除了稳定的表现为三大地带的发展差异外,在20世纪90年代中后期出现的经济进一步向城市尤其是大城市及其产业带周围集聚的趋势也比较明显。这种集聚一方面加剧了我国省域内部的经济发展水平的差异;另一方面,对我国经济空间格局的演化将产生十分重要的影响。

从表7—3可以看出,从全国范围来说,有三个城市地带成为我国经济集聚的焦点地区,它们是:京津唐、长三角和珠三角。这三个城市带的国土面积只占全国的2%,但其在1993年的GDP、工业总产值和实际利用外资总额分别占全国的27.7%、

表 7—3　我国主要城市带的基本情况

地区	面积占全国比重(%)	GDP占全国(省份)的比重(%) 1993年	GDP占全国(省份)的比重(%) 1999年	工业总产值占全国(省份)的比重(%) 1993年	工业总产值占全国(省份)的比重(%) 1999年	外商投资占全国(省份)的比重(%) 1993年	外商投资占全国(省份)的比重(%) 1999年
京津唐地区	0.43	4.01	5.43	5.01	4.75	5.12	8.66
长三角地区	1.04	16.03	16.84	15.58	19.76	18.22	19.03
珠三角地区	0.65	7.66	8.04	7.68	8.36	16.66	20.47
成绵产业带	8.21	40.26	46.99	38.61	48.15	38.31	65.51
关中产业带	1.09	58.65	67.54	59.67	60.63	48.12	93.95
长株潭地区	13.34	28.04	32.54	36.76	40.84	31.04	40.27

注释:①京津唐地区是指北京、天津、廊坊和唐山市;长三角地区包括上海、南京、扬州、南通、镇江、无锡、常州、苏州、杭州、宁波、湖州、绍兴、嘉兴、舟山;珠三角地区包括广州、深圳、珠海、东莞、中山、惠州、江门、佛山、肇庆;成绵产业带包括成都、德阳和绵阳;关中产业带包括西安、宝鸡和咸阳;长株潭地区包括长沙、株洲和湘潭。②成绵产业带、关中产业带和长株潭地区的各指标所占比重是占各自省份总数的比重。

28.47%和40%；并且这种集聚的趋势在20世纪90年代的中后期不仅没有减弱，反而进一步得到加强，1999年这三个地带的GDP、工业总产值和实际利用外资总额分别占到全国的30.31%、32.87%和48.16%，分别比1993年增加了2.6个、4.4个和8.16个百分点。这三个地区利用良好的区位条件、坚实的经济基础不断吸引国内外的资金、技术和人才向这些地区集聚，成为我国经济的核心地区。

在省域范围内也出现了经济向条件较好的地区集中的趋势。从表7—3可以看出，在四川省内部，经济出现主要向以成都、德阳、绵阳为中心的产业带集中的趋势。1993年该地带的GDP、工业总产值和实际利用外资总额分别占全省的40.26%、38.61%、38.31%；到1999年，则占46.99%、48.15%、65.51%，分别增加了4.73个、9.54个和27.2个百分点，并且在整个20世纪90年代这种集中化的趋势日益显著。在陕西省，其经济有向以西安为中心的关中产业带集中的趋势；在湖南，长株潭地区成为经济增长的中心。

(三) 经济增长的方式差别显著

20世纪90年代中后期，我国各地区经济增长的方式也发生了一些比较大的差异，具体体现在：第一，资本投入仍然是推动我国经济发展的主要力量。我国多数省份还没有摆脱依靠要素投入，特别是资本的投入来推动经济发展的传统模式的影响。西部的一些省份依靠90年代后期国家在西部大开发中的大量资本投入而实现了经济的快速增长，而沿海发达地区的资本投入开始多元化，国家投入、地方财政投入、外资投入和民间资本投入在其经济发展中都占据了比较重要的地位。但是,总体上来说,东部地区,特别是东南沿海地区的资本投入的增长快于中西部地区;而且我国各省份的资本使用效率仍然普遍偏低,同时也呈现出沿海高于内陆的地区差异态势。

第二,东部地区的产业结构调整初见成效,产业结构优化有力地推动了东部地区的经济发展,而中西部地区产业结构调整的效果不明显。东部地区在20世纪90年代中后期已经基本上进入工业化中期阶段,按照工业化的一般规律,此时产业结构层次将有一次较大的提升过程。因此,东部地区利用其早期积累的优势,积极推动对产业结构和产品结构的调整,一些资金和技术密集型的产业正在成为东部地区新的增长点,表现为资本投入和全要素生产率的提高(图7—10、图7—11)。沿海发达地区的北京、天津、上海、广东、江苏、浙江、山东等省市已成为先进的制造业生产中心,这7个省市的微型电子计算机、移动通信设备、程控交换机的产品产量占全国总量的比重分别为82%、85%和92%。同时,东部的传统产业也在工艺和技术方面获得较大提升;而中西部地区由于经济发展水平较低,基本上处于工业化的初级阶段,处于产业结构第一轮的调整中,尚未走出以能源原材料为主导的工业化初级阶段,缺乏进行产业结构调整的内在动力和外部推动因素。因此,中西部大多数地区的产业发展停留在较低水平的数量扩张上,结构调整对经济的推动作用不明显。

第三,东西部之间市场化程度存在着较大差异,也是造成我国区域经济差异的主要因素。经过了历时20余年的市场化改

324 中国农村工业发展及其区域效应

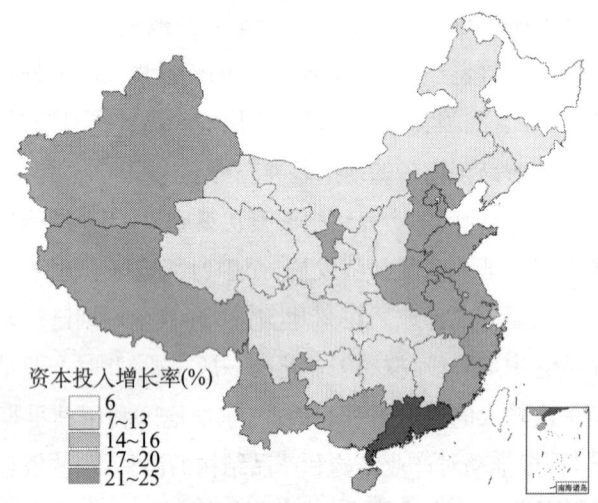

图 7—10　20 世纪 90 年代我国资本投入的省际差异

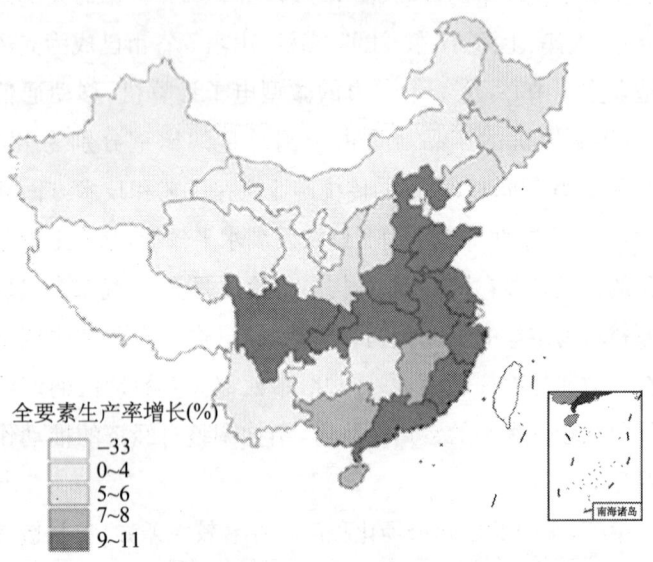

图 7—11　20 世纪 90 年代我国全要素生产率的省际差异

革,中国经济已经在很大程度上由计划经济转向了市场经济,市场化进展取得了举世公认的成就。但是,中国市场化的进展程度很不平衡。就区域而言,在某些省份,特别是在某些沿海省份,市场化已经取得了决定性的进展,而在另外一些省份,经济中非市场的因素还占有非常重要的地位。樊纲、王小鲁等人对中国市场化的地区差异的研究结果表明,我国市场化程度有极大的地区差异,市场化指数如图7—12所示。

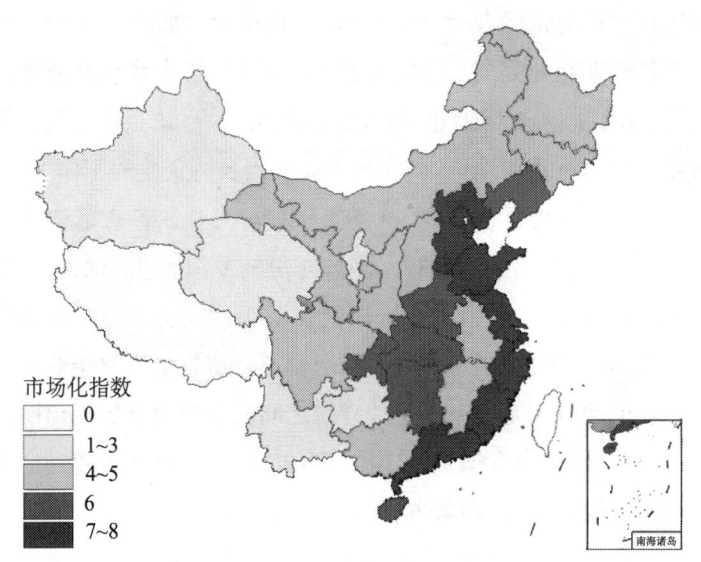

图7—12 我国各省份市场化指数

由图7—12可知,我国市场化指数最高的是位于东南沿海的广东、浙江、福建和江苏4省,而市场化指数最低的省区是西部的青海、宁夏、新疆和云南,可见我国市场发育程度也存在一定的东西差异,这种差异反映了东部地区在市场化的进程中行动较快,已经占据有利地位,而西部地区市场发育差,市场化程度低,影响了西部经济的快速增长。

二、农村工业增长对区域经济格局变化的贡献

(一) 农村工业已经成为我国国民经济中一支重要的力量

2000年年末,全国乡镇企业完成增加值27 156亿元,占全国国内生产总值的30.4%,占全国农村社会增加值的64%。全国乡镇工业企业完成工业增加值18 812亿元,占乡镇企业增加值的69.3%,占全国工业增加值的47.3%。乡镇企业在我国国民经济中占有重要地位,而农村工业又是乡镇企业的主体。

对于各个地区而言,乡镇企业和农村工业在各省区内的地位又不尽相同。总体上说,大多数省份的乡镇企业和农村工业的地位比较突出,乡镇企业增加值在GDP中、农村工业增加值在工业GDP中占有较大的比重,但也有一些省份乡镇企业和农村工业的地位不是很高。这种省份之间的差异没有体现出明显的地带分异,其中乡镇企业增加值占省份GDP的比重超过全国平均水平的有河北、内蒙古、辽宁、吉林、浙江、福建、山东、河南、湖南9个省,其中河北、辽宁、山东和浙江位于东部,而内蒙古属于西部地区,其他4个省份位于中部地区。在东部的江苏和广东两个乡镇企业发展水平较高的地区,其乡镇企业增加值占GDP的比重小于全国平均水平,并不是说这两个地区乡镇企业发展水平不高,主要原因是这两个省近两年外资企业发展十分迅速,同时城市第三产业在国民经济中的地位也在上升,而乡镇

企业处于结构调整时期，增长不是很快，其比重有所下降；中部一些地区乡镇企业依靠资源和劳动力的优势，进入快速发展时期，成为国民经济的主要力量。

农村工业增加值占工业增加值的比重一般都高于乡镇企业增加值占GDP的比重，其中比重高于全国值的是河北、内蒙古、辽宁、江苏、浙江、福建、江西、山东、河南、湖南和陕西，体现出一定的东西分异。总体上来说，东部所占的比重要高于中西部，大于全国平均值的省份有6个在东部，中部和西部分别有3个和2个，东部除3个直辖市和广东外，其他不高于全国平均值。可见农村工业在各个省份工业中占有比较重要的地位(表7—4)。

表7—4 我国各省份乡镇企业和农村工业在国民经济中的地位

省份	工业GDP（亿元）	农村工业增加值（亿元）	占比重（%）	GDP（亿元）	乡镇企业增加值（亿元）	占比重（%）
北京	745.32	108.26	14.53	2 478.76	209.91	8.47
天津	747.28	242.17	32.41	1 639.36	352.14	21.48
河北	2 246.73	1 404.42	62.51	5 088.96	2 010.15	39.5
山西	706.39	317.53	44.95	1 643.81	463.2	28.17
内蒙古	455.21	268.46	58.97	1 401.01	869.87	62.09
辽宁	2 114.89	1 097.41	51.89	4 669.06	1 746.79	37.41
吉林	655.68	244.31	37.26	1 821.19	571.11	31.36
黑龙江	1 664.35	216.47	13.01	3 253.00	290.07	8.92
上海	1 956.66	616.38	31.5	4 551.15	616.38	13.54
江苏	3 848.52	2 090.23	54.31	8 582.73	2 441.4	28.44

续表

省份	工业GDP（亿元）	农村工业增加值（亿元）	占比重（%）	GDP（亿元）	乡镇企业增加值（亿元）	占比重（%）
浙江	2 883.37	2 558.82	88.74	6 036.34	2 839.24	47.04
安徽	1 100.45	374.63	34.04	3 038.24	688.05	22.65
福建	1 470.07	923.1	62.79	3 920.07	1 392.81	35.35
江西	539.78	267.22	49.51	2 003.07	415.15	20.73
山东	3 737.38	2 243.11	60.02	8 542.44	2 659.02	31.13
河南	2 078.94	1 194.04	57.43	5 137.66	1 662.86	32.37
湖北	1 903.28	649.27	34.11	4 276.32	1 076.36	25.17
湖南	1 230.71	924.23	75.1	3 691.88	1 902.28	51.53
广东	4 295.03	1 691.32	39.38	9 662.23	2 188.22	22.65
广西	619.84	165.18	26.65	2 050.14	373.28	18.21
海南	65.76	20.3	30.87	518.48	40.2	7.75
重庆	527.48	141.97	26.91	1 589.34	231.8	14.58
四川	1 393.84	460.06	33.01	4 010.25	854.65	21.31
贵州	314.73	93.01	29.55	993.53	174.73	17.59
云南	697.69	99.8	14.3	1 955.09	285.39	14.6
陕西	549.58	268.09	48.78	1 660.92	504.89	30.4
甘肃	328.41	72.35	22.03	983.36	166.3	16.91
青海	80.55	9.95	12.35	263.59	17.31	6.57
宁夏	93.00	16.89	18.16	265.57	38.08	14.34
新疆	422.08	33.42	7.91	1 364.36	74.57	5.47

(二) 农村工业增长的地区差异与我国区域经济格局形成的相关性分析

20世纪90年代农村工业增长的地区差异与我国GDP增长的地区差异没有明显的相关性。通过对29个省区市（不包括西藏，四川和重庆作为一个单元）在90年代的GDP增长率与农村工业总产值增长率进行相关性分析，结果显示，这两个指标之间的相关性系数仅为0.229，其显著性系数为0.232，不能否定假设"GDP增长率和农村工业总产值增长率不相关"。图7—13和图7—14很直观地说明了它们之间的关系不是很明显。以上情况说明，在20世纪90年代，不同省份农村工业的增长差异对90年代我国区域经济格局的影响不是十分显著，相比较而言，

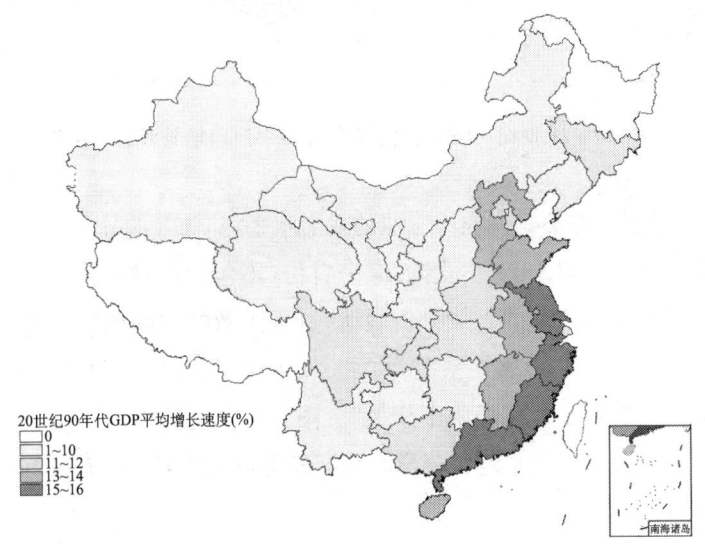

图7—13 20世纪90年代我国GDP增长率的地区差异

一些其他因素如外资企业的发展、城市第三产业的发展等可能对地区经济格局产生更大的影响。

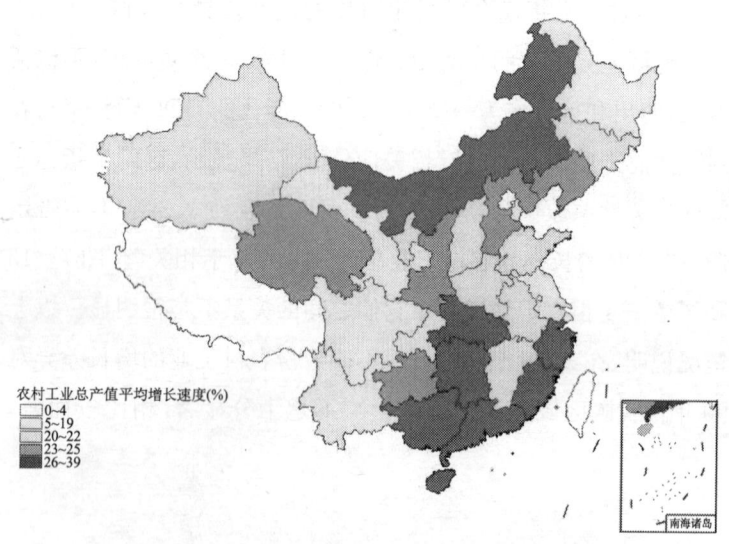

图 7—14 20 世纪 90 年代我国农村工业总产值增长率的地区差异

但是,并不是说农村工业的发展水平与 GDP 的分布格局不存在关系。对 1999 年我国 30 个省份(不包括西藏)的 GDP 和农村工业总产值的相关分析表明,这两组数据之间的相关系数达到了 0.934,显著性系数为 0.001,否定了假设"1999 年 GDP 分布与农村工业总产值不相关"。图 7—15 直观地说明了我国农村工业发展水平地区分异和我国经济空间格局之间有很好的耦合性。

1999 年农村工业总产值和 GDP 之间的高度相关性说明农村工业对 20 世纪 90 年代我国区域经济格局的影响还是较大的,

第七章 农村工业与中国区域经济格局 331

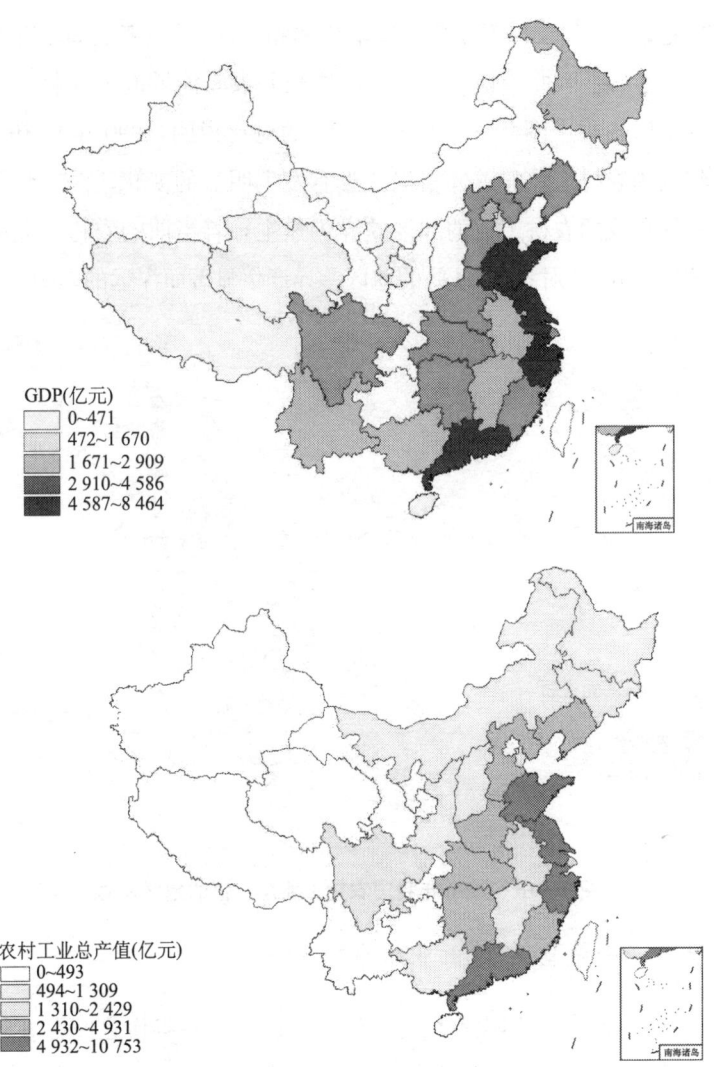

图 7—15 1999 年我国 GDP 和农村工业总产值的地区差异

但是，90年代农村工业总产值增长率和GDP增长率之间不存在相关性，说明90年代农村工业的增长并没有能够改变农村工业的地区格局。图7—16和图7—17的对比说明，1990年和1999年我国农村工业的总体格局并没有发生明显的变化，在90年代初期形成的农村工业的地区差异仍然主导着当前的农村工业的地区差异，并对我国GDP的地区差异产生显著而深远的影响。

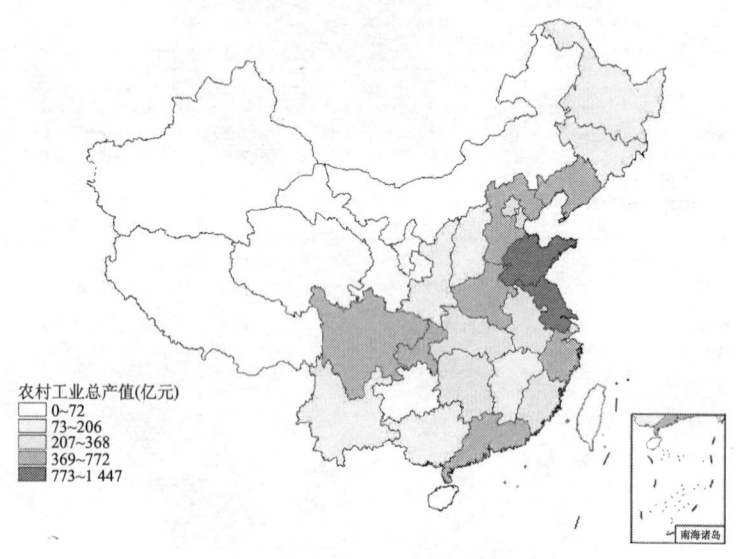

图7—16　1990年我国农村工业总产值的地区差异

三、未来我国农村工业地区格局的演化

20世纪90年代农村工业的增长速度在各省份之间存在较大的差异，但未来我国农村工业在各地区的发展态势不仅仅是由增长速度所决定的。随着全球经济一体化进程的加速，我国

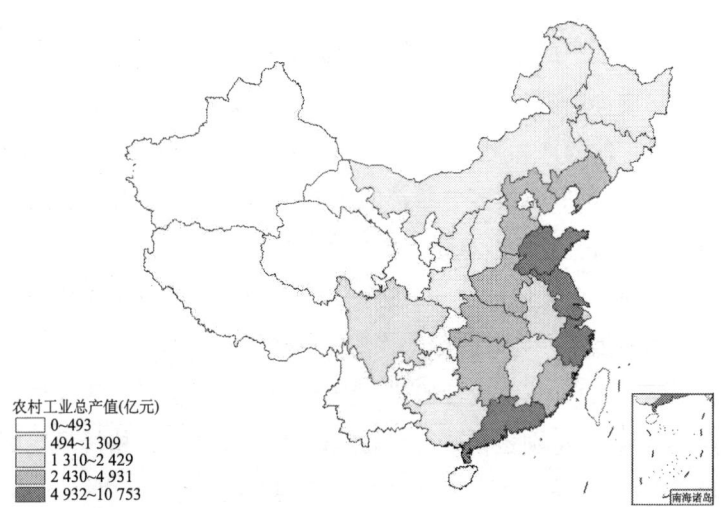

图7—17 1999年我国农村工业总产值的地区差异

市场经济制度的逐步完善,发生在20世纪90年代的农村工业超高速增长的现象将很难再出现,未来各地区农村工业的发展如何,将是各地区制度、农村工业的总体实力和地区经济总体实力的综合作用的结果。

各地区农村工业综合竞争能力的差异将直接决定我国农村工业区域格局进一步的演变。我们在前面第四章的分析中已经清楚地显示,在全国层面上,农村工业的地带性差异将继续存在,东部地区,尤其是东南沿海地区,是我国农村工业竞争力最强的区域,它们将依靠自身的市场制度的优势和规模、资金、技术的优势,继续领跑中国农村工业的发展,中部的湖南、河南和湖北如果保持目前的发展势头,会进一步缩小与东部地区的差距。

　　大多数中西部地区农村工业将面临较大的困境,但是在一些省份内部,一些发展状况较好的地区将会出现。特别是在一些大城市的郊区和附近的市县,农村工业的发展水平会接近东部的平均水平,而很多中西部的小城镇的农村工业发展会陷入困境,甚至走向萎缩,这是市场化进程的必然选择。

　　农村工业发展的空间演进,必然会与其他影响我国经济空间格局的因素一起对我国未来的空间经济格局的演进产生深远的影响。未来,三大地带的差异仍将长期存在,但是由于各种要素在空间上,特别是在城市群的集聚,将使我国经济格局呈现更复杂的局面,叠加在三大地带差异基础上的"核心—边缘区"的差异在未来我国空间格局的演化中将发挥越来越大的作用。

　　20世纪90年代我国农村工业在各个空间层面的分异格局都发生了较大的变化。从全国的空间格局上来看,东西部之间的差异仍然是我国农村工业发展的主要差异,这种差异也是形成我国经济空间格局的主要原因之一;南北差异在20世纪90年代中后期有所扩大,我国农村工业发展的重心南移明显。在省份范围内,农村工业向发展条件好的地区集聚的趋势比较明显,而在县市范围内,这种集中的趋势不明显,典型调研的乡镇农村工业出现向区位条件好的区域集中的趋势,未来我国农村工业将继续在中观和微观尺度的层面集聚,省内、县市内,甚至乡镇内农村工业发展水平的差异会更大,这种差异将对省内经济格局的演变产生较大影响。

　　未来农村工业发展必然会出现与城市工业的进一步一体化

的过程,在市场经济环境下,作为追求最大利润的企业,进一步地向发展条件好的地区集聚是其必然选择,这种过程将使我国空间经济格局发生进一步的变化。目前,我国经济已经呈现出向京津、长三角和珠三角集聚的趋势,未来这里也将是我国经济发展最有活力的地区,也是农村工业和城市工业一体化进程最迅速的地区,劳动力、资本等生产要素会进一步向这些地区集聚,使这些地区成为我国经济的核心地区,促使我国经济格局由三大地带的差异向核心—边缘的模式转变。

参 考 文 献

1. Asian Regional Team for Employment Promotion (ARTEP)/ILO et al. 1993. Reabsorption of Surplus Agricultural Labor into the Non-agricultural Sector: A Study of Township Enterprises in China. Paper for the National Workshop on Rural Industrialization in Post-Reform China, 19-22 Oct. , Beijing.
2. Brad Christerson and Constance Lever_Trace. 1998. The Third China? Emerging Industrial Districks in Rural China. *Economy geography*, pp. 569-586.
3. Breiman, L. and J. H. Friedman. 1985. Estimating optimal transformations for multiple regression and correlation (with discussion). *Journal of American Statistical Association*, pp. 580-619.
4. Byrd, William A. and Lin Qingsong. 1990. Entrepreneurship, Capital, and Ownership. In *China's Rural Industry: Structure, Development, and Reform*. Oxford University Press.
5. Byrd, William A. and Lin Qingsong. 1990. China's Rural Industries: An Introduction. In *China's Rural Industry: Structure, Development, and Reform*. Oxford University Press.
6. Chunlai, Chen et al. 1994. Rural Enterprises Growth in a Partially Reformed Chinese Economy. In: Findlay, Chr. /Watson, A. /Wu, Harry X. (1994) ed. , *Rural Enterprises in China*, New York, pp. 4-23.
7. Clegg, J. 1995. Changing Patterns of Ownership and Management in China's Rural Enterprises: The Shareholding Co-operative System as a Form of Multi-stakeholder Cooperation. Paper for the European Con-

ference on Agricultural and Rural Development in China, Manchester, 9 - 12 Nov.
8. Denise Hare and Loraine A. West. 1999. Spatial Patterns in China's Rural Industrial Growth and Prospects for the Alleviation of Regional Income Inequality. *Journal of Comparative Economics*, Vol 27, pp. 475-497.
9. Dennison. F. 1974. *Accounting for the United States Economic Growth* 1929-1969. Washington, D. C. : Brooking Institute.
10. Dennison Edward F. and William K. Chung. 1976. Economic Growth and its Sources. In Hugh Patrick and Henry Rosovsky, eds, *Asian's New Giant-How the Japanese Economy Works*. Washington, D. C. : Brookings Institute.
11. Edlund, L. 1992. Market Fragmentation and Rural Industrialization in the People's Republic of China: A Survey of Rural Enterprises in Zhejiang and Sichuan. Paper for the 27th International Geographical Congress, Washington, 9 - 14 Aug.
12. Fan Jie, W. Taubmann. 1996. The Development of Outward Economy in Rural Enterprises and the Difference among Provinces. *The Journal of Chinese Geography*, Vol. 6, p. 3.
13. Fan Jie, W. Taubmann, Fan Gongzheng. 1996. A Preliminary Study on Rural Industrialization in China. *The Journal of Chinese Geography*, Vol, 6, p. 2.
14. Haigen Xu , Dingzhen Liu and Huanzhong Wu. 2001. Environmental Regionalization for the Management of Township and Village Enterprises in China. *Journal of Environmental Management* , Vol. 63, pp. 203-210.
15. Hongyi Chen. 1999. Scott, Rozelle, Leaders, Managers, and Organization of Township Village Enterprises in China. *Journal Development economics*, Vol. 60, pp. 529-557.

16. Hongbin Li, Scott Rozelle. 2000. Saving or Stripping Rural Industry: an Analysis of Privatization and Efficiency in China. *Agricultural Economics*, Vol. 23, pp. 241-252.
17. Huijiong Wang. Sustainable Industrial Overview of China-Current and Future Perspective, Development Research Center, The State Council PRC.
18. Islam, Rizwanul. 1991. Growth of Rural Industries in Post-reform China: Patterns, Determinants and Consequences. *Development and Change*, Vol. 22. pp. 687-724.
19. Jamie Peck and Nikolas Theodore. Contingent Chicago: Restructuring the Spaces of Temporary Labour, Economic Geography Research Group Working Paper Series.
20. Jefferson, G. H., Rawski, T. G., and Zheng Yuxin. 1992. Growth, Efficiency, and Convergence in China's State and Collective Industry. *Economic Development and Cultural Change*, Vol. 40, pp. 239-266.
21. Jefferson, G. H. 1989. Potential Sources of Productivity Growth within Chinese Industry. *World Development*, Vol. 17, pp. 45-47.
22. Jin Hehui & Du Zhixiong. 1997. Productivity of China's Rural Industry in The 1980's, ISSR Working Papers in the Social Sciences August.
23. Knight, John, and Lina Song. 1993. The Spatial Contribution to Income Inequality in Rural China. *Cambridge Journal of Economics*, Vol. 17, pp. 159-213.
24. Odgaard, Ole. 1988. The Success of Rural Enterprises in China: Some Notes on its Social and Economic Effects. *China Information*, Vol 2, pp. 63-76.
25. Pang Xiaomin. 1992. An Analysis of the Role of Co-operations between Urban and Rural Industries in the Development of Rural Industry in China. *Journal of Chinese Geography*, Vol. 3, pp. 1-16.

26. Richard E. Baldwin. 2001. Core-periphery Model with Forward-looking Expectations. *Regional Science and Urban Economics*, Vol. 31, pp. 21-49.
27. Scott Rozelle and Richard N. Boisvert 1995. Control in a Dynamic Village Economy: The Reforms and Unbalanced Development in China's Rural Economy. *Journal of Development Economics*, Vol. 46, pp. 233-252.
28. Simon X. B. Zhao and Kenneth K. K. Wong. 2002. The Sustainability Dilemma of China's Township and Village Enterprises: An Analysis from Spatial and Functional Perspectives. *Journal of Rural Studies*, Vol. 18, pp. 257-273.
29. Sone Ekman and Hans Andersson. 1998. The Economics of On-farm Processing: Model Development and An Empirical Analysis. *Agricultural economics*, Vol. 18, pp. 177-189.
30. Wei Xu and K. C. Tan. 2002. Impact of Reform and Economic Restructuring on Rural Systems in China: A Case Study of Yuhang Zhejiang. *Journal of Rural Studies*, Vol. 18, pp. 65-81.
31. W. Taubmann and Fan Jie. 1995. Die Roller der Industrie im Transformationsprozes des Laendlichen China. *Geographische Zeitschrift*, Vol. 83, pp. 3-4.
32. W. Taubmann, Th. Heberer and Fan Jie. 1998. *Urbanisierung und Sozialer Wandel im Laendlichen China*, Westdeutschen Verlag.
33. Xiaoping Shen. 1995. Spatial Inequality of Rural Industrial Development in China: 1989-1994. *Journal of Rural Studies*, Vol. 15, pp. 179-199.
34. Xiaoyuan Dong, Paul Bowles and Samuel P. S. Ho. 2002. Share Ownership and Employee Attitudes: Some Evidence from China's Postprivatization Rural Industry. *Journal of Comparative Economics*, Vol. 30, pp. 812-835.

35. Xiaoyuan Dong, Paul Bowles and Samuel P. S. Ho. 2002. The Determinants of Employee Ownership in China's Privatized Rural Industry: Evidence from Jiansu and Shandong. *Journal of Comprarative Economics*, Vol. 30, pp. 415-437.
36. Xiaoyuan Dong and Louis Putterman. 1997. Productivity and Organization in China's Rural Industries: A Stochastic Frontier Analysis. *Journal of Comprarative Economics*, Vol. 24, pp. 181-201.
37. Yang Yao. 1999. Rural Industry and Labor Market Integration in Eastern China. *Journal of Development Economics*, Vol. 59, pp. 463-496.
38. Yusheng Peng. 1995. China's Rural Enterprises: Effects of Agriculture, Surplus Labor, and Human Capital. *ISSR Working Papers in the Social Sciences* 1994-95, Vol. 6, p. 7.
39. A. 韦伯:《工业区位论》,商务印书馆,1997。
40. 白南生:"中国乡镇企业:发展与约束",中国农村研究网,http://www.ccrs.org.cn。
41. 陈建军:《中国高速增长地域的经济发展——关于江浙模式的研究》,上海人民出版社,2000年。
42. 陈吉元、韩俊:《中国农村工业化道路》,中国社会科学出版社,1993年。
43. 陈剑波:"制度变迁与乡村非正规制度——中国乡镇企业的财产形成和控制",《经济研究》,2000年第1期。
44. 陈池波:"农村工业化进程中的问题透视与对策",《农业现代化研究》,1999年第1期。
45. 陈烈、郑天祥、吴唐生、隆少秋:"广州市乡镇企业与资源(农业)、环境协调发展的措施和对策",《中山大学学报(自然科学版)》,1998年第10期。
46. 丁力:"农业产业化经营与防止重复建设",《中国软科学》,1998年第6期。
47. 邓一鸣:《中国农村剩余劳动力利用与转移》,中国农村读物出版社,1991年。

48. 杜鹰:"我国的城镇化战略及相关政策研究",《中国农村经济》,2001年第9期。
49. 樊杰、W. 陶普曼:"中国农村工业化的经济分析及省际发展水平差异",《地理学报》,1996年第5期。
50. 樊杰、W. 陶普曼:"中国乡镇企业外向型经济发展基本趋势及省际差异",《地理学报》,1998年第1期。
51. 樊杰:"中国农村工业发展在城镇化过程中的作用——对我国七个建制镇的实证研究",《地理科学》,1998年第2期。
52. 樊杰、W. 陶普曼、Th. 海伯乐:《变革时期的中国农村社会》,商务印书馆,2002年。
53. 樊杰、杨晓光、胡东升:"我国西部地区中小企业发展的环境效应及其约束——引导机制",《地理研究》,2002年第6期。
54. 樊杰、杨晓光:"扶持我国落后地区发展的新观念——以西部开发战略为重点",《地理研究》,2000年第1期。
55. 樊纲、王小鲁、张立文:"中国各地区市场化进程相对指数(2000年)报告",中国经济改革研究基金会国民经济研究所研究报告。
56. 范纯增、李新奇:"山东省农村工业结构优化研究",《地理学与国土研究》,1997年第1期。
57. 方齐云、刘勃:"我国农业剩余劳动力转移与农村人口城市化",《华中理工大学学报·社会科学版》,1997年第2期。
58. 费孝通:"我看到的中国农村工业化和城市化道路",《浙江社会科学》,1998年第4期。
59. 冯兴元:"市场化——地方模式的演进道路",《中国农村观察》,2000年第1期。
60. 葛察忠、王金南:"利用市场手段削减污染:排污收费、环境税和排污交易",《经济研究参考》,2001年第2期。
61. 国家环境保护总局,"1999年中国环境公报",《环境保护》,2000年第7期。
62. 郭克莎:"中国工业化进程、问题和出路",《中国社会科学》,2000年第3期。

63. 郭建军:"现阶段我国农民收入增长特征、面临的矛盾和对策",《经济研究参考》,2001年第6期。
64. 辜胜阻:《非农化与城镇化研究》,浙江人民出版社,1993年。
65. 郭庆、胡鞍钢:《中国工业化问题初探》,中国科学技术出版社,1991年。
66. 顾江、于晓颖:"技术创新与乡镇企业持续发展",《农业经济问题》,1998年第12期。
67. H.钱纳里等:《工业化和经济增长的比较研究》,上海三联书店,1989年。
68. 韩俊、姜长云:"我国农村经济结构变革面临的问题",《经济研究资料》,1999年第6期。
69. 韩俊著:《跨世纪的难题——中国农业劳动力转移》,山西经济出版社,1994年。
70. 何梦笔:《网络、文化与华人社会经济行为方式》,山西经济出版社,1996年。
71. 胡序威:"有关城市化和城镇体系规划的若干思考",《城市规划》,2000年第1期。
72. 胡必亮、郑红亮:《中国的乡镇企业与乡村发展》,山西经济出版社,1996年。
73. 华伟、陆志明、赵芳:"试论工业化与城市化进程中土地资源的配置效率——兼论乡镇企业在实现经济增长方式转变中的对策",《南京师大学报(社会科学版)》,1998年第2期。
74. 胡鞍钢、王亚华:"西部开发应坚持可持续发展战略",《中国人口·资源与环境》,2001年第2期。
75. 姜长云:"乡镇企业产权改革的逻辑",《经济研究》,2000年第10期。
76. 姜长云:"乡镇企业资金来源和融资结构的动态变化",《分析与思考·经济研究》,2001年第2期。
77. 金碚:《中国工业化经济分析》,中国人民大学出版社,1994年。
78. 陆大道等:《1997中国区域发展报告》,商务印书馆,1997年。
79. 陆大道等:《1999中国区域发展报告》,商务印书馆,1999年。

80. 陆大道、刘毅、樊杰:"中国区域政策的实施效果与区域发展的基本态势",《地理学报》,1999 年第 6 期。
81. 陆大道等:《2000 中国区域发展报告——西部开发的基础、政策和态势分析》,商务印书馆,2001 年。
82. 李小建、乔家君:"20 世纪 90 年代中国县际经济差异的空间分析",《地理学报》,2001 年第 2 期。
83. 李小建:《河南农村工业发展环境研究》,中国科学技术出版社,1993 年。
84. 李典军:"发达国家的农业产业化政策及其新变化",《世界经济》,1998 年第 6 期。
85. 李纯英:《农村经济发展研究》,中国农业出版社,1998 年。
86. 李周、尹晓青、包晓斌,"乡镇企业与环境污染",《中国农村观察》,1999 年第 3 期。
87. 刘世定:《占有、认知与人际关系——对中国乡村制度变迁的经济社会学分析》,华夏出版社,2003 年。
88. 李实:"中国农村劳动力流动与收入增长分配",《中国社会科学》,1999 年第 2 期。
89. 李成贵:"中国农村工业化理论研究评述",《中国农村观察》,2002 年第 6 期。
90. 苗长虹、樊杰、张文忠:"中国农村工业发展:一个综合区位分析框架",《地理研究》,2002 年第 1 期。
91. 苗长虹:"我国农村工业化对经济增长的贡献",《经济地理》,1997 年第 2 期。
92. 苗长虹:"中国欠发达地区农村工业发展的因素与区域型式",《地理研究》,1994 年第 3 期。
93. 苗长虹:《中国农村工业化的若干理论问题》,中国经济出版社,1997 年。
94. 农业部课题组:"乡镇企业融资问题研究",《经济研究参考》,2001 年第 22 期。
95. 牛若峰:"农业产业一体化经营的理论框架",《中国农村经济》,1997

年第 5 期。
96. 牛若峰等:《中国经济偏斜循环与农业曲折发展》,中国人民大学出版社,1991 年。
97. 裴小林:"集体土地制:中国乡村工业和渐进转轨的根源",《经济研究》,1999 年第 6 期。
98. 齐文辉:"从几个常见模式认识大陆乡镇企业",台湾大学地理系《地理学报》,1998 年第 24 期。
99. 秦晖:"十字路口看乡企——清华大学乡镇企业转制问题调查研究报告(上)",《改革》,1997 年第 6 期。
100. 秦晖:"十字路口看乡企——清华大学乡镇企业转制问题调查研究报告(下)",《改革》,1998 年第 1 期。
101. 钱兴福、屠世亮:"论中国乡镇企业的可持续发展",《农村生态环境》,1999 年第 1 期。
102. 曲格平:"中国的工业化与环境保护",《中国人口·资源与环境》,1998 年第 2 期。
103. 沈坤荣、马俊:"中国经济增长的'俱乐部收敛'特征及其成因研究",《经济研究》,2002 年第 1 期。
104. 世界银行:《1992 年世界发展报告》,中国财政经济出版社,1992 年。
105. 施虹:"乡镇企业结构调整与农业产业化",《安徽农学通报》,1998 年第 4 期。
106. 宋学保:"苏南模式和温州模式的比较研究",《经济研究资料》,2001 年第 3 期。
107. 谭秋成:"从企业的性质看乡镇集体企业产权改革的方向",《中国农村经济》,1998 年第 3 期。
108. 王小鲁:"农村工业化对经济增长的贡献",《改革》,1999 年第 5 期。
109. 王贵宸、张留征:《农村经济发展模式比较研究》,经济管理出版社,1992 年。
110. 王虎:"关于建立中小企业社会服务体系的探索",《上海社会科学院学术季刊》,1999 年第 3 期。
111. 王缉慈:《现代工业地理学》,中国科学技术出版社,1994 年。

112. 魏后凯:《中西部工业发展战略》,河南人民出版社,2000年。
113. 魏后凯:"中国地区工业竞争力评价",《中国工业经济》,2002年第11期。
114. 魏后凯:"外商直接投资对中国区域经济增长的影响",《经济研究》,2002年第4期。
115. 温铁军:"农村劳动力和过剩人口向小城镇转移中的产权问题",《产业论坛》,1998年第12期。
116. 温铁军:"中国的城镇化与相关制度问题",《开放导报》,2000年第5期。
117. 温铁军:"'市场失灵＋政府失灵':双重困境下的'三农'问题",《读书》,2001年第10期。
118. 吴楚材、陈雯、顾人和、张落成:"中国城乡二元结构及其协调对策",《城市规划》,1997年第5期。
119. 吴天然:《中国农村工业化论》,上海人民出版社,1997年。
120. 武剑:"外商直接投资的区域分布及其经济增长效应",《经济研究》,2002年第4期。
121. W. A. 刘易斯:《二元经济论》,北京经济学院出版社,1989年。
122. 宣杏云、徐更生:《国外农业社会化服务》,中国人民大学出版社,1993年。
123. 新望:"透析苏南",《读书》,2001年第3期。
124. 杨吾杨、梁进社:《高等经济地理学》,北京大学出版社,1997年。
125. 袁界平等:"江苏乡镇企业集约化规模经营状况评价",《中国农村经济》,1998年第10期。
126. 叶裕民:"中国城市化滞后的经济根源及对策思路",《中国人民大学学报》,1999年第5期。
127. 杨小凯、黄有光:《专业化与经济组织——一种新兴古典微观经济学框架》,经济出版社,1999年。
128. 杨晓光、樊杰、张文忠:"三峡库区农村工业发展模式研究",《地理科学进展》,2002年第3期。
129. 杨晓光、樊杰等:"成都高科技产业发展的特点及其对策研究",《经济地理》,2003 年第 2 期。
130. 杨金星:"我国乡镇企业劳动力需求的变动及其地区差异研究",《人口研究》,1996 年第 5 期。
131. 姚洋:"发达地区村庄劳动力市场的整合",《中国农村观察》,2001 年第 2 期。
132. 叶国标:"中小企业要挑大梁",《中华工商时报》,1999 年 8 月 2 日。
133. 叶文虎、孔青春:"西部大开发中一些战略问题的思考",《中国人口·资源与环境》,2001 年第 1 期。
134. 苑鹏、钟声远,"乡镇企业的产业结构调整:优化结构 实现结构升级",《中国农村经济》,2000 年第 6 期。
135. 苑鹏:"乡镇企业产业组织与区域发展的结构变迁与调整研究",《经济研究参考》,2002 年第 76 期。
136. 曾尊固:"江苏省乡村经济类型的初步分析",《地理研究》,1989 年第 3 期。
137. 周其仁:"中国农村改革:国家和所有权关系的变化",载张曙光编:《中国经济学:1994》,上海人民出版社。
138. 张文忠:《经济区位论》,科学出版社,2000 年。
139. 张晓山、苑鹏等:"农村股份合作制企业产权制度研究",《中国社会科学》,1998 年第 21 期。
140. 赵连阁、朱道华:"农村工业分散化空间结构的成因和聚集的条件",《中国农村经济》,2000 年第 5 期。
141. 张培刚:《农业与工业化》(上卷),华中工学院出版社,1984 年。
142. 朱守银:"中国农村城镇化进程中的改革问题研究",《经济研究参考》,2001 年第 6 期。
143. 朱希刚:"农村产业结构调整与农村经济发展",《农业技术经济》,1999 年第 6 期。
144. 支兆华:"乡镇企业改制的另一种解释",《经济研究》,2001 年第 3 期。
145. 张军、冯曲:"集体所有制乡镇企业改制的一个分析框架",《经济研究》,2000 年第 2 期。

146. 郑振源:"中国西部的土地利用方式",国土资源部内部资料,2000年7月。
147. 佐和隆光:《防止全球变暖——改变20世纪型的经济体系》,中国环境科学出版社,1999年。
148. 张军扩:《经济增长的要素及其因素分析》,中国财政经济出版社,1988年。

附件一　调查单位名录和资料清单

一、调查单位名录

	调查单位	调查内容	调查时间
贵州省	贵州省计委	近年贵州省国民经济发展情况	2000年5月21日
	贵州省建设厅	贵州省小城镇建设情况	2000年5月22日
	贵州省乡镇企业局	贵州省乡镇企业发展状况	2000年5月23日
	贵州省环境保护局	关于"五小"企业关停的情况	2000年5月22日
	遵义县政府办、遵义县计委、县乡镇企业局	遵义县国民经济发展和乡镇企业发展的概况	2000年5月24日
	新舟镇政府各部门：企业办、税务所、工商所、土地办、派出所等	全面了解新舟镇各个方面的情况	2000年5月25日
	新舟造纸厂	企业座谈、问卷调查	2000年5月26日
	新舟兽药厂	企业座谈、问卷调查	2000年5月26日
	新舟铝制品厂	企业座谈、问卷调查	2000年5月27日

续表

	调查单位	调查内容	调查时间
	新舟水泥厂	企业座谈、问卷调查	2000年5月27日
	新舟镇集贸市场	市场情况	2000年5月28日
四川省	四川省计委	四川省国民经济发展情况	2000年6月8日
	四川省乡镇企业局	四川乡镇企业发展状况	2000年6月9日
	邛崃市计经委、乡镇企业局	邛崃市国民经济发展、乡镇企业发展情况介绍	2000年6月9日
	平乐镇政府相关部门：企业办、税务所、工商所、土地办、派出所等	平乐镇镇情	2000年6月10日
	华峰装饰材料有限公司	企业座谈、问卷调查	2000年6月10日
	绿宝石有限公司	企业座谈、问卷调查	2000年6月11日
	万家竹编厂	企业座谈、问卷调查	2000年6月11日
	君乐酒厂	企业座谈、问卷调查	2000年6月12日
	成都高新电缆厂	企业座谈、问卷调查	2000年6月12日
	川江酒厂	企业座谈、问卷调查	2000年6月12日
	广汉市计委、农委、乡镇企业局	广汉国民经济发展状况、乡镇企业发展状况	2000年6月13日
	向阳镇政府：企业办、税务所、工商所、土地办、派出所等	向阳镇镇情	2000年6月14日
	广汉雅和化工有限公司	企业座谈、问卷调查	2000年6月15日
	四川电气成套设备厂	企业座谈、问卷调查	2000年6月15日
	四川新希望饲料厂	企业座谈、问卷调查	2000年6月16日
河北省	河北省计委、乡镇企业局	河北国民经济发展情况和乡镇企业发展状况	2000年6月21日

续表

	调查单位	调查内容	调查时间
	晋州市计委、乡镇企业局	晋州国民经济发展、乡镇企业发展状况	2000年6月22日
	总十庄镇政府：企业办、税务所、工商所、土地办、派出所等	总十庄镇镇情	2000年6月23日
	晋州曲轴厂	企业座谈、问卷调查	2000年6月24日
	家具厂	企业座谈、问卷调查	2000年6月24日
	染料厂	企业座谈、问卷调查	2000年6月24日
	五金加工厂	企业座谈、问卷调查	2000年6月24日
宁夏回族自治区	宁夏回族自治区计委	宁夏国民经济发展情况	2001年4月23日
	宁夏乡镇企业局	宁夏乡镇企业发展状况	2001年4月24日
	吴忠市利通区建设局、乡镇企业局、畜牧局、计委	利通区发展概况	2001年4月24日
	金积镇政府：企业办、税务所、工商所、土地办、派出所等	金积镇镇情	2001年4月25日
	宇华纸业有限公司	企业座谈、问卷调查	2001年4月25日
	夏进乳品有限公司	企业座谈、问卷调查	2001年4月26日
	夏进纸箱厂	企业座谈、问卷调查	2001年4月26日
	金世纪彩印包装厂	企业座谈、问卷调查	2001年4月27日
黑龙江省	黑龙江省计委、乡镇企业局	黑龙江省国民经济和乡镇企业发展概况	2001年5月16日

续表

	调查单位	调查内容	调查时间
	阿城市计委、乡镇企业局	阿城市国民经济发展和乡镇企业发展概况	2001年5月17日
	玉泉镇政府:企业办、税务所、工商所、土地办、派出所等	玉泉镇镇情	2001年5月18日
	香泉啤酒厂	企业座谈、问卷调查	2001年5月18日
	精细化工厂	企业座谈、问卷调查	2001年5月19日
	编织带厂	企业座谈、问卷调查	2001年5月19日
	石灰厂	企业座谈、问卷调查	2001年5月20日
	采石场	企业座谈、问卷调查	2001年5月21日
江苏省	江苏省计委	江苏国民经济发展状况	2002年4月25日
	江苏乡镇企业局(中小企业局)	江苏省乡镇企业发展情况	2002年4月26日
	宜兴市计经委	宜兴市国民经济发展状况	2002年4月27日
	宜兴市乡镇企业局	宜兴乡镇企业发展情况	2002年4月27日
	宜兴市公安局	宜兴外来人口情况	2002年4月28日
	万石镇政府:企业办、税务所、工商所、土地办、派出所等	万石镇镇情	2002年4月28日
	宜兴宏博乳化剂厂	企业座谈、问卷调查	2002年4月28日
	宜兴市方兴化工有限公司	企业座谈、问卷调查	2002年4月28日
	中外合资宜兴宏博洁具有限公司	企业座谈、问卷调查	2002年4月29日
	宜兴市泉松化工有限公司	企业座谈、问卷调查	2002年4月29日

续表

调查单位	调查内容	调查时间
宜兴市华康饮料厂	企业座谈、问卷调查	2002年4月29日
宜兴市乐佳工艺品厂	企业座谈、问卷调查	2002年4月29日
宜兴市江南冷库空调设备厂。	企业座谈、问卷调查	2002年4月30日
宜兴市大昌工艺厂	企业座谈、问卷调查	2002年4月30日
宜兴市大康保健品厂	企业座谈、问卷调查	2002年4月30日
无锡市鑫威铁塑包装有限公司	企业座谈、问卷调查	2002年4月30日
无锡市乐乐玩具厂和无锡市宏博仪表厂	企业座谈、问卷调查	2002年4月30日
宜兴市银发工艺品厂	企业座谈、问卷调查	2002年5月4日
宜兴宏博乳化剂厂	企业座谈、问卷调查	2002年5月4日
北海封头有限公司	企业座谈、问卷调查	2002年5月4日
宜兴市华福集装袋有限公司	企业座谈、问卷调查	2002年5月5日
兴隆特种塑料制品有限公司	企业座谈、问卷调查	2002年5月5日
长风集装袋	企业座谈、问卷调查	2002年5月6日
宜兴市闸口塑料制品厂和化为塑料包装材料有限公司	企业座谈、问卷调查	2002年5月6日

二、资料清单

省份

宁夏乡镇企业统计摘要(2000);河北乡镇企业简明资料

(1999);贵州乡镇企业统计年报(1999);黑龙江乡镇企业基本情况(2000);江苏省乡镇企业统计报表(2000);江苏省乡镇企业财务报表(2000)

市县

邛崃市统计年鉴(1999);利通区统计年鉴(2000);阿城市统计年鉴(1996);宜兴市统计年鉴(1997,2000);宜兴市乡镇企业报表(2000);晋州乡镇企业统计资料(2000);利通乡镇企业统计(2000);广汉乡企统计(1999);阿城市乡企统计(2000);邛崃乡企统计(1999)邛崃市统计年鉴(1999);遵义乡企统计(1999)

玉泉镇

土地利用简表;乡企主要指标(1994~2000);财政收支情况(1997~2000);外来人口统计(2000)

总十庄镇

乡镇企业统计(2000);乡镇企业月报表(2000);乡镇企业基本情况表(2000);财政收支情况(1995~2000);总十庄镇基本情况表(2000);总十庄镇农村基本情况(2000)

金积镇

乡镇企业统计(1994~2000); 迁出迁入人口(2000);财政收支情况(1994~2000);土地利用总体规划(1997)

向阳镇

财务评价指标表(1999);基本情况简介;财政收支情况(1994~2000);迁出迁入人口和外来人口统计(1999)

平乐镇

农村基本情况(1999);乡镇财政决算表(1999);乡镇企业会

计报表(1999);乡镇企业统计年报(1999);财务资金表(1999);迁出迁入人口(1999)

新舟镇

农村基本情况(1999);乡镇企业年报(1999);财政决算登记表(1995～1999);迁出迁入人口(1999);企业利润损益汇总表(1999)

万石镇

统计年鉴(1993,2000);乡镇财政收支情况(1993～2000);外来人口统计(2000);乡镇企业基本情况(2000);土地利用情况(2000)

附件二 乡镇企业职工调查问卷

中国国家自然科学基金研究项目　　　样本编号_____
　　　　　　　　　　　　　　　　　　访问时间_____
　　　　　　　　　　　　　　　　　　访问地点_____

乡镇企业职工调查问卷

1. 您是哪年出生的？　　　19　　年　　月

2. 您出生在哪里？
   □在本镇
   如不在本镇出生，请说明详细地址：
   _____省_____县(市)_____乡(镇)

3. 您的性别：男　　女

4. 您的文化程度
   □(1)不识字或识字很少　　□(5)中专或技校
   □(2)小学　　　　　　　　□(6)大学或大学以上
   □(3)初中　　　　　　　　□(7)其他
   □(4)高中

5. 您的婚姻状况?

　　□(1)未婚　　　　　□(4)离婚

　　□(2)已婚　　　　　□(5)分居

　　□(3)丧偶

6. 您家里共几口人?

　　总人数:_____,其中:男_____,女_____

7. 您与户主是什么关系?(指:您是户主的什么人)?

　　□(1)本人就是户主　　　□(6)祖父母

　　□(2)配偶　　　　　　　□(7)兄弟姐妹

　　□(3)子女(包括岳父母、公婆)　□(8)其他亲属

　　□(4)子女(包括媳、婿)　□(9)其他(请说明)_____

　　□(5)(外)孙子女

8. 您现在的户口属于:

　　□(1)非农业户口　　□(2)农业户口　　□(3)未定户口

9. 您是在本地登记的户口吗?

　　□(1)是,登记长期户口,是从_____年_____月开始的。

　　□(2)是,登记的是临时户口,是从_____年_____月开始的。

　　□(3)是,处理口粮,是从_____年_____月开始的。

　　□(4)不是,我登记的长期户口是在_____省_____县(市)_____乡(镇)。

10. 您现在住在什么地方?

□(1)本镇上(居委会管辖的镇区);□(2)本镇下属的乡村,村名是:_____

11. 您如在本镇住,是何时开始?
    □一直住在这里   或从_____年_____月住到这里的。

12. 如果您是从外地迁来的,请说明搬迁的原因:
    (可以选择多种答案,但最多不超过三个答案)
    □(1)分到这里工作
    □(2)结婚
    □(3)与家人团聚
    □(4)在以前的地方没有就业机会
    □(5)对迁出地工作不满意
    □(6)本镇提供收入较高的工作
    □(7)本镇提供适合个人专业特长的工作
    □(8)本镇生活条件较好
    □(9)城镇居民的政治待遇较高
    □(10)想转为城镇户口
    □(11)其他(请说明)_____

13. 您迁到本地之前最后住在哪个地方?
    _____省_____县(市)_____乡(镇)

14. 您刚到这里时得到过亲戚朋友的帮助吗(如:借钱、赠钱、住宿、就业等)?
    (1)没有

(2)有,得到过亲戚的帮助

　　　　　□经济　　　□食宿　　　□就业

(3)有得到过朋友的帮助

　　　　　□经济　　　□食宿　　　□就业

(4)其他(请具体说明)＿＿＿＿＿＿＿＿＿＿

15. 您目前居住的住房是：

　　□(1)租来的私房　　□(4)免费住在亲戚朋友的家里

　　□(2)自家的私房　　□(5)其他(请说明)＿＿＿＿＿＿

　　□(3)单位的房子

16. 您现在和谁住在一起?

(1)请具体说明

　　□爱人/子女　　　□父母　　　　□同事

　　□亲戚　　　　　□兄弟姐妹　　□其他

　　□(2)单独住

17. 您如果不住在镇上,是否经常回家?

　　□(1)每天回家　　　　　□(5)半年～1年回家一次

　　□(2)每周回家一次　　　□(6)1年以上回家一次

　　□(3)每月回家一次　　　□(7)不一定

　　□(4)1～6月回家一次

18. 您如果很少回家,平时您住在哪里?

　　□(1)工厂宿舍

　　(2)住在　　□亲戚家　　□兄弟姐妹家　　□朋友熟人家

　　　　　　　□租的房子,旅馆　　□其他

19. 您是在何时开始现在这个工作的?

　　　_____年_____月

20. 您在本厂具体做什么工作?

　　□(1)生产工人　　　　□(6)党政干部

　　□(2)专业技术人员　　□(7)后勤人员

　　□(3)管理人员　　　　□(8)不便分类的工作人员

　　□(4)购销人员　　　　□(9)其他

　　□(5)运输人员

21. 您在找到这个工作之前是干什么的?

　　□(1)机关干部　　　　□(6)私人企业雇员

　　□(2)全民和集体　　　□(7)个体企业雇员

　　□(3)农民　　　　　　□(8)科技人员

　　□(4)个体户　　　　　□(9)无业

　　□(5)私人企业主　　　□(10)其他

22. 您以前在什么地方工作?

　　_____省_____县(市)_____乡(镇)

23. 您是怎样得到现在这份工作的?　经由

　　□(1)工作调动　　　　□(6)亲属朋友介绍

　　□(2)劳动部门介绍　　□(7)自己申请得到

　　□(3)其他部门介绍　　□(8)被本地工作单位招聘

　　□(4)自由劳务市场介绍　□(9)自己开办的厂

　　□(5)复员转业分配　　□(10)其他

24. 您为得到这个工作付钱了吗？

　　□(1)没有

　　□(2)有,付了_____元介绍费

　　□(3)有,付给厂方_____元

　　□(4)有,带资_____元

　　□(5)有,交风险抵押金_____元

25. 您现在的工作属于：

　　□(1)正式工

　　□(2)临时工/季节工

　　□(3)合同工

　　□(4)其他(请具体说明)_____

26. 您在本单位得到哪些社会福利

　　□(1)没有　　　　　　　□(7)卫生洗理费

　　□(2)免费或便宜的住房　□(8)其他补贴(如:物价补贴)

　　□(3)公费医疗　　　　　□(9)教育补贴

　　□(4)退休保险　　　　　□(10)失业保险

　　□(5)计划生育补贴　　　□(11)其他(请说明)_____

　　□(6)交通费补贴

27. 您的亲属中有没有人也在本厂工作

　　□(1)没有

　　□(2)有,有几个

28. 您是用什么交通工具来这里上班?

　　□(1)骑车　　　　　　　□(4)乘卡车或拖拉机

☐(2)乘公共汽车　　　　☐(5)步行

☐(3)乘火车　　　　　　☐(6)其他

29. 您上下班一个单趟需要多长时间?

　　_____分钟,或_____小时_____分钟

30. 您如不在本镇上住,有没有打算搬到镇上住?

　　☐(1)有　　　　☐(2)没有

31. 如您有打算搬到镇上住,目前的主要困难在哪里?

　　☐(1)没困难

　　(2)有困难

　　☐老家有房、地产　☐老家有工作　☐不愿离开老家

　　☐户口无法解决　　☐这里没有住房　☐没钱搬家

　　☐同主管部门(干部)没关系　　　☐其他

32. 如您不打算搬镇上住,那是为什么?

　　☐(1)对现在这种来回流动方式很满足了

　　☐(2)家里有承包田地和房产需要照管

　　☐(3)镇上难于找到合适的固定工作

　　☐(4)家里人多离不开

　　☐(5)镇上很难租到房子住

　　☐(6)来这里口粮难解决

　　☐(7)乡下居住条件好

　　☐(8)希望能搬到其他地方去

　　☐(9)其他(请说明)_____

33. 您如果是农业户口,家里还留有责任田吗?

　　□(1)有,有_____亩

　　□(2)没有

34. 如您还有责任田,谁在田里干活?

　　□(1)自己利用下班时间干　　□(6)亲戚朋友干

　　□(2)妻子/丈夫干　　　　　□(7)支付帮工干

　　□(3)父母干　　　　　　　　□(8)转租

　　□(4)祖父母干　　　　　　　□(9)其他(请说明)____

　　□(5)子女干

35. 如果您现在已经没有田,谁在您以前的那块田里干活?

　　□(1)亲戚　　□(2)本家庭其他成员

　　□(3)村里其他人

　　□(4)外地农民(从哪里来的?_____省_____县(市)_____乡(镇))

　　□(5)其他(请说明)_____

36. 您目前的收入每月有多少?(包括所有的副业收入)

　　_____元

37. 在您来这里工作前每月收入有多少?(包括所有的副业收入)

　　_____元

38. 您如何评价目前的工作和生活状况?

项目＼评价	很好	好	一般	差	很差
(1)就业机会					
(2)工作条件					
(3)收入水平					
(4)晋升机会					
(5)文化娱乐状况					
(6)医疗卫生条件					
(7)居住条件					
(8)受教育机会					
(9)商业条件					
(10)个人自由					
(11)家庭关系及联系					
(12)结婚择偶					

39. 目前您个人最大的问题是什么？

□(1)经济困难,收入低

□(2)工作条件差

□(3)职业问题(工作不顺心,专业不对口)

□(4)没有进修提高的机会

□(5)子女就业和上学困难

□(6)住房不满意

□(7)找对象困难

□(8)户口解决不了

□(9)业余时间太少

□(10)其他问题

□(11)没有困难

40. 下列几个生活目标在您个人生活的重要性如何?
（请您根据重要性大小用数字 0~5 进行评分）

0 表示没有看法； 1 表示不重要；

2 表示不太重要； 3 表示一般；

4 表示重要； 5 表示很重要。

□(1)家庭幸福

□(2)通过工作晋升

□(3)高物质生活水平/高收入

□(4)职业进修机会

□(5)迁进大城市里

□(6)使自己家庭有较高的社会地位

□(7)给子女创造一个好未来

□(8)对工作有兴趣

□(9)买高级小轿车

□(10)享受娱乐生活

□(11)国内旅游

□(12)国外旅游

41. 您怎么评价下列职业阶层的社会地位?

评价 分类	很高	高	一般	低
(1)机关干部				
(2)经理				
(3)全民和集体企业职工				
(4)农民				
(5)个体户				
(6)私人企业主				
(7)私人企业雇员				
(8)个体企业雇员				
(9)科技人员				

42. 假如您有一大笔钱的话,您会用来做什么?

　　□(1)创办一个企业

　　□(2)使子女能得到良好的教育

　　□(3)操办红白喜事

　　□(4)更换居住地

　　□(5)造房子/买房子

　　□(6)买小汽车

　　□(7)国内旅游

　　□(8)国外旅游

　　□(9)不再工作,享受人生

　　□(10)把钱存在银行里,吃利息,买股票,或者投资或做贷款人

☐(11)自己上学、进修

☐(12)捐献、办福利事业(养老院、孤儿院)

☐(13)其他

43. 您是什么组织的成员？

☐(1)行业联合会

☐(2)同乡会

☐(3)职业团体

☐(4)家族/宗族

(5)其他

☐党员　　　☐团员　　　☐工会会员

44. 您和所在企业的领导是什么关系？

☐(1)亲戚/家族

☐(2)朋友

☐(3)一般关系

☐(4)老乡

☐(5)其他